Kurt-Uwe Baldzuhn

Die Wahl
Roman

AF196393

Personen und Handlungen sind frei erfunden.
Abkürzungen, Übersetzungen und ein Personenverzeichnis ab Seite 220.

Über den Autor:
Der Autor wurde 1955 in Sondershausen/Thür. geboren. Kindheit und Jugend in Berlin und Weimar. Studium der Wasserwirtschaft in Magde-burg und der Kulturwissenschaft an der Humboldt-Universität Berlin. Antiquar, Projektmanager in der IT-Branche und seit 2002 Forschungen und Publikationen zur Kulturpolitik in der Preußischen Provinz Sachsen, dem ersten Land Sachsen-Anhalt und im Bezirk Halle. Teilzeittätigkeiten als Kurierfahrer und Wachmann.
2013 Promotion zum Doktor der Philosophie an der Martin-Luther-Universität Halle-Wittenberg.

Bisher erschienen:
„Nicht jeder Tote ist friedlich gestorben" ISBN 978-3-945833-90-2.
„Maria und Siegfried", ISBN 978-3-7103-4122-9.
„Damaskus auf Rügen", ISBN 978-3-7497-9141-5
„Familie Wiallas Band I 1879 – 1938", ISBN 978-3-347-70924-9
"Familie Wiallas Band II 1938-1945", ISBN 978-3-347-82328-0
"Alissar im Kartoffelland – Eine sagenhafte Geschichte"
ISBN 978-3-347-96053-4
"Familie Wiallas Band III 1945 – 1959" ISBN 978-3-384-06663-3

Kurt-Uwe Baldzuhn

Die Wahl
Roman

© 2023 Kurt-Uwe Baldzuhn Druck und Vertrieb im Auftrag: tredition GmbH, An der Strusbeck 10, 22926 Ahrensburg.

ISBN 978-3-384-20675-6

Die Kandidatin

Alissar Wiallas steht, wie immer, um sechs Uhr auf, spült sich den Mund, wäscht sich den Schlaf aus den Augen und geht ins Ankleidezimmer. Sie zieht sich den einteiligen Sport-Hijab über den Kopf und den Laufanzug an. Für Schuhe gibt es im Erdgeschoss einen Extraraum, sie wählt die mit der griffigen Sohle, denn es sind 4 Grad Plus und es nieselt.

Die 25 Meter von der Haustür bis zum Tor nutzt sie zum Aufwärmen, dann läuft sie los. Es geht 800 Meter bergab, es ist Januar, also dunkel, aber die Straßenbeleuchtung reicht aus. Unten führt eine Brücke nach links über den Mühlgraben am Fluss entlang, aber der Weg ist unbeleuchtet, Alissar läuft nach rechts. Die Uferstraße ist beleuchtet. Links fließt der Fluss, rechts stehen Felsen. Erst nach 1,5 Kilometer beginnt die Bebauung. Sie läuft noch 500 Meter weiter und biegt nach rechts ab. Es geht steil bergauf und hier begegnet sie den ersten Menschen.

Schulkinder streben einer Grundschule zu oder gehen zur Straßenbahnhaltestelle. Ältere machen mit ihren Hunden die Morgenrunde. Ab und an wird ein Auto gestartet, ab und an wird Alissar gegrüßt. Es sind noch 2,5 Kilometer leicht bergan.

Um neun Uhr sitzt sie an ihrem Schreibtisch der „Wiallas-Beratungsgesellschaft mbH." Sechs Stunden später verlässt sie die Firma, denn heute ist Dienstag und der Stadtrat tagt.

17.30 Uhr.
Die Vorsitzende des Stadtrates, Walentina Liwak vom Bündnis Mensch und Natur (BüMuN), schwingt zum dritten Mal die Glocke.
„Kollege Krause, es reicht. Wir haben hier gewisse Regeln, an die Sie sich bitte halten wollen! Ihre Worte sind beleidigend!"
Trotz des Ordnungsrufes bleibt Thomas Krause, 49 Jahre, Versicherungsvertreter und Stadtrat für die Einzig Wahre Partei (EWP), am Mikrofon stehen und redet weiter. Dabei blickt er zu einem bestimmten Tisch.

Dort sitzt Alissar Wiallas, die vor zehn Minuten als sachkundige Einwohnerin einen Antrag des Bündnisses begründet hat.

Es geht um den Geschäftsbericht der beiden städtischen Eigenbetriebe. Der sei, ob Unklarheiten, abzulehnen und die Entlastung der Geschäftsführer zu verweigern. Außerdem wird die Verwaltung aufgefordert, rechtlich gegen die beiden Geschäftsführer vorzugehen. Alissar hatte nachgewiesen, dass der eine Geschäftsführer die Verluste aus ihm verbotenen Termingeschäfte als „sonstige betriebliche Aufwendungen" deklariert hat und somit der Stadt einen Verlust von 75.000€ eingehandelt hat. Der andere Geschäftsführer hat neue Leasingverträge für fünf Fahrzeuge abgeschlossen und sich selbst einen A 8 gegönnt. Dem Oberbürgermeister steht nur ein A 4 zur Verfügung.

Gier, Größenwahn und damit verbundene Verluste für die Stadtkasse, beunruhigen Herrn Krause weniger als die Tatsache, „dass eine dahergelaufene Kopftuchfrau hier die Stimme erhebt, gegen deren Berufung wir ja vor zwei Jahren gestimmt haben."

Die Ratsvorsitzende greift zur Glocke, sagt aber nichts, denn Thomas Krause setzt sich wieder auf seinen Platz.

Der Oberbürgermeister flüstert mit seinen Nachbarn. Links sitzt sein Stellvertreter und Beigeordneter für Finanzen und Personal, rechts der Beigeordnete für Wirtschaft und Stadtentwicklung. Auch an den Tischen der Christlichen Partei (CP), die mit dreizehn Stadträten die größte Fraktion ist, wird getuschelt. Die sechs Räte der Liberalen Partei (LP) blättern schweigend in den Geschäftsberichten. Neben ihnen sitzen die neun Stadträte der Partei der sozialen Gerechtigkeit (PdsG), die sich ebenso unterhalten, wie die vier Räte der Partei neuen Typs (PnT).

Die EWP hat zehn Sitze im Stadtrat, Thomas Krause bekommt neun Mal ein Schulterklopfen ab. Die vier Räte der Freien Menschen (FM) blicken gelangweilt, von den fünf Fraktionslosen blättern zwei in Papieren, zwei schreiben und einer bohrt gedankenverloren in der Nase.

Der Beigeordnete für Wirtschaft hebt die Hand, Frau Liwak erteilt ihm das Wort und er sagt, dass die Verwaltung die Geschäftsberichte zurückzieht.

Walentina blickt auf die Uhr, sieht in Richtung ihrer Fraktion, deren acht Mitglieder leicht nicken und schließt die Sitzung.

Die zwei noch offenen Tagesordnungspunkte sollen in der nächsten Sitzung behandelt werden.

Der OB, seine Büroleiterin und sein Stellvertreter verlassen den Saal zügig, alle anderen stehen in Gruppen zusammen.

Gesprächsthema ist nicht der Eklat, sondern die Anwesenheit des Beigeordneten für Kultur und Sport, Tobias Zander. Zu Beginn der Ratssitzung hatte die Vorsitzende ihn herzlich begrüßt, selbst das Publikum hatte verbotenerweise applaudiert.

Jeder kennt die Geschichte des Achtunddreißigjährigen.

Der zweimalige Olympiasieger im Wasserspringen und erfolgreiche Trainer wurde vor vier Jahren als Beigeordneter bestellt und hat viel für die Stadt geleistet. Tragischerweise verlor er vor elf Monaten seine Frau und nahm eine halbjährige Auszeit. Die Lokalzeitung berichtete seriös, ein Boulevardblatt weniger respektvoll und das Internet ungehemmt darüber. Sein Leben als alleinerziehender Vater einer Zehnjährigen und als Witwer wurde, auch mit unautorisierten Fotos, von allen Seiten beleuchtet. Seltsamerweise hatten sich die Paparazzi auf seine Leidenschaften, dass Motorradfahren und Schwimmen, eingeschossen. Es gibt Fotos, die ihn in Badehose und als durchtrainierten, attraktiven Mann zeigen. Erst nachdem er den Prozess gegen einen Fotografen gewann, wurde es etwas ruhiger.

Nun ist er wieder da und bringt sich ein.

Er steht mit den zwei anderen Beigeordneten zusammen, ihre Blicke gehen zum leeren Tisch des Oberbürgermeisters, zur Fraktion des Bündnisses. Leise sprechen sie miteinander. Dann verabschiedet sich Herr Zander, er geht zur Fraktion der Christlichen Partei, deren Mitglied er ist. Auch hier ist der leere Tisch des OB und das Bündnis, Thema des Gespräches.

„Stadtrat beleidigt sachkundige Einwohnerin – Ratsvorsitzende verteilt Ordnungsrufe an Stadtrat Krause."

So die lautet die Überschrift eines Artikels in der Regionalzeitung über die vorgestrige Sitzung des Stadtrates. Die Journalistin berichtet sachlich über den Eklat, fragt dann aber: „Warum hat die Verwaltung fehlerhafte Geschäftsberichte vorgelegt? Hat der OB sein Haus nicht mehr im Griff?"

Im letzten Absatz ihres Artikels wird die Sachkundige Einwohnerin Alissar Wiallas als „kluge Frau mit ökonomischem Fachwissen", beschrieben, die „überzeugend" sprechen könne. Die Journalistin erwähnt, dass Frau Wiallas für das Bündnis im Stadtrat sitzt, nicht jedoch, dass sie ein Hijab trägt. Das wiederum weiß die Regionalredaktion einer bundesweit erscheinenden Boulevardzeitung, die sogar ein Foto abdruckt. Es ist ein Ausschnitt aus einem Gruppenfoto, das bei ihrer Berufung als Sachkundige Einwohnerin vor zwei Jahren aufgenommen wurde. Unter der Überschrift, „Muslima mischt Stadtrat auf!", wird über die fehlerhaften Geschäftsberichte informiert und der Oberbürgermeister gefragt, „Haben Sie ihr Haus noch im Griff?"

Im Artikel „Beigeordneter Zander nach Auszeit wieder im Amt", wird der Krebstod seiner Frau und sein Leben als alleinerziehender Vater noch mal aufgewärmt und hämisch gefragt: „Hat er die Kraft für die nächsten drei Jahre?"

In den digitalen Kanälen geht es heftig zu. Wobei das Spektrum der Meinungen und Kommentare sehr breit ist. Da werden die technischen Unterschiede zwischen A 8 und A 4 ventiliert, eine Unwissende bezeichnet Alissar als „Stadträtin", ein Schlauberger stellt die verschiedenen Formen der muslimisch-weiblichen Kopfbedeckungen mit Fotos vor. Einige Beiträge über den OB sind justiziabel, aber das Netz ist groß. Natürlich wird Alissar aufgefordert, dorthin zu gehen, woher sie gekommen ist. So etwas klickt sie weg. Auch Tobias Zander überspringt die Kommentare zu seiner Figur, seinem Comeback. Zufrieden registriert er, dass es diesmal keine Fotos von seiner Tochter gibt.

Vierzehn Tage später.
Gleich nach Eröffnung der Stadtratssitzung bittet der Beigeordnete für Personal und Finanzen ums Wort. Als Stellvertreter des Oberbürgermeisters gibt er bekannt, dass sich der OB im Krankenstand befindet.
Es folgt ein kurzes Gemurmel, dann gehen die Stadtverordneten zur Tagesordnung über. Ohne Ordnungsrufe werden die Vorlagen zur Jugendhilfe, Nahverkehr und zum Stadtmuseum diskutiert und verabschiedet.
Darüber berichtet zwei Tage später auch die Lokalzeitung.

Eher beiläufig wird erwähnt, dass die Amtszeit des Oberbürgermeisters im Dezember abläuft. Politisch interessierte Leser verstehen den Wink mit dem Zaunpfahl und schauen auf den Kalender. Für den 7. September sind Bundestagswahlen angesetzt, da könnte man auch gleich den Oberbürgermeister wählen.

Auch Alissar Wiallas denkt in diese Richtung, sagt aber bei dem Telefonat mit Walentina: „Ich bin für drei Wochen beruflich außer Landes."

Anfang Februar treffen sich die Stadträte der Liberalen und des Bündnisses in der Geschäftsstelle des Bündnisses. Das geht nur am Wochenende, denn ihr politischen Engagement ist ehrenamtlich.

Die Fraktionsführerin des Bündnisses, Walentina Liwak, ist zum Beispiel Inhaberin einer Gartenbaufirma, ihr Kollege von den Liberalen, Dr. med. Alfons Auerbach, niedergelassener Kinderarzt. Die beiden haben in den letzten Tagen viel telefoniert und Walentina stellt nun ihre Idee vor.

„Mit einem gemeinsamen Kandidaten gibt es die Möglichkeit, den nächsten Oberbürgermeister zu stellen. Herr Doktor Auerbach und ich haben auch schon über Personen nachgedacht. Bevor wir diese ansprechen, möchten wir in diesem Kreis Einigkeit herstellen. Frau Richter, bei Ihnen wird es schwierig, denn Sie stehen auf der Wunschliste."

Ilona Richter, vierzigjährige Fachanwältin für Strafrecht, als Stadträtin der Liberalen Vorsitzende des Hauptausschusses, kommentiert: „War mir klar, dass Alfons auf diese Idee kommt. Ich sage schon mal nein, aus rein persönlichen Gründen. Aber ich beteilige mich gern an der Suche."

Eine Stunde lang werden drei Namen ventiliert, pro und contra abgewogen und letztendlich Einigkeit erzielt. Auch über das Procedere.

„Sie ist gerade außer Landes, ich spreche mit ihr. Bis dahin bitte ich um Diskretion."

Pflichtbewusst hat sich Alissar am Vortag bei Walentina gemeldet und ist überrascht, als diese sie bittet: „Kannst du morgen um Zwei zu uns kommen?"

In der Annahme, es ginge um ihre Arbeit im Wirtschaftsausschuss, ist sie wieder überrascht, dass der Fraktionsvorsitzende der Liberalen in Walentinas Büro sitzt. Ihre Überraschung wird größer, als sie versteht, um was es geht. Sie hört zu und antwortet: „Ich will es überschlafen und mit meinen Familien reden. Walentina, Herr Doktor, ich rufe sie am Sonntag an."

Der Samstagkaffee bei Bruno Wiallas ist Pflicht.
Ausnahmen sind Krankheiten, berufsbedingte oder gut begründete Abwesenheit. Heute aber sind alle in der Stadt lebenden Mitglieder der Familie da.
Der siebenundsechzigjährige Bruno Wiallas präsidiert wie gewohnt die Tafel. Zu seiner rechten sitzt seine Ehefrau, Nana Wiallas, Dr. med. und Fachärztin für Orthopädie. Links von ihm seine Geliebte, Miray Petrosyan. Promovierte Ärztin für Frauenheilkunde. Daneben sitzen ihre Töchter. Gayane stammt aus der ersten Ehe, ist 32 Jahre alt und Lehrerin an einer Privatschule. Lucine Petrosyan ist die Tochter von Bruno, vierundzwanzig und Master-Studentin der Betriebswirtschaft. Neben ihr sitzt Herbert Morawski, 45 Jahre alt, Neffe von Bruno und Direktor einer Privatschule. Seine Frau Bayan leitet ein Kinder- und Jugendheim. Ihr folgt der Sohn aus erster Ehe, Nour Ghanem. Der Zwanzigjährige studiert auf Lehramt. Die gemeinsame Tochter von Bayan und Herbert, Jana-Mira, ist Elf und eine gute Schülerin. Ihr folgen Marion und Juliane-Luise Wiallas. Das sind Mutter und Tochter. Die dreiundfünfzigjährige Marion ist die Chefin der „Wach- und Schließgesellschaft Mitte", ihre Tochter, gerade Dreiundzwanzig geworden, arbeitet in der Firma und soll sie mal übernehmen. Marions Ehemann und Vater von Juliane, Martin Wiallas, wurde im August letzten Jahres zu Grabe getragen.
Auf der rechten Seite sitzen die einunddreißigjährigen Zwillinge Lukas und Levon Wiallas, Söhne von Bruno und Nana Wiallas. Lukas ist Lehrer, sein Bruder niedergelassener Allgemeinmediziner.

Neben ihm sitzt seine Halbschwester Alissar Wiallas. Sie wurde vor achtundzwanzig Jahren in Aleppo, Syrien, als Resultat einer kurzen, unmoralischen Begegnung ihrer Mutter mit Bruno Wiallas, geboren. Er lebte zu diesem Zeitpunkt in Damaskus, war verheiratet und Vater der Zwillinge. Den Zeugungsakt verdrängte er, Alissars Mutter, Allaa Ibrahim, heiratete einen anderen Mann. Genauer, wurde verheiratet. Vierzehn Jahre später floh sie mit ihren Kindern, ein Sohn war dazu gekommen und der Großfamilie, sechs Erwachsene mit neun Kinder, vor dem Krieg bis nach Deutschland. Ausgerechnet in diese Stadt. Die Wege von Bruno und Allaa kreuzten sich, eine Abstammungsuntersuchung brachte Gewissheit und Bruno korrigierte seinen Fehler, in dem er Alissar adoptierte. Von ihm hat sie die Intelligenz, die Sprachbegabung und eine gewisse Kaltschnäuzigkeit geerbt. Von ihrer Mutter, die Aleppo und jetzt in der Stadt, die Buchhaltung für ihren Mann macht, kommt das Interesse für Betriebswirtschaft. Wer auch immer, hat Alissar ein sportliches Gen und das Faible für Motorräder mitgegeben. Folgerichtig trainiert sie eine asiatische Kampfsportart und fährt eine leistungsstarke Maschine. Seit ihrem vierzehnten Geburtstag trägt sie Hijab. Ihr biologischer und nun auch juristischer Vater ist lutherisch-evangelisch, seine beiden Frauen gehören der armenisch-evangelischen Kirche an. Mit Vierzehn kam Alissar nach Deutschland und verließ es mit Siebzehn wieder.

Wie alle Kinder der Familie Wiallas ist ein zweijähriger Besuch des „Orphelinat et ecole privée Wiallas à Genève" Pflicht. Dort machte sie die Matura und später den Bachelor en Économie et Management an der Universität Genf. Vor drei Jahren schloss sie ein englischsprachiges Masterstudium für Europäische und internationale Wirtschaft an der hiesigen Universität ab. Schon als Studentin begleitete sie Bruno bei seinen Geschäftsreisen, es gilt als ausgemacht, dass sie seine Nachfolgerin wird. Die „Beratungsgesellschaft B. Wiallas" hat ihren Sitz in der Stadt und Büros in Genf, Kairo, Haifa, Istanbul, Amman, Riad sowie in Doha. Die Gesellschaft berät europäische Firmen bei ihrem Engagement im Nahen Osten und die dortige Oberschicht bei der Vermögensanlage in Europa oder Amerika. Bruno vermittelt Internats-, Ausbildungs- und Studienplätze und macht Geschäfte, die nicht durch die Bücher laufen.

Alissar hat mit ihren Talenten manches Geschäft ermöglicht oder lukrativer gemacht. Leider hat sie auch erfahren, welche Grenzen ihr gesetzt sind. Muslimische Geschäftspartner wollen, dass ihr Vater die Verhandlungen führt. Deutsche Universitätsrektoren stieren auf ihren Hijab, anstatt sich auf die Einnahmemöglichkeiten durch ausländische Studenten zu konzentrieren. In der Zentrale einer deutschen Bank ließ man sie, trotz Termin, ungebührlich lang warten. Pech für die Bank, die jordanischen Millionen gingen an die Konkurrenz. Dieser unterschwellige Rassismus nervt Alissar, sie hat mit Bruno gesprochen und der das heutige Kaffeetrinken zum Familienrat bestimmt.

Nun hält er die Zeitungen vom 9. Januar hoch.

„Ich denke, ihr habt das alle gelesen. Alissar wird uns dazu etwas sagen, bitte."

„Das Bündnis und die Liberalen sind der Meinung, ich wäre eine gute Oberbürgermeisterin. Sie würden meine Bewerbung unterstützen." In die verblüfften Gesichter hinein sagt sie, „Ich habe um Bedenkzeit gebeten, auch, weil ich mit euch darüber sprechen will."

Stille, hörbares Luftholen, dann reden alle durcheinander.

„Frauenpower", „mit Hijab?", „Du bist zu jung!", „Du bist keine Sesselfurzerin", „Beamtin!" und was den Anwesenden spontan so einfällt. Bruno lässt es grinsend laufen, seine Frau sieht ihn fragend an. Er schüttelt den Kopf und flüstert: „Ich weiß es wirklich nicht."

Nana haut mit der Hand auf den Tisch, alle verstummen. Sie sieht ihre Stieftochter an. „Was willst du? Hast du dich schon entschieden?"

„Gestern Abend wollte ich das hier abwarten, heute Morgen bin ich mit dem Willen aufgestanden, es zu machen. Ja, ich will Oberbürgermeisterin werden. Das geht aber nur mit eurer Hilfe und der Unterstützung vieler."

Im Gegensatz zu den unkontrollierten Ausbrüchen der letzten Minuten, kommen die Meinungen nun wohldurchdacht und der Reihe nach.

Alissar schreibt mit: „Wir müssen ein Wahlkampfteam zusammenstellen." „Wir brauchen ein Wahlprogramm." „Wir finden bestimmt ein geeignetes Wahlbüro." „Wir erarbeiten einen Finanzplan." „Wir unterstützen und schützen dich."

Die Verwendung der 1. Person Plural macht deutlich, dass die Familie schon jetzt hinter ihr steht.

Zwei der Anwesenden haben noch nichts gesagt. Bruno, weil er erstmal zuhören wollte, Jana-Mira, weil sie auf ihrem Smartphone herumtippte. Das wird bei den Zusammenkünften eigentlich nicht gern gesehen, fällt heute aber nicht auf. Nun hält sie ihr Gerät hoch.

„Ich habe ein paar Freundinnen gefragt. Die wollen mitmachen. Flugblätter verteilen oder Videos drehen. Sie finden das cool."

Ihr Vater lacht laut, Bruno nickt ihr grinsend zu. Dann blickt er zu Alissar.

„Du brauchst im Wahlkampf und vor allem danach, Berater mit Verwaltungserfahrungen. Wir sollten eine Liste erstellen." Alissar schreibt, alle nicken und sind überrascht, als Bruno seinen Sohn Lukas anspricht.

„Jetzt du. Ich meine unser Gespräch unter dem Tannenbaum."

Lukas sieht zu seinem Vater, zu seiner Mutter und dann verweilt sein Blick bei Herbert.

„Verzeih, dass ich nicht vorher mit dir gesprochen haben, aber bis heute Morgen war ich mir nicht sicher, nach Alissars Entscheidung bin ich mir sicher. Ich will aufhören. Du hast es mir ja auch schon Mal gesagt, ich bin kein guter Lehrer. Ich kann nicht mit unfertigen Menschen. Erwachsene durchschaue ich relativ schnell, Teenies manchmal, Kinder nerven mich."

Lukas sieht zu seinen Eltern. „Paps, du hast es gemerkt, Mam, du gespürt. Deswegen habt ihr mich Weihnachten ausgefragt. Also jetzt für alle. Ich höre bei Herbert zum Schuljahresende auf und übernehme Alissars Schreibtisch in der Firma. Solltest du es nicht schaffen, was ich nicht denke, dann kommst du zurück und wir teilen uns die Aufgaben."

Alle sehen zu Lukas, selbst Jana-Mira legt das Smartphone beiseite.

Herbert Morawski steht auf, geht um den Tisch und legt seine rechte Hand auf die Schulter von Lukas.

„Ihr kennt alle den Wahlspruch unserer Familie, in dubio pro familia. Das heißt ja auch, dass wir alle den Platz finden, an dem wir das Beste für unsere Familie leisten können. Ohne Zweifel, ohne erhöhten Blutdruck, ohne schlechtes Gewissen. Mach, Lukas."

Während Herbert an seinen Platz zurückgeht, sagt Bayan:

„Lukas, du hast jetzt die Oberstufe. Die bringst du noch durch die Prüfungen, dann gehst du zu Bruno. Für Klassenfahrt und die Zeugnisausgabe nimmst du dir frei. Einverstanden, Bruno, Lukas?"

Beide nicken.

Alissar schließt die Entscheidung ab: „Ich habe noch die Projekte auf dem Tisch, zwei passen zum Wahlkampf. In das dritte arbeite ich Lukas ein."

Damit ist die offizielle Tagesordnung erledigt, es wird getratscht. Allerdings nur zu zwei Themen. Wie wird Alissar Oberbürgermeisterin? Und, wie befreit Lukas aussieht.

Es ist Samstagabend.

Frauen im Alter von 28 Jahren bereiten sich da auf den Besuch eines Clubs vor, erzählen ihren Kindern eine Gute-Nacht-Geschichte, kuscheln sich befriedigt in die Armbeuge eines Mannes, respektive einer Frau oder der bereiten dies vor.

Nicht so Alissar. Der Samstagsabend gehört ihrer zweiten Familie, die so groß und verzweigt ist, dass sie sich samstags in einem orientalischen Restaurant treffen muss. Nicht an einer langen Tafel, wie bei Familie Wiallas, sondern an fünf kleinen Tischen im Hinterzimmer des „Halab sakhir", aber auch dort gibt es einen Mittelpunkt. An dem Tisch sitzen: Rawa Agab, 45, Geschäftsführerin des Restaurants, der "Halal-Lebensmittelhandelsgesellschaft R. Agab mbH", und der Imbisskette "fi albayt".

Sie ist die Witwe von Ahmad Khalil und Mutter von Mustafa Khalil. Die ausgebildete Buchhalterin hat schon in Aleppo die Geschäfte der Gebrüder Khalil geführt. Neben ihr sitzt Allaa Ibrahim, auch 45 Jahre und auch mit der Buchführung vertraut. Ehefrau von Abdul Khalil, Mutter von Alissar Wiallas und Hassan Khalil dem Jüngeren. Die dritte Frau ist ihre Schwester Nahed Ibrahim. 43 Jahre alt, Ehefrau von Hassan Khalil dem Älteren, Mutter von Bisan, Anas, Jasan und Omar Khalil. Sie füttert die Familie mit ihren fantastischen Süßspeisen und macht es im Restaurant auch beruflich. Amina Aoua ist Dreiundvierzig, die Witwe von Mohammad Khalil und die Mutter von Aischa und Fatima Khalil. In Aleppo arbeitete Amina als Krankenschwester, jetzt ist sie bei einem Verein angestellt, der sich um Migranten kümmert. Sie begleitet diese bei Arztbesuchen und übersetzt.

Gegenüber steht der „Männertisch".

Abdul Khalil ist Siebenundfünfzig und trägt seit acht Jahren eine sehr gute Handprothese. Er ist der Ehemann von Allaa Ibrahim, aber nicht der Vater ihrer Kinder. Alissar ist, wie bekannt, die Tochter von Bruno Wiallas, Hassan der Jüngere der Sohn von Abduls Bruder Hassan Khalil dem Älteren. Abdul leitet den orientalischen Supermarkt. Naja, er sitzt in einem bequemen Stuhl neben der Kasse, schwatzt mit Kundschaft, dirigiert das deutsch-syrische-afghanische Personal und ist zufrieden. Sein Bruder Hassan ist Fünfundfünfzig und holt mit einem LKW die Waren für den Supermarkt. In Aleppo betrieben die Gebrüder Khalil ein Geschäft für Haushaltswaren, nun sind es Lebensmittel. Mit am Tisch sitzt der vierundzwanzigjährige Hassan der Jüngere. Er fährt den zweiten LKW. Eigentlich müsste auch sein gleichaltriger Cousin Mustafa Khalil dort sitzen. Der Sohn von Rawa Agab sitzt aber mit seiner Kusine Bisan Khalil zusammen. Sie ist auch Vierundzwanzig und die einzige Bankkauffrau mit Hijab in der örtlichen Sparkasse. Mustafa hat in einem deutschen Supermarkt gelernt und ist jetzt der Assistent seiner Mutter. Es gilt als ausgemacht, dass er und Bisan in diesem Jahr heiraten. Der vierte Tisch ist den jungen Männern der Familie vorbehalten. Anas ist Achtzehn und geht in die 10. Klasse. Sein Bruder Jasan ist Zwanzig und jetzt in der 12. Klasse des Fachgymnasiums. Er will Kaufmann werden. Omar ist Siebenundzwanzig, hat eine Förderschule besucht und steht jetzt im Restaurant am Grill. Am letzten Tisch sitzen die zwanzigjährige Aischa und ihre zwei Jahre jüngere Schwester Fatima. Aischa ist in der Ausbildung zur Krankenpflegerin und wohnt seit dem Sommer in einer eigenen Wohnung, nur eine Haustür weiter. Fatima wohnt bei ihrer Mutter, geht in die 10. Klasse einer Gemeinschaftsschule, die Zensuren erlauben das Fachgymnasium, sie weiß noch nicht was danach werden soll. Übrigens tragen beide ihre Haare offen. Als sie nach Deutschland kamen, waren sie für den Hijab noch zu jung. Da niemand insistierte, ließen sie ihn auch später weg. Mit ihrer Mutter waren sie einmal in der Moschee, fanden es blöd, dass sie den Vorbeter nur auf dem Monitor des Frauenraumes sahen.

Sie verbringen den Freitagnachmittag nun anders. Am liebsten mit ihrer Kusine Alissar.

Die erzählt nun von ihrem Vorhaben.

Der Mann, den sie siebzehn Jahre lang als „Papa" angeredet hat, lässt den Mund offen, sein Bruder sieht im Moment auch nicht intelligenter aus. Ihre Mutter fasst nach ihren Händen und sagt: „Du bist eine Kämpferin, du schaffst das." Dann reden alle durcheinander und kommen zur Entscheidung, „Natürlich helfen wir!"

„Danke. Das war meine erste Wahlkampfrede, fünfzehn Stimmen habe ich wohl schon."

Alle gucken sie an. Rawa lacht, Fatima ruft laut, „Na klar, wir dürfen ja wählen!" Stimmt. Seit August letzten Jahres haben alle einen deutschen Pass.

Um zweiundzwanzig Uhr löst sich die Runde auf. Außer Alissar wohnen alle fünf Minuten entfernt. Sie kam mit der Straßenbahn, aber jetzt telefoniert sie. Erstens fahren die Bahnen nur noch alle dreißig Minuten und zweitens hat sie noch etwas vor. Es ist ja Samstag.

Vor der Tür gibt es die letzten Umarmungen, da hält ein SUV schwäbischer Bauart, Alissar steigt schnell ein.

Die Wettbewerber

Im Wohnzimmer von Paul Griese sitzen sechs Männer und eine Frau zusammen. Der Einundachtzigjährige hat das Tagesgeschäft der „Griese Bau-AG", seiner Tochter Petra Griese-Papp und dem Schwiegersohn, Dieter Papp übergeben, hält aber noch immer die Fäden in der Hand. Auch im Stadtverband der Einzig Wahren Partei. Deren nomineller Vorsitzender, der schon erwähnte Versicherungsvertreter Thomas Krause ist zwar anwesend, hält aber erstmal den Mund. Das machen auch der Inhaber von „Meyer's Getränkewelt", ein Taxiunternehmer und der Leiter des Fachbereichs Städtebau in der Stadtverwaltung, Oliver Rausch.

Paul Griese redet über den Oberbürgermeister, „der keine Eier in der Hose hat", über die, „Fremden, die sich hier breit machen" und sagt, was er denkt. „Wir sollten antreten. Ich meine, Oliver sollte kandidieren."

Der Angesprochene blickt erschrocken hoch, sieht aber nur nickende Gesichter, also nickt auch er.

Dann verteilt der Patriarch Aufgaben:

„Thomas, du klärst mit dem Landesvorstand, dem Bundesvorstand die mögliche Unterstützung. Dieter, du entwirfst einen Plan. Zum Beispiel, wie wir unsere Fahrzeuge dafür einsetzen können. Hubert, Wolfgang, ihr und eure Leute sollen sich umhören. Wen stellen die anderen auf? Oliver, du entwirfst ein Programm. Das fürs Erste."

Die Christliche Partei hat eine Geschäftsstelle mit Konferenzraum. An diesem Tag sitzen dort die Stadträte der CP, der Innenminister des Landes in seiner Funktion als Landesvorsitzender und Tobias Zander. Die beiden hatten ein langes Telefongespräch, dessen Inhalt der Minister nun bekannt gibt: „Ich schlage vor, dass wir Parteifreund Zander bei seiner Bewerbung als Oberbürgermeister unterstützen. Natürlich muss der Stadtverband dies absegnen."

Nun, der Landesvorsitzende macht einen Vorschlag, wer hat einen anderen?

Niemand.

In der folgenden Stunde werden Details diskutiert und beschlossen. In den fünf Ortsverbänden sollen bis Ende Februar Delegierte für eine Konferenz des Stadtverbandes gewählt werden. Diese soll am 15. März stattfinden.

Die Partei der sozialen Gerechtigkeit beruft eine Mitgliederversammlung des Stadtverbandes ein. Von den 890 Mitgliedern sind 375 anwesend. Die hören eine Rede des Landesvorsitzenden, eine Rede der Stadtvorsitzenden und 26 Beiträge aus der Basis. Alle sagen, dass die Partei einen starken Kandidaten oder eine starke Kandidatin aufstellen muss und alle nennen Namen. Die Versammlungsleiterin verkündet eine Pause und zieht sich mit den Funktionären in eine Ecke zurück. Der Protokollführer liest 29 Namen vor, das Gremium einigt sich und lässt die Stadtvorsitzende verkünden, dass es eine Mitgliederbefragung geben soll.

Die Partei wurde vor 150 Jahren gegründet und benimmt sich auch so. Es werden 890 Briefe verschickt, von denen 699 zurückkommen. Nun stehen 53 Namen zur Diskussion. Allerdings kommt die Stadträtin und Direktorin einer Grundschule, Dörte Schmoll, auf 401 Nennungen, somit ist die Sache entschieden.

Am selben Tag treffen sich 120 der 350 Mitglieder der Partei neuen Typs. Die hat in den hundert Jahren ihres Bestehens fünfmal den Namen gewechselt. Dabei wurden die jeweiligen Parteiführer als Revisionisten enttarnt und aus den Chroniken gestrichen. Eine, manchmal zwei Generationen später wurde sie als Klassiker wiederentdeckt. Zurzeit sind die Parteigründer, ein bärtiger Journalist und eine strengblickende Berufspolitikerin, en vogue. Ihre Bilder werden zu den Aufmärschen wie eine Monstranz präsentiert. Die Parteimitglieder sind ja auch Gläubige. Sie glauben an die internationale sozialistische Revolution, die dann zur Diktatur des Proletariats führt. Eigentlich eine Splittergruppe, die bei den Wahlen in den Ländern unter „Sonstige" firmiert.

Hier in der Stadt hat sie einen gewissen Rückhalt, der bei den letzten Stadtratswahlen immerhin für vier Sitze reichte. Gewählt wird sie von Mindestlöhnern, die sich von der Diktatur eine Lohnerhöhung erhoffen.

Gewählt wird sie von denjenigen, die sich von der Zuwanderung bedroht fühlen, denn sie glauben, dass die Flüchtlinge ihnen die Jobs wegnehmen. Gewählt wird sie von Wählern über 65, die während der letzten Diktatur des Proletariats auf der Sonnenseite standen. Gewählt wird sie von Menschen, die sich im Kultur- und Wissenschaftsbereich von Zeitvertrag zu Zeitvertrag hangeln und auch sonst keine Perspektive haben.

Vorsitzender des Stadt- und Landesverbandes ist der fünfunddreißigjährige Klaus Wiederholt, Disponent beim Straßenbahnbetrieb und Fraktionsführer im Stadtrat. Er fasst sich kurz: „Liebe Genossen, mit eurer Unterstützung werde ich kandidieren." In der anschließenden Diskussion geht es um Details. Klaus Wiederholt wird den Stadt- und Landesvorsitz an seine bisherige Stellvertreterin abgeben und sich auf den Wahlkampf konzentrieren.

Gegenüber dem Landgericht steht die „Letzte Instanz".

Haus und Gastwirtschaft sind seit 150 Jahren im Familienbesitz. Die aktuellen Betreiber genießen Kultstatus. Erstens ist der Zutritt nur ab 18 Jahre gestattet, es ist eine Raucherkneipe. Wer dennoch etwas essen will, der findet: „Schweinefleisch nach Art einer mobilen ethnischen Minderheit" oder „Fleischtaler nach Art einer bewaffneten, grüngekleideten Gruppe" auf der Speisekarte, aber Vorsicht, alle Zutaten für Zigeuner- oder Jägerschnitzel sind Bio. Die dritte Besonderheit ergibt sich aus den Öffnungszeiten. Von Mittwoch bis Sonntag ist die Wirtschaft von 18.00 bis 05.00 Uhr geöffnet. Ausnahmen sind der Karfreitag, der Oster- und der Pfingstmontag, der 24., 25. Und 26. Dezember. An diesen Tagen wird sogar schon um 11.00 Uhr geöffnet. Dafür ist vom 31. Dezember bis 31. Januar geschlossen.

Wir schreiben Samstag, den 8. März. Wer mit diesem Tag nichts anfangen kann und den Wärmebus der Diakonie nicht Anspruch nehmen muss, der sitzt in der letzten Instanz. Darunter Rolf Walentin. Der Sechsunddreißigjährige ist freier Schauspieler, hat drei Bier intus und Freunde um sich. Zu ihnen gehört ein Rechtsanwalt mit Bindungsphobie, der frisch geschiedene Kustos der Universitätssammlung und ein junger Journalist. Als der Wirt die Glocke schwingt und damit das letzte Bier verkündet, sind die vier Herren sich einig.

Als „Wahlinitiative Rolf Walentin, abgekürzt, WRW, wollen sie ihren Kumpel ins Rathaus tragen. Aber erstmal schwanken sie nach Hause.

Samstag, den 29. März, nutzen die „Patriarchat unterwandernden freien Frauen" (PuFF) für ein Treffen. Es gibt trockenen Rotwein und Ideen. Das Ergebnis ist eine Presseerklärung: „Einwohnende unserer Stadt! Die Patriarchat unterwandernden freien Frauen wird die Lehrperson Luci Heimbach als Bewerbende zur Hauptverwaltungsbeamteten Person nominieren. Wir fordern alle zur Wahl berechtigten Personen auf, gebt eurer Stimme Luci Heimbach!"

Eine Woche später gibt der Stadtwahlleiter bekannt, dass sich sieben Personen auf die Stelle des Oberbürgermeisters beworben haben. Bei sechs sei die Prüfung der Unterlagen, insbesondere der Wählbarkeit, abgeschlossen, die siebte sei erst vorgestern eingegangen. Beworben haben sich:
Heimbach, Luci, 35 Jahre, Lehrerin, Einzelbewerberin, unterstützt von der im Vereinsregister eingetragenen Vereinigung „Patriarchat unterwandernden freien Frauen e.V." (PuFF)
Rausch, Oliver, 36, Kommunalbeamter, Wahlvorschlag der Einzig Wahren Partei, EWP.
Schmoll, Dörte, 42, Lehrerin, Wahlvorschlag der Partei der sozialen Gerechtigkeit, PdsG.
Wiallas, Alissar, 28, Angestellte, gemeinsamer Wahlvorschlag der Liberalen Partei (LP) und des Bündnisses Mensch und Natur (BüMuN).
Wiederholt, Klaus, 35, Angestellter, Wahlvorschlag der Partei neuen Typs (PnT).
Zander, Tobias, 38, Kommunalbeamter, Wahlvorschlag der Christlichen Partei, CP.
Die Unterlagen des Einzelbewerbers Rolf Walentin, 36, Schauspieler, werden noch geprüft.
Einen Tag später druckt die Lokalzeitung die Presseerklärung im Wortlaut ab und verspricht ihren Lesern, dass sie in den nächsten Wochen die Bewerber vorstellt.

Das Team I

„Zu mir oder zu dir?" fragen sich Paare, wenn das erste Date gut läuft. Auch Alissar musste entscheiden, wo sie sich mit den Vertretern der beiden Parteien, die ihre Bewerbung unterstützen wollen, trifft.

Neutral im Konferenzraum irgendeines Hotels, in einem Fraktionsbüro, privat in ihrer Wohnung?

Letzteres ist ihr zu intim, andererseits will sie klar machen, sie ist eine parteilose, unabhängige Oberbürgermeisterkandidatin. Also entscheidet sie, „bei mir", meint aber nicht ihr Wohnzimmer, sondern einen der öffentlichen Räume in ihrem Haus. Sie telefoniert in diesem Sinne mit dem promovierten Kinderarzt und Fraktionsvorsitzenden der Liberalen Partei im Stadtrat, Alfons Auerbach und mit der Rechtsanwältin und Stadtvorsitzenden der Liberalen, Ilona Richter. Bei dem Gespräch mit Walentina Liwak sagt diese, dass sie noch den Bundestagsabgeordneten des Bündnisses, Dr. Karamba Owamba, mitbringen wolle.

Alissar revanchiert sich mit der Bekanntgabe: „Ich habe auch noch zwei Herren eingeladen. Der eine hat Verwaltungserfahrung und der andere wird der Leiter meines Wahlkampfbüros. Inschallah oder für dich, so Gott will."

Walentina beendet lachend das Gespräch.

Die „Felsenvilla" steht folgerichtig hoch über den Fluss, ist ein denkmalgeschütztes Gebäude und sieht so aus, wie sich das wilhelminische Deutschland im Jahr 1863 die italienische Renaissance vorstellte. Souterrain, Erd- und Obergeschoß, Terrasse in Richtung Südwest, zum Fluss krönt ein Turm das Ganze. 1934 verstarb die letzte Besitzerin, eine jüdische Witwe. Die Villa ging in Besitz der NSDAP über, die es ihrer Jugendorganisation übergab. Gut zehn Jahre wurden hier HJ-Abende abgehalten und die Einrichtung demoliert. Als die Amerikaner die Stadt eroberten, quartierten sie hier Flüchtlinge ein, die dem Haus dem Rest gaben. 1947 stand es leer und wurde notdürftig instandgesetzt. Das Haus wurde der Stadt übertragen, die ihre Musikschule hier einrichtete.

1990 verkaufte die Stadt Haus und Grundstück an einen Hochstapler, drei Jahre kam es per Zwangsversteigerung in den Besitz eines Kölner Klempnermeisters, der nach fünf Jahren den Kampf gegen die Denkmalpflege aufgab. Die Familie Wiallas erlöste ihn und arbeitete mit der Behörde zusammen. Außen wurde der Originalzustand hergestellt, innen das Vestibül erhalten. Alles andere entspricht der heutigen Zeit.

Im Souterrain wohnt ein Teil des Personals, das Erdgeschoß dient mit seinem Festsaal und Nebenräumen gesellschaftlichen und geschäftlichen Zwecken. Die 1.200 Quadratmeter im Obergeschoß sind in sechs Wohnungen unterteilt. Traditionell wohnen hier die erwachsenen, aber noch ledigen Mitglieder der Familie Wiallas. Zurzeit sind das Alissar, Lukas, Levon und Jakob Wiallas. Der ist aber zwanzig Tage im Monat in der Welt unterwegs. Die anderen zwei Wohnungen sind für Gäste reserviert. Jede Wohnung hat ein großzügiges Bad, vier Zimmer, aber nur eine Teeküche. Die Bewohner nehmen ihre Mahlzeiten im kleinen Speisesaal ein.

Schon seit 1910 gibt es einen Aufzug. Von außen nicht sichtbar ist das zweite Kellergeschoß. Hier sind die gebäudetechnischen Anlagen installiert, aber auch eine Tiefgarage untergebracht. Die fünf Hektar werden flussseitig von einer Mauer begrenzt, zur Straße und zum Nachbarn ist es ein schmiedeeiserner Zaun mit Tor.

Hier treffen sich Dr. med. Alfons Auerbach, Ilona Richter, Dr. nat. Karamba Owamba und Walentina Liwak. Sie sind mit der Straßenbahn gekommen und stehen nun etwas ratlos vor dem Tor. Es gibt einen Briefkasten mit der Aufschrift, „Post für Felsenstraße 14" und einen Klingelknopf mit der Aufschrift „Klingel". Walentina will gerade auf den Knopf drücken, da hält ein Auto mit dem Kennzeichen des Landkreises. Die Fahrerscheibe surrt herunter, der Graukopf hinter dem Steuer sagt: „Guten Tag, mein Name ist Doktor Bauer, mein Sohn Constantin sitzt neben mir. Ich nehme an, wir wollen alle zu Frau Alissar Wiallas. Ich kenn mich hier aus, einen Moment."

Die vier Fußgänger sehen verwundert zu, wie der Wagen langsam weiterrollt und an einer Wechselsprechanlage zum Stehen kommt.

Der Fahrer spricht langsam und deutlich, ebenso deutlich kommt die Antwort von einer Männerstimme.

„Guten Herr Doktor Bauer, guten Tag die anderen Herrschaften. Sie sind avisiert. Herr Doktor, fahren Sie bitte in die Garage, Platz zwölf. Ich erwarte sie dort. Die anderen Gäste wollen bitte zur Haustür kommen."

Das Tor öffnet sich, Doktor Bauer fährt langsam auf das Grundstück, hält noch mal an, weil sein Sohn aussteigt. Das Auto fährt weiter, die Fußgänger gehen zur Haustür.

Die öffnet sich und Alissar sagt, „Schön, dass sie da sind. Zum Ablegen, bitte hier entlang."

Sie zeigt nach rechts, merkt aber, dass ihr niemand folgt. Ihre Gäste sehen sich erstaunt um. Das Vestibül wird von einer prachtvollen, doppelläufigen Treppe ins Obergeschoß dominiert und bekommt sein Licht von dem ovalen Durchbruch in wohl 20 Meter Höhe. Alissar zeigt auf die Südseite.

„Der Festsaal, tausend Quadratmeter, im Westen die große Küche, im Norden die große und die kleine Bibliothek, ein Konferenz- und das Raucherzimmer. Im Osten Garderobe und Toiletten. Oben sind Wohnungen, die kleine Küche und der kleine Speisesaal. So, jetzt bitte die Mäntel. Lothar wird ihnen behilflich sein. Walentina, ich weiß, du nimmst grusinischen Tee. Die Herren, Tee oder Kaffee? Frau Richter? Sagen sie es bitte Lothar."

Bis auf Doktor Bauer, der wie selbstverständlich seinen Mantel auszieht und dem livrierten Mann gibt, starren alle auf Lothar. Der ist Mitte Dreißig, trägt blank geputzte schwarze Schuhe und weiße Handschuhe. Freundlich lächelnd öffnet er die Tür zur Garderobe.

„Ihre Mäntel, bitte. Was wollen sie trinken?"

Zögernd schälen sich die Gäste aus ihren Wintersachen und leise äußern sie ihre Wünsche.

Alissar wartet, bis alle soweit sind.

„Wir nehmen die kleine Bibliothek. Hier entlang."

Doktor Bauer setzt sich sofort an einem der drei Tische, die mit Kaffeegeschirr und jeweils einer Etagere mit Gebäck, sowie Wassergläser und Wasserflaschen gedeckt sind. Alle anderen bleiben stehen und sehen sich um. Constantin kann sich nicht zurückhalten.

„Wenn das die kleine Bibliothek ist, wie groß ist dann die Große?"

„Sechzig Quadratmeter bei einer Höhe von fünf Metern, macht zwölftausend Einheiten. Hier sind es knapp sechstausend. Die arabische Abteilung ist weiter links." Alissar, die jetzt in der Tür steht, zeigt auf eine Regalfront und lächelt. „Ich habe mir ihre Bachelorarbeit aus der Unibibliothek kopieren lassen. Zweite Reihe, drittes Fach. Über das koranische Marienbild sollten wir uns mal unterhalten. Man merkt, dass Arabisch für Sie eine Fremdsprache war und sie damals keinen Moslem kannten. Aber setzen wir uns. Und, falls Sie es tröstet. Meine Masterarbeit über die postkolonialistischen Strukturen in den Europäisch-Arabischen Wirtschaftsbeziehungen der Gegenwart würde ich heute auch anders schreiben."

Sie zeigt auf die Tische.

„Wie sie wollen. Nach Fraktionen, nach Geschlechtern, aber bitte setzen sie sich."

Constantin wird leicht rot und setzt sich zu seinem Vater. Die Liberalen nehmen einen Tisch, Karamba und Walentina den dritten. Alissar legt ihr Smartphone auf den freien Platz neben Doktor Bauer und setzt sich.

„Bevor wir zur Sache kommen, möchte ich sie gegenseitig bekanntmachen. Zu meiner Rechten, Herr Roland Bauer. Doktor der Rechte, Oberbürgermeister und Regierungspräsident außer Diensten. Er wird mir als Berater in Verwaltungsfragen zur Seite stehen. Auch nach dem Sieg. Links, sein Sohn Constantin, Master in Management mit langjähriger Erfahrung als Büroleiter eines englischen Senders. Nun in Deutschland zurück und frei. Er wird das Wahlkampfbüro leiten."

Alissar zeigt mit der flachen Hand auf den nächsten Tisch, da klopft es, „Herein!", sagt sie laut. Die Tür wird geöffnet und Lothar schiebt einen Servierwagen in den Raum. Auf der oberen Fläche stehen zwei Stövchen, zwei Teekannen und eine große Thermokaffeekanne. Ein Stövchen stellt er vor Walentina hin, das andere vor Frau Richter. „Grusinisch, Earl Grey, wie gewünscht." Dann schenkt er den Damen Tee ein, danach den anderen Kaffee, stellt noch auf jeden Tisch eine Zuckerdose, ein Milchkännchen sowie vor Frau Richter eine Schale mit Zitronenscheiben. Dann sieht er zu Alissar. Sie nickt, Lothar geht.

Karamba hat ein Lächeln im Gesicht und greift nach einem Keks, Roland Bauer lehnt sich zurück. Alissar macht mit der Vorstellungsrunde weiter, die Stimmung wird entspannter. Ronald Bauer plaudert über den Oberbürgermeister als Hauptverwaltungsbeamten, der von Volk gewählt aber vom

Stadtrat abhängig ist. Karamba erzählt Anekdoten über seinen Wahlkampf als schwarzer Akademiker, der mit einer weißen Frau verheiratet ist, die für ihn zum Islam konvertiert und sie jetzt zwei frühpubertierende Kinder haben. Seine Frau arbeitet immer noch als Biologin in dem Institut, in dem sie sich kennengelernt haben.

In dem Ton geht es weiter und nach anderthalb Stunden ist die Marschrichtung klar.

Alissar soll aufschreiben, was sie als Oberbürgermeisterin anders machen will. So als Grundlage eines Wahlprogramms. Das soll in den Gremien der beiden Parteien diskutiert werden. Walentina fasst es so zusammen: „Wir geben unseren Senf dazu und dann musst du dich stellen."

Constantin wird mit Hilfe von Karamba aufschreiben, was für ein Wahlkampfbüro benötigt wird. Technik und Personal. Das nächste Treffen soll in vierzehn Tagen stattfinden, gleicher Ort, aber dann im Konferenzraum. „Da haben wir Technik und mehr Platz. Wir werden ein Büfett vorbereiten", sagt Alissar und alle nicken. Als Lothar den Damen in die Mäntel hilft, zucken diese nur kurz. Diesmal ist es andersherum, er begleitet die Fußgänger bis zum Tor, Alissar die beiden Bauers in die Garage.

Warum die dabei waren, erklärt eine Rückblende.

Rückblende

Sonntag, 5. Oktober des Vorjahres.

Das Hobby des evangelisch-lutherischen Pfarrers Olaf Prokop führte in seiner Parochie erst zu hoch gezogenen Brauen und Kopfschütteln. Heute sind seine Schäfchen stolz auf ihren „rasenden Popen".

Herr Prokop nutzt eine Harley-Davidson um die fünf Kirchgemeinden, das Pflegeheim und die evangelische Grundschule reihum anzufahren. Wenn es pressiert, dann auch im Talar, wehendem Beffchen und Helm. Übrigens fährt die Kinderpsychologin Eva-Maria Prokop ein Trike, hinten sitzt der zwölfjährige Martin. Familie Prokop weiß, dass sie seltsam wirken und zelebrieren es.

Ostermontag wird die Motorradsaison mit einem Biker-Gottesdienst eröffnet und am Sonntag nach Michaelis beendet. Da parken schon mal hundert Motorräder vor der Kirche.

In diesem Jahr fällt das Saisonende auf das Erntedankfest, es ist noch voller, noch erhebender, noch schöner. Vor allem, bevor es losgeht. Knatternd, leise blubbernd fahren die Biker vor, parken ihre Maschinen und nehmen den Helm ab. Da schütteln Mittsechziger ihre grauen Haare zurecht, korrigieren Frauen in den Vierzigern ihre Frisuren mit Hilfe des Rückspiegels oder ziehen jüngere Geschlechtsgenossinnen mal kurz die Finger durch den Bob.

Alissar muss ihre Haare nicht richten, denn die sind unter dem Hijab verborgen.

Seit sie wieder in Deutschland ist, nimmt sie gelegentlich an den Ausfahrten teil, die Pfarrer Prokop organisiert. Der kommt nun auf sie zu.

„Schön, dass Sie der Einladung gefolgt sind, Frau Wiallas. Ich, nein wir alle, freuen uns. Kommen Sie."

Ihr Name steht auf einem Zettel in der ersten Kirchenbank, sie weiß, warum.

Es ist Erntedankfest, aber Pfarrer Prokop wäre nicht der „rasende Pope", würde er nicht die Verbindung zu seinem Hobby herstellen.

„Gott ist mein Sozius, aber bei mehr als einhundertdreißig Stundenkilometer steigen die Schutzengel ab!", donnert er von der Kanzel. Er sieht, dass einige Köpfe nach unten gehen und weiß nun, dass es gesagt werden musste. Versöhnlicher schiebt er nach: „Mögen die Eiligen unter uns die Zeit bis Ostern zum Vorausdenken nutzen, wie wir alle ja vorausschauend fahren sollen."

Manchmal ist das mit dem Vorausschauen so eine Sache.

Alissar hatte den Pfarrer angerufen, weil sie eine Bitte hatte. Er hatte Hilfe zugesagt und eine Gegenbitte geäußert. Die Ausführung wird Olaf Prokop noch ein paar hitzige Gespräche mit dem Regionalbischof einbringen. Jetzt zieht er sie aber erstmal durch und winkt die in der ersten Reihe Sitzenden nach vorn. Ein breitschultriger Graukopf in Motorradkluft, eine Mittdreißigerin in Rock und weißer Bluse, ein zukünftiger Konfirmand und Alissar erheben sich und stellen sich hinter die Mikrofone. Die Fürbitte ist dran und Alissar liest vor: „Ich möchte heute für alle Gläubigen im Namen ihres Gottes beten und bitten, dass alle Verfolgten beschützt werden mögen. In Psalm sieben, Vers zwei, steht: Herr, hilf mir von allen meinen Verfolgern und errette mich." Dann hebt sie den Kopf und spricht frei. Erst auf Arabisch und dann auf Deutsch: „Allah sagt: Keiner von euch darf sich als gläubig ansehen, bis er seinem Bruder oder seinem Nachbarn auch dasselbe gönnt, was er sich selbst gönnt."

Bei den Vorgesprächen hatten Olaf und Alissar darüber gesprochen, wie die Gemeinde reagieren würde.

Mit dem donnernden Applaus hatten sie nicht gerechnet.

Damit ist der denkwürdige Gottesdienst aber noch nicht zu Ende, denn Pfarrer Prokop segnet nun vor der Kirche die Motorräder.

Dann läuten die Glocken, er setzt sich den Helm auf und führt den Bandwurm von siebzig Motorrädern an. Zwanzig Minuten später sitzen die Biker, nebst per Auto angereisten Familienangehörigen, also rund hundert Menschen, in einem Ausfluglokal und reden. Über Benzinpreise, über Hubraum, über Reifenprofile, über die Familie, über die Welt und natürlich über die Frau mit dem Kopftuch.

Die sitzt übrigens am Tisch des Pfarrers und plaudert mit dessen Ehefrau. Die beiden Frauen verstehen sich blendend und hecheln, bei Gänsebrust mit Klößen und Rotkohl, die Ansammlung hochtouriger Männlichkeit durch.

„Frau Wiallas, ein Teil der Anwesenden hat Mühe, sich auf das Essen zu konzentrieren. Ich sehe da Anzeichen einer Störung des limbischen Systems. Ach, Gott, Männer. Sie sind…"

„Auch nur Menschen. Pardonne, ich habe Sie unterbrochen, aber in meiner Blickrichtung sitzt ein Exemplar mit blauen Augen. Bei dem könnten Frauen ihr Belohnungssystem in Marsch setzen." Alissar bewegt den Kopf leicht nach links, Frau Prokop blickt dorthin und schnell wieder zurück.

„Einverstanden. Auf den ersten Blick entspricht er, genauso so wie Sie, dem Ideal. Wobei bei Ihnen noch das Geheimnis der verdeckten Ohren und Haare kommt. Abziehen müssen Sie aber ihre Größe. Eins achtzig? Das verwirrt die meisten Männer, die sehen sich als Beschützer von kleinen, kindlichen Frauen."

Alissar lacht kurz auf.

„Eins dreiundachtzig, wie mein Vater. Wir haben eine Handvoll Ärzte in der Familie und von denen stammt auch eine wissenschaftlich-medizinische Definition von Schönheit. Der Abstand zwischen den Pupillen ist halb so groß, wie der Abstand zwischen den Ohren, die aber verdeckt sind. Der Abstand zwischen Augen und Mund beträgt ein Drittel des Abstands zwischen Kinn und Haaransatz, bei mir der Saum des Kopftuches. Dazu der Teint und die blauen Augen. Ich weiß, wie ich wirke."

„Darauf setze ich!"

Olaf Prokop erträgt die erstaunten Gesichter der beiden Frauen, dreht den Kopf leicht nach links und sagt: „Der Tisch rechts hinter mir. Alissar, Sie erwähnten blaue Augen, die meine ich. Der Graukopf mit Brille ist Doktor Bauer. Neben ihm sitzt Frau Doktor Bauer, kein Anhängsel ihres Mannes, sondern auch promovierte Juristin. Beide sind seit dreißig Jahren verheiratet und genießen den Ruhestand auf dem Land. Der junge Mann am Tisch ist der jüngste Sohn. Um den geht es. Roland Bauer hat mich gestern angerufen und um Hilfe gebeten. Ihr Sohn Constantin sei überraschend bei ihnen aufgetaucht und hat das Gästezimmer in Beschlag genommen. Er war bis letzte Woche Büroleiter der BBC in Doha und musste das Land verlassen. Dazu kommen noch Probleme mit dem Sender und seiner Frau in

London. Bei Doha habe ich sofort an Sie gedacht, Alissar. Vielleicht können Sie die fragmentarischen Erzählungen des jungen Mannes so entwirren, dass seine Eltern verstehen und helfen können." Pfarrer Prokop kennt Alissar lange genug, er darf ihr in die Augen sehen und „Bitte" sagen.

Alissar riskiert noch mal einen Schulterblick, dann nickt sie. Olaf Prokop steht auf, geht und kommt zurück. Das Ehepaar Bauer hinter sich, mit einem Schritt Abstand folgt Constantin. Der blickt kurz zu Alissar, senkt aber schnell den Kopf. Erst am Tisch hebt er ihn wieder und sieht Frau Prokop an. Sie steht auf, Alissar steht auf, Olaf stellt vor: „Herr Doktor Bauer, Frau Doktor Bauer, meine Frau kennen sie und dass ist eine gute Bekannte, Frau Wiallas."

Als der Name fällt, zuckt Constantin merklich und blickt Alissar ins Gesicht.

Herr Bauer gibt Frau Prokop die Hand, Frau Bauer gibt Frau Prokop und Olaf die Hand, dann gibt Constantin der Frau Prokop die Hand. Sein Vater streckt Alissar die Hand entgegen. Sie lächelt und blickt kurz zu Constantin. „Sie können ihrem Vater gewiss die religiöse Begründung liefern. Ganz profan sollten wir nach der Pandemie etwas vorsichtiger mit dem Händeschütteln sein. Sie wollen mich sprechen?"

Alissar setzt sich, alle anderen folgen. Eine Minute ist es still, dann sieht sie zu Constantin.

„Sie haben bei ‚Wiallas' reagiert, kennen wir uns? Möglich wäre es, ich war im September mit meinem Vater in den Emiraten, auch in Doha." Sie dreht den Kopf zum Pfarrer, dann zu Roland Bauer. „Herr Prokop bat mich um Hilfe, nachdem ihr Vater ihn um Hilfe gebeten hat. Erzählen Sie."

Diesmal ist die Stille etwas länger. Olaf räuspert sich, Frau Bauer legt ihre rechte Hand auf den Unterarm ihres Sohnes. Der hebt den Kopf sieht seine Mutter an und redet zehn Minuten.

Auf Deutsch mit arabischen und englischen Wörtern gemischt. Alissar holt ihr Portemonnaie aus der Jacke, entnimmt ihm eine Visitenkarte, die sie auf den Tisch legt. Dann steckt sie die Geldbörse wieder ein und holt ihr Smartphone hervor. „Entschuldigung, aber ich möchte mir eine Notiz machen."

Mit der rechten Hand tippt sie auf dem Gerät herum, mit der linken schiebt sie die Karte Constantin zu.

Der ist am Ende seiner Beichte und senkt den Kopf. Alissar legt das Smartphone weg.

„Schreiben Sie mir das bitte alles noch Mal auf. Ohne den Scheidungsteil, der interessiert mich nicht, da könnten ihre Eltern wohl helfen." Sie lehnt sich zurück, blickt kurz zu Eva Prokop, lächelt und beginnt: „Erstens, Kopf hoch. Berufliche oder persönliche Niederlagen gehören zum Leben. Wenn Sie es nicht allein schaffen, suchen Sie sich professionelle Hilfe. Frau Prokop hat gewiss eine Adresse. Zweitens, Sie sind der Familie Al Maktum gehörig auf die Füße getreten. Da können wir Wiallas erstmal wenig machen. Auch wenn wir, wie Sie richtig vermuten, sehr gute Kontakte zum Emir haben. Hier in Deutschland wird den Migranten jeden Tag erklärt, sie sollen sich an die Regeln halten. Das erwarten natürlich auch die anderen, wenn wir in ihren Ländern sind. Ich kenne hunderte Europäer, die seit Jahrzehnten in arabischen Ländern leben. Respektiert, weil sie den Menschen dort respektvoll begegnen. Das, was Sie geschildert haben war kein Fauxpas, das war eine Rechtsverletzung. Würden Sie einer Nonne ihr Habit vorwerfen? Da bin ich bei Drittens. Gehen Sie in sich. Überdenken Sie ihr Bild, das Sie vom Islam haben. Viertens, suchen Sie sich einen Job."

Eva Prokop lächelt, ihr Mann sieht ebenso wie Herr Bauer zu Alissar, Frau Bauer streichelt den Arm ihres Sohnes und Constantin läuft rot an. Er will aufstehen.

„Setzt dich! Du willst Hilfe, dann nimm Sie auch an!"

Doktor Roland Bauer ist so laut geworden, dass an den Nachbartischen die Köpfe hochgehen. Er wird leiser: „Danke Frau Wiallas." Dann blickt er zu seiner Frau, zu Frau Prokop und zum Pfarrer. Der sieht zu Constantin.

„Ich denke, das reicht für Heute. Frau Wiallas hat wohl das Nötige gesagt." Herr und Frau Bauer verstehen sofort, ihr Sohn braucht einen Schubs und steht dann auch auf.

Die Verabschiedung geht ohne Händeschütteln vonstatten. Alissar greift nach ihrer Lederjacke und dem Helm. Bevor sie den aufsetzt, zeigt sie mit dem Kopf in Richtung der Familie Bauer.

„Ich hoffe, ich war grob genug. Olaf, Eva, danke für schönen Stunden."

Am Montag sitzt Alissar mit ihrem Vater zusammen. Es geht um Geschäftliches, da passt die Erwähnung der Familie Bauer. Bruno tippt auf der Tastatur seines Computers herum und dreht dann den Monitor so, dass seine Tochter freie Sicht auf das Dossier hat.

„Doktor Roland Bauer, Einundsiebzig. Kontakt seit Zweitausend. Da wurde er gerade zum OB gewählt. Hier!" Bruno tippt auf den Städtenamen im Rheinland und gleich weiter auf die Rubrik, „Familie".

„Neunzehnzweiundneunzig heiratet er Heidrun Drescher. Sie haben sich an der Uni kennengelernt. In dem Jahr haben sie beide promoviert und den ersten Sohn bekommen. Ist jetzt auch Anwalt, aber kein Kontakt. Roland eröffnete eine Kanzlei, wurde Fachanwalt für Verwaltungs- und Vergaberecht, Heidrun für Familienrecht. Dann kam die Tochter, jetzt mit einem Banker in London verheiratet und elf Monate später wurde Constantin geboren. Die Bauers sind gut katholisch."

Bruno grinst, tippt auf den Link „Geschäft" und liest vor: „Zweitausend wollte ein Jordanier investieren, Roland war der frisch gewählte Oberbürgermeister, wir wurden uns einig. Das hat sich paar Mal wiederholt. Nach der zweiten Amtszeit wollte Roland etwas Neues machen und kam als Regierungspräsident hierher. Der große Sohn übernahm die Kanzlei. Heidrun wurde hier Dozentin an der Polizeifachschule. Obwohl beide in der Christlichen Partei sind, überwarf sich Roland mit dem Ministerpräsidenten und schmiss vor fünf Jahren hin. Seitdem lade ich ihn und seine Frau ab und an mal ein. Du wirst dich nicht erinnern." Alissar schüttelt den Kopf, tippt auf den Monitor. „Hast du etwas zu Constantin?" Bruno tippt den Namen ein, es kommt aber nur der Verweis auf seinen Vater.

„Nichts. Wenn du willst, lasse ich recherchieren." Er lächelt seine Tochter an, die nickt stumm.

Zehn Tage später kann Alissar lesen, was die Mitarbeiter zusammengetragen haben.

Constantin Bauer wurde vor 29 Jahren geboren, hat in München Orientwissenschaft studiert und ist nach dem Bachelor nach London gezogen. Dort hat er für die BBC gearbeitet, den Master in Management abgeschlossen und eine Journalistin geheiratet.

Die gebürtige Engländerin ging als Korrespondentin nach Kairo, er folgte ihr und leitete das Büro. Drei Jahre später stieg sie die Karriereleiter nach oben, das heißt, in die Zentrale versetzt. In der Ehe muss es gekriselt haben, denn Constantin ging allein nach Katar. Dort hat er wohl gute Arbeit geleistet, denn die Schnüffler haben eine lobende Erwähnung in einem der Quartalsberichte gefunden. Im Sommer dieses Jahres war damit Schluss. Constantin musste das Land innerhalb von 24 Stunden verlassen und hat ein Einreiseverbot für die Arabischen Emirate. Die BBC hat ihm fristlos gekündigt. Brunos Quelle in Doha schreibt etwas von „unsittlichem Verhalten" und nennt den Namen einer der Töchter des Emirs. Schreibt aber auch, dass es Gerüchte gibt, wo nach die „Unsittlichkeit" im gegenseitigen Einverständnis erfolgte. Constantin sei wohl schlicht der falsche Mann gewesen und musste weg. Übrigens hätte die betreffende junge Frau im August einen deutlich älteren Angehörigen der katarischen Herrscherfamilie geheiratet und sei von der Bildfläche verschwunden.

Alissar erinnert sich an Constantins blaue Augen, ist im Moment nicht bedürftig und schließt das Dossier.

Das Team II

Die sieben Menschen, die an diesem Tag im Konferenzraum der Felsenvilla zusammensitzen, haben sich gut vorbereitet.

Alissar hat den anderen vor drei Tagen eine pdf-Datei mit dem Titel „ihre-neue-oberbuergermeisterin" gesendet. Auf vier Seiten erklärt sie, dass der ungewöhnlichen Titel auch der Name der Wahlkampfhomepage sein soll. Die Domain ist bereits angemeldet. Sie hat die Grundzüge ihres Wahlprogramms, „Das Beste für unsere Stadt" aufgeschrieben.

In den Kapiteln, „Lebenswerte Stadt", „Starke Stadt" und „Zukunftsstadt" plant sie die Verbesserung des Nahverkehrs, den Bau von Bolz- und Skateplätzen. Sie will Firmen ansiedeln, die gut bezahlte Arbeitsplätze schaffen ohne dabei weitere Flächen zu versiegeln und die hier auch Steuern zahlen. Die Vergabe öffentlicher Aufträge soll an die Tariftreue der Auftragnehmer gebunden werden. Das Ordnungsamt soll von 5 bis 22 Uhr unterwegs sein. Alissar kann sich gemeinsame Streifen von Ordnungsamt und Polizei vorstellen. Die Stadt muss sich auf die Zukunft vorbereiten. Weniger Schadstoffe in die Luft blasen, dem Fluss, der durch die Stadt mäandert, mehr Platz schaffen. Alle paar Jahre kämpft die Stadt gegen Hochwasser, genehmigt aber neue Bauten im Überflutungsgebiet. Die Bediensteten sollen bei Dienstwegen den Nahverkehr oder ein Carsharing-Angebot nutzen. Der Fuhrpark des Ordnungsamtes soll auf E-Autos umgestellt werden. Zur Zukunft gehört auch die Zuwanderung von Menschen aus allen Teilen der Welt. Hier sei eine Willkommenskultur notwendig, die aber keine Einbahnstraße sein darf. Wer kommt, dem wird Wohnung, Unterricht und Arbeit gegeben, muss aber auch selbst liefern. Bereitschaft zeigen, dass Leben in der Fremde anzupacken und die hiesigen Regeln zu beachten. Wer Toleranz fordert, muss sie auch gewähren.

Auf Seite Drei hat Alissar ihre Gedanken zum Wahlkampf aufgeschrieben. Die Homepage soll zu ihrem Lebenslauf mit Kopien ihrer Abschlüsse verlinken. Sie will ihre Steuererklärung der letzten drei Jahre ins Netz stellen. Jeden Monat gibt es eine Abrechnung über die Wahlkampfkosten mit einem Spendenaufruf. Sie will wöchentlich eine Videobotschaft veröffentlichen und macht Vorschläge für den Slogan auf Plakaten und Flyern.

Auf Platz Eins steht, „Die Beste für unsere Stadt". Das ist ein Foto von ihr vor dem Rathaus.

„Chancen für Alle!" ist ihr Gesicht vor der Grundschule, die sie besucht hat. Dazu eine bunte 4. Klasse.

„Ihre Stimme, ihr Vertrauen, meine Leistung" ist ein Luftbild der Stadt mit ihrem Gesicht, rechts oben.

Auf der letzten Seite verblüfft sie ihre Leser.

„Der Amtsinhaber musste vor vier Jahren in die Stichwahl, die er mit sechzig Prozent gewann. Es gingen aber nur dreißig Prozent der Wahlberechtigten zur Wahl. Es gibt also ein Potential von hundertdreißigtausend Stimmen, von denen ich vierzig Prozent bestimmt gewinne. Das sind die wahlberechtigten EU-Bürger und die Deutschen mit Migrationshintergrund. Der liberale Kandidat hatte in der Hauptwahl rund zehntausend, die Bündnisfrau achtzehntausend Stimmen. Gewinne ich noch die Wahlmuffel, insbesondere die Teenager, dann habe ich schon im ersten Wahlgang gut fünfundfünfzig Prozent sicher."

Über den letzten Abschnitt:

„Warum ich verlieren kann:

1. Weil die anderen einen besseren Kandidaten haben.
2. Weil die Verwaltung gegen mich arbeitet. Vor allem das Viertel der arroganten, verbeamteten Sesselfurzer, denen egal ist wer die Stadt regiert, Hauptsache ihre Privilegien werden nicht angetastet.
3. Weil ich eine Frau mit Hijab und Migrationshintergrund bin.
4. Weil ich Fehler mache.
5. Weil ein unbekannter Gegner auftaucht."

werden die Konferenzteilnehmer als erstes diskutieren.

Karamba, der ja Erfahrungen im Wahlkampf hat, spricht als Erster.

„Zu Punkt Eins, warten wir ab, wen die anderen aufstellen. Dann muss das Team eine Gegneranalyse machen, dann reagieren wir. Zum dritten Punkt, drehen Sie es um. Hijab und Migration als Alleinstellungsmerkmal nutzen. Fehler sind menschlich. Entschuldigen Sie sich."

Alissar nickt, Constantin stenografiert mit.

Walentina fragt: „Wer sind die anderen drei Viertel? Ich meine in der Verwaltung."

„Das Zweite sind diejenigen die fachlich und menschlich geeignet sind, aber durch das erste und dritte Viertel, sowie durch die mangelnde technische Ausstattung gebremst werden. Ich erinnere an die Pandemie, da musste das Gesundheitsamt die Zahlen per Fax weiterleiten. Das dritte Drittel sind diejenigen, die ihre Stunden runterreißen und zum Teil schon innerlich gekündigt hat. Das letzte Viertel sind die Frontschweine. Die Mitarbeiter in den Bürgerzentren, im Ordnungs-, Sozial-, Jugend- und Ausländeramt, sowie die Feuerwehrleute. Sie haben es mit erbosten Bürgern zu tun, sehen täglich das Elend und werden nicht nur verbal angegriffen. Die muss ich motivieren, aber auch schützen."

Roland Bauer sieht erstaunt zu Alissar. „Frontschwein hätte ich Ihnen nicht zugetraut. Sie verlieren nicht."

Sie lächelt, zeigt mit dem Finger zur Decke und macht dann einen Kreis. „Es gibt nicht viele Deutsche, die gesehen und gehört haben, wie Bomben fallen, ich kann mich noch erinnern. Und, es gibt einen Wiallas, der da draußen heikle Aufgaben löst. Ich durfte ihn ein paar Mal begleiten."

Sie dreht sich zu Constantin.

„Fällt mir gerade ein. Stellen Sie den Kontakt zur Ortsgruppe des Reservistenverbandes her. Das mögen nur ein paar Hundert sein, aber jede Stimme zählt, vor allem, wenn sie verheiratet sind."

Sie sieht zu Herrn Auerbach.

„Gibt es Vorschläge, Bemerkungen, zur Seite Drei?"

Der Kinderarzt denkt wohl noch über ihre Worte nach, schüttelt kurz den Kopf, lächelt und beginnt:

„Eigentlich muss ich meine Patienten über Vierzehn zu den Kollegen schicken, manchmal zieht es sich hin und außerdem habe ich selbst Kinder. Was ich sagen will, dass Weltbild der Jugend ist sechseinhalb Zoll groß. Ploppt auf ihrem Smartphone ein Text auf, bei dem sie scrollen müssen, drücken sie den weg. Videos über drei Minuten können sie nur auf der Couch angucken. Wir müssen also kurz, knackig und auf allen Kanälen präsent sein. Dazu brauchen wir junge Leute im Team."

„Manchmal sind Patchworkfamilien gut. In der Familie meiner leiblichen Mutter gibt es drei Schüler, die schon ja gesagt haben. Von denen stammt übrigens die Idee einer Videobotschaft, nicht länger als drei Minuten. Danke, Doktor Auerbach."

Alissar blickt auf ihre Notizen und hebt wieder den Kopf.

„Bevor sie fragen, ja es wird ein Wahlkampfbüro geben. Wenn es klappt, dann direkt am Markt und zum ersten Mai. Da wird gerade ein Haus saniert, das der Familie gehört. Unten ein Laden mit achtzig Quadratmeter und direkter Verbindung zu einer Drei-Raum-Wohnung in der ersten Etage. Die ist fast fertig, die oberen Geschosse brauchen wir nicht. Was fehlt noch?"

Jeder sieht jeden an, Frau Richter schreibt etwas auf und liest gleich vor. „Ein Bus". Sie hebt den Kopf und entwickelt den Gedanken weiter. „Das Büro in der Innenstadt ist gut, halten Sie dort jede Woche eine Sprechstunde ab, Frau Wiallas. Aber Sie müssen auch in die Randbezirke. Im Stadtbezirk West lebt ein Drittel der Einwohner. Es gibt da vier große Einkaufszentren. Stellen Sie den Bus dahin und reden Sie mit den Menschen. Zumindest die letzten vier Wochen vor der Wahl."

Alissar nickt und sieht zu Constantin. Der tippt auf seinen Block. „Notiert, Frau Richter. Ich gebe zu bedenken, es kann auch ein PKW mit Anhänger sein. Ein Bus wäre wohl zu groß und schwer zu beschaffen." Es gibt Zustimmung.

Zum programmatischen Teil haben Dr. Auerbach und Walentina nur zwei Bemerkungen. Die Liberalen wollen, dass das Wort „Mittelstand" drinsteht, das Bündnis will, „Nachhaltigkeit" lesen. Alissar verspricht eine Überarbeitung. Der letzte Tagesordnungspunkt sind die nächsten Termine.

Die Liberalen treffen sich im großen Konferenzraum des Hotels, „Weißer Hirsch".

Die Vorsitzende des Stadtverbandes, Ilona Richter begrüßt die Anwesenden und begründet in acht Minuten, warum die Liberale Partei Frau Alissar Wiallas unterstützen sollte. Der Applaus ist höflich. Alissar steht auf.

„Guten Tag, salam aleikum. Ich weiß, sie haben mit der Einladung die Eckpunkte meines Wahlprogramms sowie meinen Lebenslauf erhalten und hoffe, sie haben dies gelesen, denn ich will heute von ihnen erfahren, was noch ins Programm gehört. Der Leiter meines Wahlkampfteams, Herr Bauer, beherrscht die Kurzschrift und wird protokollieren. Bitte, ihre Vorschläge."

Es sind die klassischen liberalen Themen. Weniger Staat, meint den Abbau von Bürokratie und dem Personal in der Stadtverwaltung. Keine Erhöhung von Steuern und Abgaben, meint die Parkgebühren und den Gewerbesteuerersatz. Keine Einschränkung der individuellen Freiheit, meint keine Ausweitung der Dreißigerzonen oder gar ein Einfahrverbot in die Altstadt.

„Als Oberbürgermeisterin muss ich mich an das Europa-, das Bundes- und das Landesrecht halten. Viel Spielraum ist da nicht. Solange diese Ebenen etwa Bauanträge und Genehmigungen in Papierform verlangen, müssen wir dies tun. Allerdings kann ich als Hauptverwaltungsbeamte dafür sorgen, dass interne Abläufe digitalisiert werden. Dann könnte ich Personal abbauen oder besser, umsetzen, denn, wie in den Eckpunkten skizziert, möchte ich die Ämter mit direktem Kontakt zu den Einwohnern stärken. Es kann nicht sein, dass Arbeits- und Unterrichtsstunden ausfallen, weil sich ausländische Mitbürger nachts um Vier beim Ausländeramt anstellen müssen."

Alissar lächelt, naja, grinst.

„Ich bin mit der Bahn gekommen. Hand aufs Herz, wie viele sind mit dem Auto da? Haben sie einen Parteifreund mitgenommen oder saßen sie allein im Wagen? Ja, der ruhende Verkehr ist in einigen Straßen zum Problem geworden. Und ja, gebührenpflichtige Parkplätze sind da ein Steuerungselement. Außerdem, gemeinsam mit der Gewerbesteuer, eine wichtige Einnahmequelle. Ich kann mir aber vorstellen, dass die Verwaltung ein Konzept erarbeitet. Da sollte auch eine Parkkarte für Handwerker oder die sogenannte Brötchentaste drinstehen. Weil ich gerade beim Verkehr bin. Sie wissen doch, dass die Stadt nicht einfach ein Verkehrsschild aufstellen darf. Die Ausweisung einer Dreißigerzone ist an strenge Regeln gebunden. Letztendlich entscheidet das Regierungspräsidium. Meine Bitte an sie. Konzentrieren wir uns auf das, was ein OB kann und darf. Ich will mein Bestes geben. Mit ihrer Unterstützung wird es einfacher."

Der Applaus ist höflich.

Dann folgen Fragen zur Person und die Stimmung wird lockerer. Als Alissar über die Flucht ihrer Familie spricht, gibt es betroffene Gesichter. Als sie über Schule und Studium spricht, gibt es nickende Köpfe. Als sie erwähnt, dass sie Deutsch, Hocharabisch, Damaszener Arabisch, Kurmandschi, Türkisch, Hebräisch, Englisch und Französisch in Wort und Schrift beherrscht, gibt es große Augen. Letztendlich beschließt die Mitgliederversammlung eine Unterstützung ihrer Bewerbung und beklatscht dies ausgiebig.

Eine Woche später steht Alissar im kleinen Saal der Stadthalle vor 350 Mitgliedern des Bündnisses Mensch und Natur. Das Mikro ist mit einer Klammer an ihrem Hijab befestigt, ihre Stimme ist laut und deutlich zu hören. Wenn man will.
Einige Parteimitglieder reden mit dem Nachbarn, rennen ihren Kindern hinterher oder stricken. Und doch gibt es welche, die die zwei Seiten gelesen und Alissar vorhin zugehört haben. Sie gruppieren sich nun um die zwei Standmikrofone. Ein Viertel spricht über sich und stellt dann eine belanglose Frage. Ein Viertel verlangt von Alissar die Änderung von Landes-, Bundes- und Europagesetzen oder die Auflösung der NATO. Ein Viertel fragt, warum sie als unabhängige Bewerberin und nicht als Parteimitglied antritt. Ein Viertel verlangt mehr Grünflächen, die aber nicht gemäht werden dürfen. Da und bei den Wünschen nach einem besseren Nahverkehr schreibt Constantin mit. Auch, als es um die Förderung der freien Kunstszene, den Eintrittspreisen der städtischen Schwimmhallen, dem Zustand der Gehwege und anderen, konkreten Dingen, geht.
Alissar verspricht, die Anregungen in das Wahlprogramm aufzunehmen und eine knappe Mehrheit stimmt für die Unterstützung.

So gewappnet geht Alissar zum Stadtwahlleiter.
Der sortiert, was sie ihm vorgelegt hat. Die formlose Bewerbung, zweieinhalb Seiten mit Auszügen aus dem Wahlprogramm. Das Original des Staatsangehörigkeitsausweises, das Original des aktuellen Führungszeugnisses, Kopien der Bachelor- und Masterurkunden, die als Befähigung zur Laufbahngruppe 2 im allgemeinen Verwaltungsdienst dienen, die Schrei-

ben der Stadtvorstände der Liberalen Partei und dem Bündnis für Mensch und Natur in denen diese die Unterstützung der unabhängigen Bewerberin Alissar Wiallas erklären, inklusive der beiden Protokolle der Mitgliederversammlungen. Dann bittet sie darum, die Zustimmungserklärung gleich ausfüllen zu dürfen und dass der Stadtwahlleiter die Wählbarkeit auf dem entsprechenden Formular bescheinigt.

Der Beamte wackelt mit dem Kopf, steht auf, geht zu einem Regal und holt zwei Formulare aus einem Fach. Auf dem Rückweg zu seinem Schreibtisch legt er Alissar die Anlage 8a zu § 30 Abs. 5 Satz Nr. 1 KWO vor. Sie schreibt in Druckschrift ihren Familiennamen, ihren Vornamen, ihr Geburtsdatum, ihren Geburtsort, muss einen Beruf oder den Stand angeben und die vollständige Anschrift eintragen. Weiter unten heißt es: „Ich gebe meine Zustimmung zur Bestimmung als Bewerber im Wahlvorschlag mit der Bezeichnung…" In den freien Platz schreibt sie: „Alissar-Lera Wiallas (gemeinsamer Wahlvorschlag von LP und BüMuN)". Die Unterschrift muss handschriftlich und persönlich erfolgen. Das macht sie und schiebt das Blatt wieder dem Wahlleiter zu.

Er überfliegt es und sagt: „Ausweis. Ich muss die Angaben prüfen."

Alissar gibt ihm die Plastikkarte. Der Mann liest und macht auf dem Formular hinter den entsprechenden Stellen ein Häkchen. Er gibt ihr den Ausweis zurück und legt das Formular nach rechts, denn da muss er noch einiges ausfüllen. Auf der Seite liegt auch die Bescheinigung der Wählbarkeit. Die hält er jetzt hoch.

„Frau Wiallas, das muss ich erst prüfen. Das ist im Moment alles. Guten Tag."

Am Samstag, den 12. April, wird das Wahlkampfbüro eröffnet, wie schon beschrieben direkt am Markt. Sieben Erwachsene, zwei Teenager und drei Elfjährige stehen im Kreis und hören Alissar zu.

„Hallo. Danke, dass Sie, ihr da seid. Ich darf vorstellen: Herr Constantin Bauer wird das Büro und damit auch das Team leiten. Frau Preller kommt von der Beratungsgesellschaft und wird den Schreibkram erledigen. Erstmal sitzen beide hier unten, später wohl oben. Spätestens dann, wenn wir weiteres Personal, bezahltes, meine ich, brauchen. Da bin ich bei den Herren Doktoren Roland Bauer und Karamba Owamba. Jurist der eine Biologe und Mitglied des Bundestages der andere. Sie stehen mir als Berater zur Seite, werden also nicht immer hier sein. Das gilt auch für euch."

Alissar dreht sich zur Seite.

„Anas und Fatima sind Verwandte von mir, beide zehnte Klasse. Das heißt, sie steigen erst nach der Prüfungszeit richtig ein. Die Schule hat auch für dich, Jana, Priorität. Danke, dass du zwei Freundinnen mitgebracht hast. Stell ihr euch bitte vor?"

„Ich bin Klaudia Hermann, das ist meine Mutter."

„Mein Name ist Madleen Schreiber, mein Papa und ich finden es cool, was Sie vorhaben, Frau Wiallas."

„Danke. Jetzt noch ein paar Grundsätze. Das Büro ist von Montag bis Freitag von neun bis fünfzehn Uhr besetzt. Ab Mai auch donnerstags bis neunzehn Uhr, denn ich werde Sprechstunden abhalten. Das Team trifft sich Mittwochnachmittag hier. Die Uhrzeit legen wir noch fest. Und noch etwas. Wir werden eine WhatsApp-Gruppe gründen. Schickt mir aber bitte nicht alle fünf Minuten eine unausgereifte Idee, sondern einmal am Tag. Alles klar?"

Es gibt keine Einwände und es geht los.

Constantin präsentiert den Entwurf einer Wahlkampfhomepage, jeder hat Bemerkungen, die er notiert. Dann wird die WhatsApp-Gruppe eingerichtet, Anas bestellt einen Imbiss für alle. Natürlich im Familienrestaurant und drei Portionen mehr, denn zum Essen kommt Frau Owamba mit den beiden Kindern. Die verstehen sich sofort mit den anderen, Alissar hat zwei Helfer mehr.

Feind, Freund und dazwischen

Zehn Kilometer vom Markt entfernt und damit knapp hinter der Stadt-grenze, steht das Hotel „Zur Fähre". Idyllisch am Flussufer gelegen, wirbt es mit „Deutscher Hausmannskost", im Sommer mit seinem Biergarten. In-haberin ist die fünfundsechzigjährige Isolde von Mark, jovial zu ihren Gäs-ten und streng zum Personal. Das sucht sie nach gewissen Kriterien aus: Deutscher Pass, deutsches Aussehen, deutsche Gesinnung. Solche Men-schen sind rar, haben demzufolge ihren Preis, den Isolde aber an die Gäste weiterreicht. Die wiederum sind erfreut, dass sie auf dem Hotelflur keiner türkischen Zimmerfrau begegnen und von deutschen Mädels und Jungs bedient werden. Die „Fähre" hat ihre Stammgäste.

So auch zur Mittagszeit des 12. April.

Es ist Samstag, schönes Wetter, dass Restaurant voll. Isolde hat deshalb im kleinen Vereinszimmer eindecken lassen und begrüßt Dieter Papp, seine Frau Petra Griese-Papp, Oliver Rausch per Handschlag. Sie stellt den drit-ten Mann vor: „Mein Sohn Hagen, Assistent des Landesgeschäftsführers der Christlichen Partei. Er wird uns einen Vorschlag machen." Dann wen-det sie sich an Dieter Papp. „Deine Leute sitzen wie immer am Tisch Sieben. Wir können." Sie schließt die Tür und setzt sich mit an den Tisch.

Genau vor der Tür zum Vereinszimmer sitzen der fünfundzwanzigjährige Jörg Bachmann und der zwei Jahre jüngere Hans Fuchs. In der „Griese-Bau-AG" werden sie als Hilfsarbeiter geführt, sind aber Chauffeure und Jungs fürs Grobe. Sie haben das Restaurant im Blick. Eine Kellnerin kommt mit Getränken, Jörg öffnet ihr die Tür und zwinkert ihr zu. Ihr Lächeln ist professionell. Auch, als sie im Vereinszimmer serviert. Zuerst stellt sie ihrer Chefin das Glas Wasser ohne Kohlensäure hin, dann bekommt Petra Griese-Papp den bestellten Apfelsaft, dann bedient die Kellnerin die Her-ren in Reihenfolge des scheinbaren Alters. Hagen von Mark zwinkert ihr zu, sie lächelt professionell. Leise ertönt ein Gong, die Kellnerin geht zum Speiseaufzug, öffnet ihn und serviert gekonnt die Vorsuppe.

Sie blickt zu Isolde, die bewegt kurz die rechte Hand, „danke, Sonja", die Kellnerin verlässt den Raum.

Niemand bemerkt, dass die Klappe zum Speiseaufzug einen Spalt offensteht. Zwölf Minuten später kommt die Kellnerin wieder, stellt das Vorspeisengeschirr in den Aufzug und drückt einen Knopf. Wenig später entnimmt sie dem Aufzug das Hauptgericht, welches sie serviert. Als sie die Sauciere aus dem Aufzug nimmt, bleibt der wieder einen Spalt offen. Das wiederholt sich bei der Nachspeise.

Um 14.00 Uhr löst sich die Runde auf. Die Kellnerin stellt die Kaffeetassen in den Aufzug, den sie diesmal richtig schließt. Ihre Schicht ist gleich zu Ende.

Hans Fuchs ist ein guter Fahrer. Behutsam bringt er den Wagen exakt vor der ersten Treppenstufe zum Stehen. Sein Beifahrer steigt aus, öffnet die hintere Tür und streckt seine Hand aus. Petra Griese-Papp greift zu und lässt sich von Jörg sanft aus dem Auto ziehen. Ohne Worte geht sie zur Haustür, ihr Mann bleibt noch im Wagen und redet mit Hans. Dann steigt auch er aus und folgt seiner Frau.

Als Jörg wieder auf dem Beifahrersitz Platz genommen hat, sagt Hans: „Wir haben einen Auftrag."

Karamba Owamba wurde vor 45 Jahren in Mali geboren, kam zum Studium der Biologie nach Deutschland, heiratete eine deutsche Kommilitonin die für ihn zum Islam konvertierte, wurde Vater und promovierte über hitzeresistente Getreidesorten. Folgerichtig engagierte er sich im Bündnis Mensch und Natur. Karamba eroberte bei der letzten Bundestagswahl, auch zur Überraschung seiner Partei, den hiesigen Wahlkreis. Dies und sein Fachwissen war für die Delegierten des Parteitages Grund genug, ihn in den Parteivorstand zu wählen. Dort war man sehr erstaunt über die Idee des Stadtverbandes, gemeinsam mit den Liberalen eine unabhängige Bewerberin für die Oberbürgermeisterwahl zu unterstützen. Formell hat der Bundesvorstand keinen Einfluss auf die Kandidaten der Landesverbände bei Kommunalwahlen. Da es sich aber um die zweite OB-Kandidatur überhaupt, um die erste weibliche und dann auch noch muslimische Kandidatin handelt, will der PV sie kennen lernen.

Vorab musste sie einen Lebenslauf und ein Wahlkampfkonzept nach Berlin schicken. Nun sitzen Alissar, Walentina und Karamba im ICE nach Berlin und er will Alissar mit Informationen zum Parteivorstand füttern. Sie hört lächelnd zu oder auch nicht, denn sie hat die acht Personendossiers im Kopf.

Dank der Beratungsgesellschaft weiß sie, dass die beiden Parteivorsitzenden nicht nur im Geschlecht unterschiedlich sind. Die gebürtige Deutsche kommt aus einem lutherischen Pfarrhaus, will die Schöpfung im Allgemeinen und die Einheit der Partei im Besonderen bewahren. Da bleibt keine Zeit für eine Familie. Der Co-Vorsitzende wurde in Polen geboren und will Bundeskanzler werden. Seit seiner Erstkommunion hat er nie wieder eine Kirche betreten. Auch nicht aus Anlass seiner Hochzeit mit einer, ebenfalls aus Polen stammenden, Ärztin. Ob die beiden Kinder getauft wurden, konnte nicht ermittelt werden. Dafür weiß Alissar, dass der dritte Mann im Parteivorstand seine sechs Kinder aus drei Ehen gern verleugnet. An dem Sechsundsechzigjährigen kommt niemand in der Partei vorbei. Mit Hinweis, er habe schon gegen die Kernkraft demonstriert, als die jetzige Parteispitze noch in die Windel schiss, beansprucht er die Deutungshoheit. Auch über Themen, die er nicht versteht. Die Bedienung eines Smartphones überlässt er seinen Assistentinnen. Neben der Co-Vorsitzenden gibt es noch vier weitere Frauen. Eine zweiundvierzigjährige mit türkischen Namen, von der offiziell nur bekannt ist, dass sie in Deutschland geboren wurde und nach dem Studium als Grundschullehrerin gearbeitet hat. Im Dossier steht, dass sie mit einem ebenfalls in Deutschland geborenen Dönerfabrikanten türkischer Herkunft verheiratet ist. Das Paar hat drei Kinder.

Die Bundesgeschäftsführerin sitzt qua Amt im Parteivorstand und hat ihren Job von der Pike auf gelernt. Bankkauffrau mit Abitur, Studium der Betriebswirtschaft, Angestellte einer Genossenschaftsbank und seit ihrem 16. Lebensjahr Mitglied des Bündnisses. Nun ist sie Vierzig und hat ein paar Beulen im Kopf. Von den Polizeiknüppeln, die sie auf ungenehmigten Demonstrationen gegen Atomkraft, Mülldeponien, Braunkohleabbau, für Menschrechte, Frauenrechte und Flüchtlinge, abbekommen hat. Die letzte Beule stammt von der Scheidung, die erst sechs Monate zurückliegt.

Die dritte Frau hat ihre Scheidung noch vor sich, denn sie ist noch nicht mal verheiratet. Ob sie es jemals wird, weiß die dreißigjährige Politikwissenschaftlerin selbst noch nicht. Im Dossier steht, dass sie derzeit sehr intensiv auf der Suche nach einem Partner oder Partnerin ist. Gelegentlich tauchen in den digitalen Schandpfählen Fotos von ihr auf. Knapp bekleidet und mit B-Promis an ihrer Seite.

So etwas kann der vierten Frau nicht passieren. Die Norddeutsche stolpert hörbar über den „spitzen Stein". Sie ist Vierzig, glücklich mit einer Frau verheiratet und hat sich hochgedient. Gleich nach dem Abitur ging sie als Praktikantin in den Landesvorstand, den sie zehn Jahre später übernahm. Zweimal wurde sie in den Landtag gewählt und nun genießt sie still ihren Erfolg.

Vor diesem Gremium spricht Alissar fünf Minuten über sich und fünf Minuten über ihren Wahlkampf, denn: „Sie haben ja alle mein Konzept gelesen."

Wohl nicht alle oder nicht gründlich genug.

Der Übervater will wissen, ob sie verheiratet ist.

Alissar lächelt ihn an und sagt: „Lebenslauf, Zeile drei."

Der Co-Vorsitzende fragt: „Was machen Sie, wenn Sie nicht gewinnen? Was machen Sie, wenn Sie gewinnen und Sie in sieben Jahren feststellen, Politik ist was für mich?"

„Punkt Eins, ich gehe zurück in die Wirtschaft. Punkt Zwei, fragen Sie mich in sieben Jahren noch einmal."

Die ehemalige Lehrerin und Ehefrau eines Unternehmers will wissen, „was macht diese Beratungsgesellschaft eigentlich?"

Alissar lächelt und schiebt ihre Visitenkarte über den Tisch. „Ich dachte, es geht heute hier um meine Kandidatur als Oberbürgermeisterin. Da stehen die Kontaktdaten drauf. Sehen Sie sich die Homepage an. Gibt es auch in einer türkischen Version, denn auch dort haben wir Kunden."

Nicht nur die ehemalige Lehrerin guckt irritiert. Mit einem Seufzer macht Alissar weiter. „Wir beraten europäische Firmen bei ihrem Engagement in muslimischen Ländern und andersherum. Dazu kommt die Lösung familiäre Probleme und die Politikberatung."

Leicht gereizt fügt sie hinzu: „Aber können wir bitte weitermachen? Auf der letzten Seite des Konzeptes haben wir Fragen gestellt, die wir gern beantwortet haben wollen."

Außer der Co-Vorsitzenden, der Geschäftsführerin, Karamba, Walentina und natürlich Alissar, blättern alle in den Ordnern. Die Co-Vorsitzende wartet, bis das Geräusch leiser wird.

„Seid ihr soweit? Nun. Frage Eins, Ja, wir unterstützen Sie personell. Ich komme gern, denke aber, dass Karamba der beste Mann vor Ort ist. Zu den Finanzen gebe ich gleich weiter."

Alle Vorstandsmitglieder nicken, die Geschäftsführerin schiebt Alissar ein Blatt zu. „Vorbehaltlich des Beschlusses, den wir gleich fassen werden, sage ich zwanzigtausend Euro zu. Zweckgebunden für Auftritte eines Vorstandsmitgliedes."

Alissar nimmt das Blatt und legt es in ihre Mappe. Dann schwingt der Co-Vorsitzende das Glöckchen, verkündet die Pause und sieht zu Alissar.

„Frau Wiallas, Walentina, sie warten bitte in der Cafeteria, wir müssen ja noch beschließen."

Eine Dreiviertelstunde später stehen Karamba, Walentina und Alissar im Berliner Nieselregen und warten auf das Taxi. Dort schweigen sie, auf dem Bahnsteig schweigen sie und in ihrem Abteil der 1. Klasse sitzen Fremde. Also reden sie via WhatsApp miteinander.

Alissar: „Keine Diskussion über Inhalte? Und nur 20.000€?"

Karamba: „Seien Sie froh, da können Sie ihr Ding machen. Pardon, wir können unser Ding machen."

Walentina: „20 aus Berlin, 5 von uns, 8 von dir, das reicht. Die Ehrenamtlichen machen aus Liebe und Idealismus Überstunden."

Alissar: „Welche Liebe?"

Karamba und Walentina: „Guckst du mal in den Spiegel? Hast du den tropfenden Zahn des Alten gesehen? Du kennst deine Wirkung, oder?"

Walentina: „Der Exkatholik hatte bestimmt sündige Gedanken!"

Alissar: „Haben wir keine anderen Probleme? Morgen, 14.00?"

Bevor die Antwort eingeht, öffnet sie ihren Rucksack, holt eine kleine Tasche hervor und steht auf. Nach zehn Minuten kommt sie wieder, lässt die Tasche in den Rucksack plumpsen und murmelt: „Zwei Tage zu früh."

Walentina nickt leicht, Karamba sieht zum Fenster hinaus. Die letzten dreißig Minuten Fahrt schweigen sie.

Auf dem Bahnsteig ist nicht viel los. Es ist 19.35 Uhr, der Zug fährt weiter nach Frankfurt am Main, aber an einem Dienstagabend hält sich der Bedarf in Grenzen.

Alissar hat wenig konstruktive Stunden in Berlin verbracht, Menstruationsbeschwerden, will unter die Dusche und nun noch das.

Drei Bundespolizisten kommen zielgerichtet auf Alissar und ihre Begleitung zu. Ohne sich vorzustellen, blafft der blonde Polizeiobermeister: „Papiere!" Sein Kollege stellt sich hinter die Gruppe und die Polizistin legt die Hand an das Holster.

Karamba lächelt sie an und sagt laut: „Ich greife jetzt in meine Jackentasche und hole meinen Personalausweis und den des Bundestages hervor. Keine Gefahr, Frau Polizeimeisterin".

Hilft nicht, die Frau lässt ihre Hand an der Waffe. Alissar stellt ihren Rucksack auf den Boden, holt aus einem Seitenfach ihr Portemonnaie hervor, entnimmt ihm beim Aufrichten den Ausweis und hält ihn dem Obermeister entgegen. Dabei sieht sie ihm in die Augen. Er zuckt kurz und drückt Walentina die Ausweise wortlos in die Hand. Dann dreht er sich um und geht. Seine Kollegen folgen ihm sichtlich irritiert.

„Das passiert mir dreimal im Monat, aber so schnell war es noch nie zu Ende." Karamba sieht den Polizisten hinterher, Walentina hält ihm seine Ausweise hin und fragt leise: „Was war das denn?"

„Verdachtsunabhängige Personenkontrolle. Oder nein, ein Schwarzer im Maßanzug und eine Frau mit Hijab könnten ja eine Gefährdung darstellen. Vor allem, wenn sie aus der Ersten Klasse aussteigen." Alissar lacht kurz auf und sieht zu Karamba. „Ich möchte mit den Landes- und Bundespolizisten reden. Was erwarten die von einer neuen Oberbürgermeisterin? Was soll noch ins Wahlprogramm? Haben Sie Kontakte?"

Karamba steckt seine Ausweise. „Ja, habe ich. Aber warum haben die abgebrochen? Beim letzten Mal musste ich dreißig Minuten warten, bis sie vom Melderegister und der Bundestagsverwaltung die Rückmeldung hatten."

Alissar beugt sich etwas nach unten, denn Walentina ist fünfzehn Zentimeter kleiner, bei Karamba sind es auch noch fünf. Sie spricht leise: „Ich habe eine Nahkampfausbildung, die ich wöchentlich auffrische. In einer Halle, in der auch Dienstsport für Polizisten stattfindet. Der POM hat mich wohl erkannt. Das bleibt aber unter uns, verstanden?"
Walentinas Augen werden kugelrund, Karamba lächelt.

Wadim Kusnezow flucht. Erst in seiner Muttersprache Ukrainisch, dann in seiner Vatersprache Russisch, dann auf Deutsch.
Da am kürzesten, „Scheiße!"
Stimmt, denn er wäre beinahe in einen Haufen Exkremente getreten. Der ist, dass sieht er beim zweiten Hinsehen, aber nicht das Resultat einer dringenden Notdurft, sondern sind aus Gummi und genau vor die Eingangstür des Hauses Markt 8 abgelegt. Das ist aber noch nicht alles. Am Türknauf hängt ein kleiner Schweinekopf und die beiden Schaufenster sind mit roter Farbe beschmiert.
Es ist 4.45 Uhr, das Haus das letzte Schutzobjekt, welches der Revierfahrer der WSG kontrollieren sollte. Wadim wiederholt den ukrainischen Fluch und holt sein Telefon aus der Jacke. Den pünktlichen Feierabend kann er vergessen, denn er muss nun warten. Auf den Einsatzleiter der WSG und auf die Polizei. Die ist zuerst da. Ein Streifenwagen mit gemischter Besatzung, deren weiblicher Teil Wadims Personalien aufnimmt. Derweilen kotzt ihr Kollege die letzte Mahlzeit aus. Dann ist der Einsatzleiter da und fotografiert fleißig.
Die ersten Straßenbahnen fahren, die ersten Fahrgäste streben ihnen zu und müssen am Haus Nummer 8 vorbei. Alle blicken dahin. Lohnt sich ja auch. Drei Polizeiautos, zwei Autos der Wachgesellschaft und nun hält auch noch ein Motorrad. Der Fahrer entpuppt sich als Frau mit Kopftuch, was bei Passanten und den Polizisten für erstaunte Blicke sorgt.
Alissar geht auf den Einsatzleiter der WSG zu, spricht kurz mit ihm, dann redet sie mit Wadim und dann fragt sie einen der Polizisten, „Wer hat das Kommando?"
„Ich, Hauptmeister Sacher. Und Sie sind?"

„Alissar Wiallas, das ist mein Büro. Ich erstatte hiermit Anzeige." Sie zeigt auf das Haus. „Ich denke das gehört zur politisch motivierten Kriminalität rechts. Also nehmen Sie die Anzeige gleich auf oder soll ich das um Zehn in der PD machen? Da habe ich einen Termin."

Der PHM winkt die magenfeste Obermeisterin zu sich. „Personalien, Anzeige aufnehmen, Tagebuchnummer. Ist die Beweisaufnahme abgeschlossen?"

Die POM nickt und holt einen Notizblock aus der Jacke. Ihr Chef sieht noch mal zu Alissar und geht wortlos. Fünf Minuten später sind zwei der Polizeiautos verschwunden, die Obermeisterin bittet Alissar um Geduld, „Ich muss die Tagebuchnummer erfragen." Sie telefoniert, hört, schreibt und gibt dann Alissar einen kleinen Zettel. Dabei sieht sie ihr in die Augen. „Hier. Sie sollten es aber noch mal schriftlich einreichen. Mit Zeugen und Beweismitteln. Verstehen Sie?"

„Ja, danke. Schönen Feierabend."

„Danke. Lassen Sie sich beirren, Frau Wiallas."

Mit einem Lächeln trennen sich die beiden Frauen. Der Einsatzleiter der WSG kommt.

„Die Haustür ist sauber, wir sollten reingehen und kontrollieren. Die Hausmeisterfirma ist informiert, wird aber noch eine dreiviertel Stunde dauern."

Alissar nickt und geht mit ihm zur Haustür. Da ist nichts, im Treppenhaus ist nichts und auch das Büro ist im Inneren unversehrt. Alissar macht Fotos, der Einsatzleiter macht Fotos. Dann fragt er: „Soll ich jemanden von der Tagschicht herschicken?"

„Nein, ich denke das war's. Für heute. Frau Wiallas wird die Ereignismeldung ja lesen, dann entscheiden wir. Danke. Das gilt auch für den Revierfahrer, sagen Sie ihm das bitte."

Der Einsatzleiter geht, Alissar schickt Constantin eine Nachricht mit angehängtem Foto. „Kommen Sie bitte etwas früher, ohne Frühstück." Bei Frau Preller fehlt das Foto, aber auch sie soll etwas eher und nüchtern kommen. Roland Bauer bekommt eine längere Textnachricht, er solle bitte die Anzeige vorbereiten.

Die beiden Männer von der Hausmeisterfirma hat wohl die Neugier ange-
trieben, sie sind früher da als erwartet und clever. Die oberen Etagen sind
ja noch eine Baustelle. Von dort holen sie ein paar Bretter und Plastikpla-
nen. Damit basteln sie einen provisorischen Sichtschutz, hinter dem sie die
Tür und die Schaufensterscheiben mit einem Wasserstrahl bearbeiten und
haben Glück. Offenbar war die Farbe noch nicht ganz trocken, eine Stunde
später sind sie fertig.

Frau Preller, Constantin und zu Alissars Überraschung auch Roland Bauer,
hätten gar nicht auf das Frühstück verzichten müssen. Als sie ankommen,
packen die Hausmeister gerade den Sichtschutz zusammen. Nur eine rote
Wasserpfütze zeugt noch von dem Vorkommnis.

Constantin geht zum nächsten Supermarkt, der öffnet um Sechs und hat
auch frische Brötchen. Frau Preller kocht inzwischen Kaffee, sie hat von
Alissar gelernt wie. Aufgebrüht und mit Kardamom. Beim Frühstück verzichten sie auf die Fotos und reden über die heutigen Termine. Um halb
Acht fährt Alissar nach Hause um sich auf den ersten Termin vorzuberei-
ten. Inhaltlich ist sie präpariert, heute kommt auch auf das Äußere an.

Bei 1,83 Meter Länge, 71 Kilo, einem Brustumfang von 88, einer Taille von
72 und einer Hüfte von 91 Zentimeter Umfang kann sie nichts von der
Stange kaufen. Dazu kommt noch die islamische Bekleidungsvorschrift. Es
gibt in Weimar ein Modeatelier, das schon in der vierten Genration für die
Familie Wiallas schneidert. Gestricktes kommt von einer Manufaktur in
Apolda. Alissar betritt das Ankleidezimmer und wählt: Eine schwarze
Hose aus feinster Wolle, einen weit geschnittenen, schwarzen Kaschmir-
pullover der bis über das Gesäß reicht und einen Shayla in bordeauxrot.
Mit den dazu passenden Schuhen, dem wadenlangen, schwarzen Stepp-
mantel, kann sie natürlich nicht Motorrad fahren und mit der Straßenbahn
ist die Polizeidirektion schwer zu erreichen. Sie lässt sich von Constantin
abholen.

Im Foyer werden sie von Karamba begrüßt, wenig später kommt auch die
Polizeidirektorin. Karamba kennt sie und hat das heutige Gespräch arran-
giert. Die PD führt sie in den Konferenzraum, vierzig Damen und Herren
in Uniform oder Zivil sehen hoch. Alissar kennt das.

Kaum betritt sie einen Raum, verstummen die Gespräche, werden die Augen größer und manchmal hört sie ein leises „Oh". So auch jetzt. Sie zieht den Mantel aus, bleibt aber stehen. Sie hatte darum gebeten, dass nicht nur die Führungsschicht anwesend ist, es scheint geklappt zu haben, sie sieht auch Jüngere mit zwei blauen Sternen auf den Schulterklappen. Und sie erkennt die Obermeisterin von heute Morgen. Die hat wohl auf den pünktlichen Feierabend verzichtet. Die beiden nicken sich zu.

Vereinbarungsgemäß spricht Alissar eine Viertelstunde.

Sie verwendet „Sicherheitsempfinden", „Sicherheitslage", „Gefährdungspotential", an der richtigen Stelle. Als sie über Ausländer in der Polizei redet, werden Köpfe geschüttelt, als sie über gemeinsame Streifen von Ordnungsamt und Polizei spricht, nicken einige. Als sie, in Kenntnis der dünnen Personaldecke, vorschlägt, dass pensionierte Beamte für die Prävention in den Schulen geworben werden sollten, sagen einige, „gute Idee".

Die Beamten sind höflich, freundlich und doch distanziert. Alissar weiß, warum.

„Privat kennen sie keine Ausländer, beruflich nur als Herausforderung. Das muss sich ändern. Warten sie nicht auf eine Gesetzesänderung. Die ist meiner Meinung nach überfällig, denn schon jetzt dürfen in zwei Bundesländern Ausländer in den Polizeidienst. Also, denken sie voraus. Beschäftigen sie sich mit fremden Kulturen. Schauen sie, ob sich in der Nachbarschaft, in der Schule, Kita ihrer Kinder, Kontakte ergeben. Das Weihnachten für die Christen wichtig ist, wissen die meisten Muslime spätestens dann, wenn sie vor geschlossenen Läden stehen. Kennen sie unsere Feiertage?" Alissar schaut sich im Raum um. „Markieren sie im Kalender den Ramadan, denn in den zwei Wochen haben sie es tagsüber vielleicht mit dehydrierten Menschen und nach Sonnenuntergang mit Feiernden zu tun." Jetzt lächelt sie. „Das für uns Alkohol Haram, also verboten ist, wissen sie hoffentlich. Noch Fragen?"

Natürlich.

Warum es muslimische Frauen mit und ohne Kopftuch gibt? Warum muslimische Männer beim Anblick einer Polizistin mit den Augen rollen? Und: „Warum wollen Sie Bürgermeisterin werden?"

Alissar blickt zur Uhr an der Wand.

„Wir haben noch fünf Minuten. Für die Langfassung empfehle ich die Homepage ‚ihre-neue-oberbuergermeisterin‘. Für die Passage zur Sicherheit werde ich die heutige Veranstaltung einarbeiten. In Kurzfassung: Ich möchte unsere Stadt noch lebenswerter machen, das heißt zum Beispiel: Arbeitsplätze, Nahverkehr und Kultur. Ich möchte die Stadt auf die Zukunft vorbereiten, dass meint auch Klimaveränderung, sprich Hochwasserschutz und mehr Grün. Zur Zukunft gehören die Digitalisierung und die Bildung. Und, die Einwohner sollen sich sicher fühlen." Sie lächelt, „Vermutlich werden auch die anderen Kandidaten so etwas sagen. Aber ich kann noch mehr. Zwanzig Prozent der Einwohner sind Ausländer, davon kommt ein knappes Drittel aus der EU, sind also wahlberechtigt. Zwanzig Prozent der deutschen Staatsbürger haben einen Migrationshintergrund. Ich gehöre ja dazu und von den anderen Milieus verstehe ich sehr viel. Ich möchte die Oberbürgermeisterin für alle Einwohner sein."

Ein Kriminaloberkommissar will wissen, „Ob sich aus der Tatsache, dass ihrer Familie eine der größten deutschen Wachfirmen gehört, nicht ein Interessenkonflikt ergibt. Oder, anders formuliert, werden Sie als OB die Firma ihres Onkels mit dem Schutz städtischer Einrichtungen beauftragen?"

Alissar stutzt, braucht dreißig Sekunden, greift dann zum Smartphone und hält es hoch. „Sehen Sie bitte selbst nach. Erst auf der Homepage der Wachgesellschaft Mitte, dann im Handelsregister. Die WSG Mitte wird von einer Marion Wiallas geführt. Weiblich, also nicht mein Onkel. Für den Verwandtschaftsgrad bräuchte ich eine Tafel, eine Tante ist sie garantiert nicht. Laut Handelsregister ist die Stiftung Familie Wiallas KG auf Aktien der Alleingesellschafter der Wachgesellschaft. Ich bin da Kommanditist, also von der Geschäftsführung ausgeschlossen. Gestatten Sie eine Gegenfrage. Halten Sie die Tatsache, dass die WSG die Gebäude des Landeskriminalamtes bewacht und dort den Empfang besetzt, für einen Interessenkonflikt. Soviel ich weiß, gab es eine bundesweite Ausschreibung. Und was die Stadt betrifft, wissen Sie vermutlich, dass da ein Wettbewerber unter Vertrag ist."

Der KOK setzt sich, dafür steht eine junge Polizistin auf.

„Trifft es zu, dass Sie den neunten Dan haben?"

„Ja, ich trage den roten Gürtel."

In das Geraune hinein steht ein zivilgekleideter Graukopf auf.

„Frau Wiallas, ihr Büro wurde heute Nacht angegriffen. Sie haben in ihrer Anzeige dies als eine politisch motivierte Tat von rechts bezeichnet. Ist das nicht etwas vorschnell?"

Alissar zögert einen Moment.

„Ein Schweinekopf an der Tür einer Muslima, die Parole ‚Hau ab' am Fenster, kommt für mich aus der rechten Ecke. Sie können es auch in die Kategorie ‚politisch motivierte Kriminalität Strich religiöse Ideologie' packen. Es ist ein Angriff auf das Wahlbüro einer Oberbürgermeisterkandidatin, also ein Angriff auf die Demokratie. Und die sollen sie, müssen wir alle schützen."

Es wird unruhig im Raum, ein Mittdreißiger steht auf.

„Frau Wiallas, mehr als zwanzig Prozent der Tatverdächtigen sind Ausländer, die Bevölkerung ist beunruhigt."

Alissar hält ihr Smartphone hoch.

„Ich habe mir gestern die Statistik des LKA heruntergeladen, kenne also die Zahlen. Zweiundzwanzig Prozent der Tatverdächtigen sind Ausländer, das sind zwei Prozent mehr als ihr Anteil an den Einwohnern. In der Statistik steht auch, dass syrische Staatsbürger mit achtzehn Komma acht Prozent die größte Gruppe der ausländischen Tatverdächtigen sind. Doppelt so viel wie die nächste Gruppe, die polnischen Bürger. Sie sollten aber bedenken, dass die Zahl der Syrer sieben Mal höher ist." Alissar macht eine Pause. „Es ist irrelevant, ob ein katholischer Pole, ein evangelischer Deutscher, das siebte Gebot verletzt oder ein Muslim den Vers achtunddreißig der fünften Sure vergessen hat. Von Bedeutung ist, dass er oder sie, ein Viertel der Tatverdächtigen sind ja Frauen, gegen das Gesetz, gegen die religiösen Normen verstoßen hat. Wer das Gesetz missachtet, muss bestraft werden. So er denn gefasst wird. In der Statistik steht auch die Aufklärungsquote. Die liegt bei vierundfünfzig Prozent, da ist noch viel Luft nach oben."

Und wieder wird es unruhig und Alissar eine Spur lauter.

„Sechs Prozent der Tatverdächtigen sind unter Vierzehn, neun Prozent zwischen Vierzehn und Achtzehn, das ist erschreckend. Als Oberbürgermeisterin möchte ich Strukturen schaffen, die eine engere Zusammenarbeit von Polizei, Jugend- und Schulamt ermöglichen. Ich denke, dass ist ein guter Grund mich zu wählen."

Sie lehnt sich lächelnd zurück, im Raum herrscht verblüfftes Schweigen.

Nicht lange, denn die Polizeiobermeisterin aus der Nachtschicht fragt: „Haben Sie Angst, Frau Wiallas?"

„Auf eine Bedrohung reagieren die meisten Menschen mit Kampf oder Flucht. Ich habe mich für Kampf entschieden als ich meine Bewerbung abgegeben habe. So gesehen, nein, ich habe keine Angst. Mein Blutdruck ist normal, meine Pupillen nicht erweitert, ich muss auch nicht auf die Toilette."

Vereinzelte Lacher sind zu hören.

Das nimmt die Polizeidirektorin zum Anlass, die Veranstaltung zu beenden. Die Teilnehmer erheben sich und gehen. Auch die Polizeidirektorin verabschiedet sich von Karamba und Alissar und will sie zur Tür begleiten. Da kommt ein grauhaariger Mann in Zivil auf sie zu. Er lächelt.

„Sie können sich gewiss nicht erinnern, aber vor dreizehn Jahren musste ich mich mit einer körperlichen Auseinandersetzung zwischen zwei Jugendlichen und angetrunkenen Pensionären dieses Hauses beschäftigen. Frau Wiallas, als Teenager haben Sie mich verblüfft, jetzt, als Frau, verblüffen Sie mich wieder. Ich wünsche Ihnen viel Glück. Leider wohne ich im Nachbarkreis, denke aber, dass Sie meine Stimme nicht brauchen."

„Wir haben ein gutes Archiv, Herr Kriminaloberrat Krumpholz, ich habe mich für heute vorbereitet und ahnte, dass ich Sie wiedersehen. Auf der Straße vermutlich nicht, es sind dreizehn Jahre. Wie geht es Ihnen?"

Bevor der Angesprochene etwas antworten kann, sagt die Direktorin, „Das trifft sich Karl. Ich muss los, begleite doch unsere Gäste nach draußen."

Schwupps, ist die Chefin weg und lässt drei verblüffte Gesichter zurück.

Kriminaloberrat Karl Krumpholz flüstert: „Wird Zeit. Am Ersten gehe ich in Pension. Damit ist ihre Frage wohl beantwortet, Frau Wiallas. Kommen sie."

Er zeigt zum Aufzug.

Den haben Karamba, Constantin, Karl und Alissar für sich. Sie blickt in den Spiegel.

„Ein Schwarzer und eine Kopftuchfrau passen wohl nicht in das Weltbild einiger Beamter." Sie dreht sich um und sieht Karl Krumpholz an. „Wollen Sie Rosen züchten, ihrer Frau auf die Nerven gehen, die Enkel mit Eis vollstopfen oder noch ein paar Stunden in meinem Team arbeiten? Anmelden müssen Sie es nicht, es gibt kein Geld, aber die Gesellschaft interessanter Menschen, zum Beispiel Doktor Bauer."

Die Tür öffnet sich, Karamba und Karl lassen Alissar den Vortritt und kurz vor der Außentür sagt Herr Krumpholz:

„Ich rufe Sie an. Übrigens hat mich Roland schon gewarnt." Lächelnd gibt er Karamba und Constantin die Hand, verneigt sich kurz vor Alissar.

Auch Karamba verabschiedet sich, Alissar steigt wieder zu ihrem Büroleiter ins Auto, wie schon auf der Hinfahrt nimmt sie auf dem Beifahrersitz Platz. Und wie vor anderthalb Stunden spürt sie, dass Constantin damit ein Problem hat. Nach hundert Metern fragt sie, „soll ich mich nach hinten setzen?"

Er behält die Straße im Blick und antwortet leise, „für die zehn Minuten nicht. Aber beim nächsten Mal möchte ich, dass Sie hinten rechts sitzen, Frau Wiallas."

„Wenn Sie es wünschen, Constantin, mache ich es."

Der zweite Termin des Tages ist die Besprechung bei der Wachgesellschaft. Deren Geschäftsführerin, Marion Wiallas, lacht, als Alissar über die Frage des Polizisten berichtet. Dann wird sie ernst.

„Ich denke, dass wiederholt sich. Nicht morgen, aber vielleicht in zwei, drei Wochen. Wir könnten den Takt verdichten, da würde der Revierfahrer stündlich kontrollieren oder wir setzen einen Wachmann ins Büro. Von zweiundzwanzig bis sechs Uhr. Deine Entscheidung, Alissar. Sie können natürlich auch etwas sagen, Herr Bauer."

Constantin blickt seine Chefin an, die aber die Augen schließt. Also muss er anfangen. „Ich denke, stündliche Kontrolle reicht für den Moment."

Alissar öffnet die Augen, nickt und blickt zu Marion.

„D`accord. Und bevor du jetzt meine, unsere, persönliche Gefährdung ansprichst, nein, keinen Personenschutz. Da hat jemand eine Botschaft gesendet. Jemand von den Einzigen, jemand in ihrem Auftrag oder ein Tritt-brettfahrer. Die meinen mich, nicht Constantin oder gar Frau Preller. Ich kann auf mich selbst aufpassen, auch wenn Bruno dir vermutlich in den Ohren liegt. Also stündliche Kontrolle und wenn sich die Lage ändert, re-den wir weiter. Einverstanden?"

Marion lächelte, als Alissar ihren Vater erwähnte, jetzt bedient sie die Tas-tatur und sagt: „Wir machen es so und ich leg es in die Wiedervorlage. Jetzt zum Donnerstag."

Alissar und Constantin hören, welche Festlegungen die Chefin der Wach-firma für die öffentlichen Sprechstunden getroffen hat und nicken dazu.

Auf der Internetseite steht, dass Alissar jeden Donnerstag von 15 bis 18 Uhr in ihrem Wahlbüro zu einer Einwohnersprechstunde einlädt. Nicht als Ein-zelgespräch in einem separaten Raum, sondern im unteren Büro. Das wird umgeräumt. Der Schreibtisch von Frau Preller steht nun neben der Treppe zum Obergeschoss und Alissar setzt sich dahinter. Vor dem Tisch stehen zwei Stühle, zehn weitere sind im Raum verteilt. Kurz vor Drei stehen 12 Männer und 8 Frauen vor Alissar. Lachend zeigt sie auf die Stühle.

„Der oder die Erste bitte hier, die anderen verteilen sich. Beachten Sie bitte das hier." Sie zeigt auf ein Schild. „Bitte nennen Sie Namen und Anschrift. Maximum 10 Minuten." Die Idee stammt von Constantin, der jetzt schräg hinter Alissar sitzt und einen Schreibblock in den Händen hält. An der Treppe sitzt eine Mittzwanzigerin, die im Hauptberuf „Fachfrau für Werk-schutz" und jetzt als Sekretärin verkleidet ist.

Der Anfang ist immer derselbe.

„Guten Tag, bitte sagen Sie ihren Namen und die Anschrift. Mein Bürolei-ter Herr Bauer wird ihr Anliegen notieren. Stört Sie das?"

Nein, es stört nicht.

Heute nicht und an den folgenden Donnerstagen auch nicht. Constantin schreibt fleißig mit und wertet aus.

Bis zu den Sommerferien werden 1.350 Einwohner vor Alissar sitzen. Rund 900 Mal geht es um die Bildung, genauer um stinkende Schultoiletten, schlecht schmeckendes Schulessen, dumme Lehrer, um zu wenig Plätze an den Gymnasien und um schlechte Noten.

Rund 800 Einwohner haben Stress mit ihrem Vermieter, dabei sammeln die beiden städtischen Wohnungsgesellschaften keine Pluspunkte. Knapp tausend Mal geht es um den Nahverkehr. Zum Schulbeginn sind die Straßenbahnen überfüllt, die Takte zwischen Bus und Bahn sind nicht abgestimmt. Entweder der Anschluss ist gerade weg oder man steht zwanzig Minuten im Regen. 500 Mal geht es um die Sicherheit, gemeint ist vor allem die Zuwanderung und die Schlaglöcher. 100 Mal geht es um Parkplätze und fünf Mal um eine fehlende Hundewiese.

Auf das Deckblatt seiner Auswertung schreibt Constantin: „Von den 1.350 Personen sind 1.049 neugierig auf das Kopftuch gewesen. Von den 769 Männern sind 769 gekommen, weil sie eine Frau sind. Von den 11.355 Problemen wurden 125 einmal, 800 zweimal, 755 dreimal, 360 viermal und 1.365 mehr als fünfmal genannt."

Sie nimmt die 350 Seiten mit nach Hause, liest sie und macht Anmerkungen. Dann gibt sie Constantin den Ordner zurück. Auf dem ersten Blatt steht: „Von den 581 Frauen sind 580 gekommen, weil sich rumgesprochen hat, dass neben mir ein attraktiver Mann sitzt."

Er grinst, sie grinst.

Bei den Sprechstunden stenografiert Constantin fleißig mit, Alissar macht gelegentlich eine Notiz. Er bleibt solange im Büro, bis er die Kurz- in eine Langfassung übertragen und in ein extra dafür hergestelltes Programm eingepflegt hat. Alissar fährt nach Hause und überschläft all das Gehörte. Freitagvormittag tauschen sie sich aus. Um 14.00 Uhr kommen die jungen Helfer und bereiten die Aufzeichnung der Videobotschaft vor. Alissar wird dann 15 Minuten in die Kamera reden, daraus schneiden Anas und Fatima einen Film von drei Minuten, dreißig Sekunden, der spätestens um 20.00 Uhr viral geht. Mindestens eine der am Vortag gestellten Fragen ist dabei, ansonsten behandelt Alissar ein Grundsatzthema.

So auch am 25. April.

Da geht es um die Sozialstruktur der Stadt.

„Rund zweiundzwanzig Prozent der Einwohner sind jünger als fünfzehn Jahre, aber fünfundvierzig Prozent älter als Fünfundsechzig. In den nächsten fünf Jahren werden rund dreißigtausend Einwohner das Rentenalter erreichen. Im letzten Quartal wurden vierhundertsiebzig Kinder geboren, sechshundertneunzig Menschen starben. Wir brauchen also Zuwanderung und mehr Kinder. Bei letzterem sind die Einflussmöglichkeiten einer Oberbürgermeisterin begrenzt, bei der Zuwanderung kann ich, können wir alle, etwas tun. Zum Beispiel durch eine Stabsstelle Migration in der Verwaltung. Sie wird die hiesigen Firmen bei der Gewinnung ausländischer Fachkräfte unterstützen. Wir alle sollten diese Menschen willkommen heißen. Das gilt auch für Flüchtlinge, die uns zugewiesen werden. Sie brauchen eine Wohnung, einen Kitaplatz oder eine Schule. Diese Menschen sind in der Regel traumatisiert und müssen sich auch noch in einer fremden Kultur zurechtfinden. Meine Bitte an sie, liebe Einwohner, helfen sie!"

Auf die ersten Videobotschaften gab es ein paar hundert Kommentare, jetzt sind es innerhalb von drei Stunden schon mehr als tausend. Das übliche Viertel beschimpft Alissar und fordert sie zur Rückkehr in „dein Kamelland" auf. Zwei Viertel machen Vorschläge oder haben Fragen, etwa: „Wird für die Stabsstelle neues Personal eingestellt?"
An das Thema des letzten Viertels hat niemand gedacht. Es geht um das Kinderkriegen. Alleinerziehende Mütter schildern ihre beschissene Situation, junge Familien beschreiben die dreiviertel Stunde und das mühselige Umsteigen zum städtischen Kindergarten, der ihnen zugewiesen wurde. In Nähe ihrer Wohnung gäbe es nur eine private Kita und die wäre zu teuer. Eine Gruppe Abtreibungsgegner gratuliert. Ärgerlich ist das Dutzend Männer, die sich als Zeugungspartner anbieten. Mit Foto des entsprechenden Instruments.
In der nächsten Videobotschaft sagt Alissar, dass sie in einer Großfamilie mit neun Kindern aufgewachsen ist und dass sie die Sorgen der Mütter und Väter ernst nimmt. Die Schwanzträger erwähnt sie nicht.

Luise Maus ist Vierunddreißig, Master der Geschichtswissenschaft und Leiterin des Stadtmuseums. Sie ist klug, kann organisieren und backen. Bedauerlicherweise macht sie äußerlich ihrem Namen alle Ehre. An statt der Notwendigkeit einer Sehhilfe durch eine schicke Brille selbstbewusst zu präsentieren, trägt sie ein Kassengestell. An statt sich der richtigen Friseuse anzuvertrauen, trägt sie ihre Haare pflegeleicht und doch unauffällig. Statt in ein buntes, weitgeschnittenes Kleid, welches ihrem Körper Raum gibt, zwängt sie ihren gewaltigen Hintern in Jeans.

Frau Maus lebt allein.

Ihr Organisationstalent, ihre schmackhaften Kuchen und ihr Glaube an das Gute im Menschen, führten sie unweigerlich in die „Christliche Frauenschaft". Diese Unterorganisation der Christlichen Partei trifft sich von September bis Mai allmonatlich zu Kaffee, Kuchen und Politik. Wobei Mann die Damen nicht unterschätzen darf. Als Mütter, Ehefrauen und Töchter haben sie durchaus Einfluss.

In diesem Sinne wurde in der Frauenschaft beschlossen, die Bewerber um den Oberbürgermeisterstuhl einzuladen. Sie sollen sich zum Thema: „Stadt-Frauen-Macht" positionieren.

Da es sieben Bewerber gibt, werden zwei Nachmittage eingeplant. Alphabetisch sortiert, sollen am ersten Tag, Frau Heimbach, Herr Rausch, Frau Schmoll und Herr Walentin auftreten, am zweiten Tag dann Frau Wiallas, Herr Wiederholt und Herr Zander.

Jeder Bewerber darf in zehn Minuten seine Vorstellungen präsentieren, danach hat das Publikum eine Stunde Zeit, Fragen zu stellen.

Der zweite Tag ist für Luise Maus der wichtigste, denn sie ist in ihren Vorgesetzten, den Beigeordneten für Kultur und Sport, Tobias Zander verliebt. Sie sieht ihn auf den monatlichen Dienstberatungen, hat alle Presseartikel über ihn und sein Schicksal ordentlich abgeheftet und einige Kommentare aus den sozialen Medien ausgedruckt. All das reicht ihr nicht, die Podiumsdiskussion soll ein nächster Schritt der Annäherung sein.

Es wird eine tragische Komödie. Egal, was Luise Maus tut oder sagt, ihr Scheitern ist besiegelt. Ein Teil des Publikums amüsiert sich köstlich über die Schwächen, die sich ihm offenbaren.

Auf Grund von Terminschwierigkeiten, haben Herr Rausch und Herr Wiederholt die Tage getauscht. Nun sitzt, aus Sicht des Publikums, ganz rechts der Kandidat der Einzig Wahren Partei, Oliver Rausch. Neben ihm die Moderatorin, Frau Maus, die Herrn Zander rechts neben sich hat. Ganz links sitzt Alissar. Jeder hat ein Tischmikrofon vor sich. Im Saal sind drei Standmikrofone aufgestellt. In ihrer Begrüßung erklärt Frau Maus den Ablauf.

Nach dem Statement der Bewerber darf das Publikum Fragen stellen und soll dazu die Mikrofone nutzen.

Sie sagt auch, dass Herr Rausch beginnt, Herr Zander folgt und zum Schluss Frau Wiallas sprechen wird.

Oliver Rausch braucht nur acht Minuten.

Zur „Stadt" sagt er gar nichts, den Begriff, „Macht" verwendet er nur zweimal, dafür spricht er sechs Minuten über „Frauen". Und meint Alissar, ohne ihren Namen auszusprechen oder sie gar anzusehen.

Frauen seien heutzutage nur berufsorientiert und vernachlässigen ihre angestammte Aufgabe, „eine Familie zu gründen, Kinder zu gebären und aufzuziehen." Dann redet er über die viel zu niedrige Geburtenrate und verkündet: „Als Oberbürgermeister werde ich ein Begrüßungsgeld für jedes deutsche Neugeborene einführen." Herr Rausch meint: „Frauen fehle der Wille zur Macht" und fährt fort: „Männer mit Dutt, Männer in Röcken sind keine. Männlichkeit muss erlernt und praktiziert werden. Als Oberbürgermeister werde ich dafür Räume schaffen. Der Fußballklub muss gestärkt, die studentischen Verbindungen unterstützt werden." Dann brüllt er ins Mikro: „Der Islam gehört nicht zu Deutschland!"

Der Applaus kommt aus der Mitte des Publikums. Hier sitzen die Stadträte der EWP und einige Parteimitglieder. Weiter vorne sitzen die Damen der Frauenschaft, die nun ängstlich zur Bühne schauen. Aber Luise Maus ist keine Hilfe. „Das Wort hat Herr Zander."

Der macht etwas Seltsames. Er zieht das Mikrofon aus dem Ständer, steht auf, schiebt den Stuhl etwas nach hinten und vergrößert dadurch den Abstand zu Frau Maus und Alissar. Dann redet er über Macht im Sinne von dienen. Das Publikum versucht vergeblich seinen konfusen Worten zu folgen und beobachtet fasziniert, wie er mal nach links, mal nach rechts tänzelt. Nach fünf Minuten und mitten im Satz, setzt er sich, aber ein paar Zentimeter hinter dem Tisch.

Frau Maus sieht fassungslos zu ihrem Objekt der Begierde. Dazu muss sie sich halb umdrehen und etwas vorbeugen, Tobias Zander schiebt den Stuhl quietschend weiter nach hinten.

Ein paar Leute im Saal glauben sich im Komödienstadl und lachen.

Alissar schaltet ihr Mikrofon ein.

„Guten Tag, as-salamu aleikum. Wir wollen über die Stadt, über Frauen und über Macht sprechen. Bis jetzt haben wir nichts über die Stadt, falsches über Frauen und nur wirres über die Macht gehört. Wobei ich meinen Vorredner so verstanden habe, dass er über Matthäus achtundzwanzig, Vers achtzehn sprechen wollte. Dort spricht Jesus: Mir ist gegeben alle Gewalt im Himmel und auf Erden."

Sie macht eine Pause und sieht kurz zu Herrn Zander.

Der sitzt stocksteif auf seinem Stuhl und starrt sie an. Alissar registriert, dass Frau Maus ihre Brille abnimmt, blinzelnd und mit offenem Mund zu ihr schaut. Auch Herr Rausch lässt den Unterkiefer hängen. Das Publikum ist mucksmäuschenstill.

„Wenn ich über Macht rede, dann meine ich die legitime Macht. Nicht die gewaltsam errungene und ebenso verteidigte. Legitimiert wird die Macht durch Wahlen und Abstimmungen, so steht es im Grundgesetz. Also, liebe Bürger, wählen sie den- oder diejenige, der, beziehungsweise, die, die Macht zum Wohle der Allgemeinheit einsetzt." Alissar sieht nach links.

„Werter Herr Rausch, Ihre Idee eines Begrüßungsgeldes für Neugeborene finde ich gut. Aber natürlich ohne die von Ihnen erwähnte rassistische Einschränkung. Und weil Sie mich gerade so verdattert ansehen, noch ein Hinweis. Es gibt eine Macht, die auf Wissen beruht. Sie haben Frauen den Willen zur Macht abgesprochen. Nun, ich sitze hier und ich will Oberbürgermeisterin werden." Alissar wartet, bis die Lacher sich beruhigt haben, gibt ihrem Affen aber noch mal ordentlich Zucker. „Werter Herr Rausch, Sie erwähnten den Fußballklub. Nun, Sie sollten doch wissen, dass die Herren drittklassig sind, während die Handball- und Basketballfrauen unserer Stadt in der ersten Liga spielen."

Oliver Rausch läuft rot an, ein Teil des Publikums applaudiert heftig.

Und hört damit abrupt auf.

Tobias Zander steht auf, geht zur Tür, öffnet sie und ist verschwunden.

Bedrückende Stille.

Offenbar hat Luise Maus ihr Mikro nicht ausgeschaltet, ihr, „Oh Gott, Oh Gott...", ist deutlich zu hören. Dann rennt auch sie zur Tür.

Nun wird das Publikum lebendig. Die Hälfte steht auf und strebt den Türen zu. Andere bleiben sitzen und reden laut mit dem Nachbarn.

Alissar winkt Constantin, der in der ersten Reihe mit seinem Stenoblock sitzt, zu sich. Die beiden flüstern, dann geht er auf seinen Platz zurück, bleibt aber stehen. Alissar steht auf und schaltet das Mikro ein.

„Werte Herren, werte Damen, werte Diverse, wir sind wohl Zeuge des Handelns unsichtbarer Mächte geworden. Ich schlage vor, dass wir weitermachen und ihre Fragen beantworten."

Die Verwendung der ersten Person Plural war voreilig, denn nun sieht sie, dass sie allein auf der Bühne steht. Auch Oliver Rausch geht gerade durch die Tür.

Dafür kommt ein Mitarbeiter der Stadthalle auf sie zu. Geistesgegenwärtig schaltet Alissar das Mikro aus und hört dem offensichtlich aufgeregten Mann zu. Dann zeigt sie auf einige Damen, die vor den ersten Reihen stehen. Der Mann geht zu ihnen und spricht sie an. Nach gut einer Minute geht eine der Damen auf die Bühne, schnappt sich ein Mikrofon, schaltete es ein und sagt: „Mein Name ist Karola Stock, Vorsitzende der Frauenschaft. Wir haben den Saal noch bis achtzehn Uhr gemietet. Ich schlage vor, dass wir das Angebot von Frau Wiallas annehmen."

Etwa fünfzig Menschen sind noch im Raum, die sich nun in die ersten Reihen setzen. Alissar schnappt sich den Stuhl von der Bühne und stellt ihn in den Mittelgang. Sie hat auch das Mikro mitgebracht.

Kaum, dass sie sitzt, kommt die erste Frage.

Nach sechzig Minuten steht der Mann von der Stadthalle wieder in der Tür und zeigt auf die Uhr an seinem Handgelenk. Mit einem kurzen Seufzer bringt Alissar ihren Satz zu Ende. Zögernd steht das Publikum auf und verlässt den Saal. Die Letzten sind der Pulk um Alissar.

Dazu gehört ihr Büroleiter, Constantin Bauer, ihr Cousin Jasan Khalil, eine Mitarbeiterin der Wachgesellschaft und Jakob Wiallas. Leise plaudernd benutzen sie den Aufzug zur Tiefgarage und verabschieden sich dort. Constantin und Jasan steigen in das E-Auto. Sie werden im Wahlkampfbüro mit Hilfe der Mitschriften von Constantin und dem Video, das Jasan gedreht hat, die Veranstaltung auswerten.

Die Wachfrau schwingt sich auf den Fahrersitz des Firmen-SUV, Jakob und Alissar steigen hinten ein. Zwischen Fahrerkabine und Fond gibt es ein Scheibe, die Jakob nun hochfährt.

Dann dreht er sich zu Alissar, grinst und bewegt deutlich die Nasenflügel. „Wie viel Tropfen hast du aufgelegt?"

„Fünf, war wohl einer zu viel. Ich war auch überrascht, aber das Ergebnis heiligt die Mittel." Alissar lacht. „Es wirkt ja nur bei bestimmten Männern, Tobias hat klug reagiert."

„Vorname?"

„Ja." Alissar lächelt ihren Mentor an. „Ich werde ihn anrufen, mich entschuldigen und um ein Treffen bitten. Auf neutralem Boden und ohne das Parfüm. Naja, zwei Tropfen vielleicht."

„Sahira! Was war eigentlich mit dieser Moderatorin?"

„Frau Maus? Ihr billiges Parfüm und der Aufregungsschweiß haben eine üble Mischung ergeben, die sogar zur mir schwappte. Tobias konnte nur fliehen."

„Er ist dein Konkurrent!"

„Ja, der Einzige, der mir gefährlich werden kann."

„Zwei Stunden auf der Matte?"

„Ja."

Jakob lässt die Scheibe etwas herunter und gibt der Fahrerin den Befehl: „Zur Sporthalle!"

Constantin überträgt seine Kurzschriftnotizen in ein Schreibprogramm, Jasan schneidet aus dem Video einige Sequenzen zurecht. Beide Männer sind übrigens gegen das Parfüm immun. Der Büroleiter, weil sein Herz einer anderen Frau gehört, der Cousin von Alissar, weil er sich nichts aus Frauen macht.

Bilkis, die legendäre Königin von Saba, soll es in alttestamentarischen Zeiten kreiert und angewendet haben. Männer, die dem Duft ausgesetzt sind, fangen an zu sabbern, gehen in die Hündchenstellung und versprechen der Trägerin alles. Bilkis verwendete es bei ihrem Besuch in Jerusalem, wo König Salomo der Wirkung hilflos ausgesetzt war. Die Frucht dieses Treffens wurde der Stammvater des Äthiopischen Herrscherhauses.

Dort und in einer saudischen Manufaktur wird dieses Parfüm heute noch hergestellt. Da die Ingredienzen bekannt sind, versuchen westliche Firmen seit Jahrzehnten eine Kopie an die Frau zu bringen.

Bisher vergeblich, denn das Original ist mehr als eine Mischung von zehn Kräutern. Übrigens kostet ein 20 ml-Flacon des echten Parfüms, Bilkis Nr. 2 genannt, 12.500 US-Dollar.

Die beiden Männer sind fertig und kontrollieren nun, ob sich in den sozialen Medien noch mehr zur Podiumsdiskussion findet. Ja, gibt es. Wacklige Bilder, offenbar aus der Mitte des Publikums aufgenommen. Mal mit, mal ohne verständlichen Ton. Und alle zeigen den wirr redenden Tobias Zander, inklusive seiner Flucht.

Auch die zehnjährige Charlotte Zander sieht diese Bilder. Mit Tränen in den Augen, zunehmender Wut und vielen Fragen. Warum benimmt sich Papa so? Wer ist die Frau mit dem Kopftuch? Und wieso stammelt die Dicke, „Oh Gott"?

Im Moment bleiben ihre Fragen unbeantwortet. Zwar ist ihr Vater zu Hause, fuhrwerkt aber lautstark in der Küche herum. Heute ist Dienstag, also „Aufwärmtag". Das heißt, Tobias holt aus der Tiefkühltruhe die zweite Tranche des am Samstag gekochten Gulasch, setzt Nudelwasser an und bereitet einen Salat zu. Die beiden leben allein. Eine Oma, die Mutter von Tobias Zander, wohnt in einem Heim und erkennt ihre Enkelin nicht mehr. Die anderen Großeltern wohnen an der Küste. Nach dem Tod seiner Frau nahm, wie bereits beschrieben, Herr Zander eine Auszeit, in der er mit Hilfe einiger Freunde und der Familie seines in der Stadt lebenden Bruders, sein Leben neu ordnete. Natürlich war seine Tochter eingebunden, ja sie initiierte die wichtigsten Entscheidungen.

Kein Auszug aus der Doppelhaushälfte am Stadtrand, damit verbunden, kein Schulwechsel und ihr Papa soll wieder arbeiten gehen. In dem halben Haus ist übrigens schon Tobias Zander aufgewachsen. Es steht am nordwestlichen Stadtrand, der Gartenzaun ist gleichzeitig die Stadtgrenze. Gelegentlich stehen Rehe im Garten. Auch die neuen Nachbarn sind sympathisch.

Die Welt der Familie Zander in Ordnung.

Montag, Mittwoch und Freitag stehen Punkt Sieben drei Mitschüler von Charlotte vor der Tür, Tobias fährt sie in die Grundschule. Dienstag und Donnerstag übernimmt eine Nachbarin den Fahrdienst.

Es gibt auch einen Schulbus, aber da fährt schon um 6.45 Uhr und zuckelt eine halbe Stunde durch die Siedlung um die restlichen Zahnlücken aufzusammeln.

An seinen Fahrtagen hält Tobias um 7.15 Uhr vor der Schule, fährt fünf Minuten zur Schwimmhalle, ackert zehn Bahnen durchs Becken, macht vier Sprünge und ist zehn vor Neun an seinem Schreibtisch.

Charlotte geht in die 3. Klasse einer staatlichen Grundschule, die schon ihr Vater besucht hat. Donnerstag hat sie sechs Stunden, da geht sie um 13.35 Uhr über die Straße in den Hort. Dort macht sie Hausaufgaben, spielt und wartet auf Frau Dreier. Die Fünfzigjährige ist schon seit elf Jahren die Haushälterin der Familie Zander und seit dem Tod von Charlottes Mutter auch das Kindermädchen. Montag, Dienstag und Donnerstag holt sie das Kind um 15.00 Uhr vom Hort ab. Mittwoch und Freitag schon um 14.00 Uhr, denn Charlotte muss um 14.30 Uhr in der Schwimmhalle sein. Sie ist, bei dem Vater eine Selbstverständlichkeit, eine Wasserratte. Ob sie ihr Talent im Becken oder vom Turm einsetzt, ist noch nicht geklärt. Auch nicht, wie es weiter gehen soll. Bis zum Tod ihrer Mutter war Charlotte eine sehr gute Schülerin, dann gab es den erwarteten Knick und das Halbjahreszeugnis zeigt ein paar Besonderheiten.

Darüber sprechen Vater und Tochter jetzt nicht, denn das Essen ist fertig.

Von Montag bis Freitag gibt es Schulspeisung oder Kantinenfraß, den sich die beiden ersparen. Deshalb kocht Tobias am Wochenende selbst. Er kann das und seit Weihnachten lernt er seine Tochter an. Die beiden haben also Spaß beim Zubereiten und Genießen. Das ist gut für die Stimmung.

Auch jetzt.

„Papa heute Nachmittag war schlimm? Bist du krank?"

Mit vollem Mund spricht man nicht, Herr Zander hat einige Sekunden Bedenkzeit.

„Nein, ich meine, ich bin nicht krank. Und ja, ich habe mich falsch verhalten. Vielleicht muss ich doch mal zu einem Arzt gehen. Einem Spezialisten für die Nase." Er zieht hörbar die Luft durch die Nase.

„Weißt, du, es war ganz komisch. Da waren Gerüche, die mich verwirrten. Du kennst das."

Er zeigt zum Garten.

„Wenn die Rosen blühen, dann duften sie. Du gehst ganz dicht ran, der Geruch gefällt dir. Du möchtest am liebsten eine Blüte pflücken." Er macht eine Pause. „Wir essen jetzt, also will ich es nicht so genau erklären. Aber du kennst auch Gerüche, da hältst du dir die Nase zu und rennst weg. So war es bei mir."

Wer zweimal in der Woche im Chlorwasser schwimmt, mindestens fünfmal in der Woche eine Schultoilette benutzen muss, ist abgebrüht.

„Wer hat gestunken? Die Frau mit dem Kopftuch oder die Dicke?"

„Lotte, bitte. Ja, Frau Maus ist stark gebaut. Vielleicht treibt sie zu wenig Sport, isst zu viel oder hat eine Krankheit. Aber ‚Dick' ist ein Schimpfwort, habt ihr in Ethik schon gehört, hoffe ich."

„Ist seit den Winterferien ausgefallen. Also hat sie gestunken und die Kopftuchfrau geduftet. Das ist doch die, die auch Bürgermeisterin werden will?"

„Ja, Frau Wiallas bewirbt sich auch, deswegen saßen wir ja da."

„Ist sie eine Rose?"

Der Löffel von Tobias Zander balanciert einige Sekunden unschlüssig vor dem geöffneten Mund, dann plumpst er in den Teller zurück. Charlotte greift nach dem Küchenkrepp und wischt die Spritzer weg. Der Rest des Abendessens verläuft schweigend. Auch bis zum Gute-Nacht-Kuss wird nicht mehr darüber gesprochen. Als seine Tochter im Bett liegt, sieht sich Tobias alles an, was im Netz zu seinem Auftritt zu finden ist.

Die Eishockeyspieler, die Hand- und Basketballerinnen der Stadt sind erstklassig, die Männer des Fußballvereines, drittklassig, dafür die Wasserspringer Weltspitze. Die nächste Generation lernt auf dem Sportgymnasium.

Constantin geht davon aus, dass hier Wählerpotential schlummert. Die Vereine haben Kinder- und Jugendmannschaften, deren Eltern wiederum in der Stadt wohnen. Also telefonierte er und schrieb Mails.

Es gab keine Absagen.

An einem Dienstag sitzen sie im Konferenzraum der Eissporthalle und Alissar wechselt nach der Begrüßung die Sprachen, denn die Hälfte der Spieler des Eishockeyclubs kommt aus den USA oder Kanada.

Die staunen, dass sie Englisch und Französisch spricht. Der Geschäftsführer und der Trainer können da mithalten, der Präsident guckt verwirrt. Er kann aber dann im deutschen Teil des Gesprächs bestätigen, was seine Männer gesagt haben. Die Zusammenarbeit mit der Stadt ist gut, was Wohnungen betrifft, Probleme gibt es mit dem Ausländeramt. Die ausländischen Spieler haben Saisonverträge, müssen also im Kalenderjahr mindestens zweimal zum Amt. Bei der Anmeldung, der Abmeldung und bei der eventuellen Vertragsverlängerung zum dritten Mal. Es gibt keine Möglichkeit Termine zu vereinbaren, die Ausländer müssen sich anstellen.

Der Jugendtrainer verweist dann auf ein skurriles Problem.

„Die letzte Einheit für die U Siebzehn endet um Neunzehn Uhr, der letzte Bus fährt um Halb Acht. Das schaffen die Jungs nicht, ergo werden sie von den Eltern abgeholt. Da gibt es Fahrgemeinschaften, aber dennoch stehen dutzende Autos vor der Halle."

Constantin schreibt mit.

Um 17.00 Uhr stehen er und Alissar in der Halle des Universitätssportvereins. Dessen Handballfrauenmannschaft spielt erfolgreich in der 1. Bundesliga. Grade bevölkert die B-Jugend das Parkett. Zeit für ein Gespräch mit den Profis, dem Trainer und der Geschäftsführerin. Praktischerweise in den Zuschauerrängen, sodass ein paar Eltern der unter 16-Jährigen dabei sind. Auch hier gibt es Lob für die Stadtverwaltung.

Auf der Rückfahrt, diesmal sitzt sie hinten, wird sie zu Constantin sagen: „Sport streichen wir von der Liste, dass läuft, der Beigeordnete ist der Richtige."

Ihr Büroleiter nickt, gibt aber zu bedenken: „Wir haben noch zwei Termine und sollten sie nicht enttäuschen. Und der Beigeordnete ist ein Wettbewerber."

„Auch wieder wahr. Wer ist noch offen?"

„Die Wasserspringer und die Fußballer. Nächsten Dienstag und Freitag."

„Inschallah."

Alissar wird später dem zuständigen Beigeordneten eine Mail schreiben und keine Antwort bekommt.

Lust und Frust

Vor der Kurve Gas weg, nach rechts neigen, im Scheitelpunkt der Kurve aufrichten und Gas geben. Nach knapp hundert Metern, Gas weg, nach links neigen, im Scheitelpunkt der Kurve aufrichten und Gas geben.

Alissar liebt diese Strecke.

36 Haarnadelkurven auf fünf Kilometer und dabei 500 Höhenmeter überwinden. 18 Mal nach rechts und 18 Mal nach links neigen. 36 Mal Umfangs- und Fliehkräfte einschätzen und beherrschen. 36 Mal hängt ihr Leben davon ab, dass der Reifendruck stimmt, dass der Asphalt trocken ist, dass sie Physik und Gefühl in Einklang bringt. Am liebsten Bergauf.

Oben gibt es einen Parkplatz, eine Burgruine, ein Restaurant, eine fantastische Aussicht und Zeit zum Denken. Aber zuvor muss sie andere Biker begrüßen und die erstaunten Blicke weglächeln, sobald sie ihren Helm abnimmt. An der Ruine gibt es eine Bank, sie setzt sich und holt ihr Smartphone hervor. Dem Wahlkampfteam hat sie Sonntagsruhe verordnet, es hält sich dran. Sie macht ein Selfie und schickt es dem Einsatzleiter der WSG. Der weiß nun, dass alles in Ordnung ist. Mehr ist zu ihrem Schutz nicht vereinbart. Alissar bleibt noch eine Weile, sieht dem Spiel der Zirruswolken zu und notiert ein paar Gedanken. Die kann sie auf der Rückfahrt weiterverfolgen, denn sie nimmt nun den Südhang. Die 500 Höhenmeter werden nun auf zehn Kilometer und drei sanfte Kurven verteilt. Im nächsten Ort verlässt sie die Bundesstraße. Es sind noch 75 Kilometer bis nach Hause. Durch Dörfer, durch den Frühling. Den kann sie sogar riechen, sie klappt das Visier hoch und bummelt.

Das verstehen nicht alle, sie fordert mit der linken Hand die Nachfolger zum Überholen auf. Irgendwann fällt ihr auf, dass ein schwarzer PKW nicht überholt, sich sogar zurückfallen lässt.

Alissar ist hellwach und kennt die Gegend.

Sie beschleunigt und verschwindet im nächsten, sehr kurvenreichen Dorf in eine Seitenstraße. Im Rückspiegel sieht sie den PKW vorbeifahren.

Sie wendet, fährt bis zur Kreuzung und hält an.

Sechs Minuten später ist der PKW wieder da. Fahrer und Beifahrer blicken erschrocken zu ihr. Der Fahrer gibt Gas. Alissar telefoniert mit der WSG und gibt das Kennzeichen durch. Dann setzt sie ihre Fahrt fort. Nun auf dem kürzesten Weg in die Stadt, aber nicht gleich nach Hause.

In der Zentrale der WSG tippt der Einsatzleiter auf einen Monitor.

„Das Fahrzeug ist auf die Griese-Bau-AG zugelassen. Zwei Männer sagen Sie? Das war kein Sonntagsausflug!"

„Sehe ich auch so, aber was dann? Samenkoller? Die hätten mich von der Straße geschubst und dann vergewaltigt." Alissar grinst. „Wenn sie gekonnt hätten. Stille Verehrer hätten mich überholt und an der nächsten Kreuzung mit einem Blumenstrauß gewartet. Die sind mir einfach gefolgt, vermutlich schon bei der Hinfahrt. Aber da habe ich nicht drauf geachtet. Schreiben Sie eine Ereignismeldung und legen Sie sie Frau Wiallas vor. Ich rufe Marion selbst an. Danke."

Alissar fährt nach Hause. Dort telefoniert sie mit der Chefin der Wachgesellschaft und natürlich mit ihrem Vater. Das heißt, Bruno ruft an, wie Väter ebenso so sind. Er weiß, dass er ihr die Ausfahrten nicht verbieten kann. Sie weiß, dass er sich wirklich Sorgen macht und so einigen sie sich. Auch mit Marion. Alissar wird den nächsten Ausflug ankündigen und dann von einem Team der WSG bewacht werden. Bei dem Vater-Tochter-Telefonat ging es auch um, „es wäre gut, wenn du mal Ordnung in deine Angelegenheiten bringen würdest. Auch in Bezug auf deine Bewerbung."

„Ach Bruno. Der eine kann nicht Motorrad fahren, der andere muss die Sonntage mit der Familie verbringen und beim dritten weiß ich selbst nicht. Alles Haram", sagt sie grinsend.

Bruno Wiallas, der mit Ehefrau und Geliebter zusammenlebt, sitzt gewissermaßen im Glashaus. Da aber alle mit dieser Konstellation zufrieden sind, kann er sich die Bemerkung über Alissars amouröse Verstrickungen leisten. Wobei ihm am meisten wurmt, dass niemand in der Familie genau weiß, mit wem sie manche Stunden verbringt. Andererseits belustigt ihn das auch, denn er hat sie ja im Verwischen von Spuren, Nahkampf und anderen ungewöhnlichen Fertigkeiten ausbilden lassen.

Alissar weiß, dass die Kandidatur gefährdet ist, wenn ihre amourösen Abenteuer publik werden. Im Moment hat sie keine Lösung.

Abdullah Allhusein kam 2015 über das Resettlement-Programm aus einem Lager in Jordanien nach Deutschland. Mit Frau und zwei Kindern. Der Fünfundfünfzigjährige war bis zum Bürgerkrieg Lehrer für Arabische Literatur und Imam in Aleppo. Nun gibt er als Angestellter des Islamischen Kulturcentrums Arabischunterricht und ist der Vorbeter der Gemeinde. Seit zwei Jahren ist er und seine Familie Deutsche.

In Wort und Tat orientiert er sich am Koran und den Hadithen ohne den Alltag der Muslime aus den Augen zu verlieren. So hat er im vergangenen Jahr zum Besuch des Weihnachtsmarktes aufgerufen.

„Seht, wie die Christen die Geburt ihres Gottessohnes feiern, lasst eure Kinder Karussell fahren und besucht den Stand mit Halal-Essen und alkoholfreien Getränken."

Alissar kennt ihn und hat ihn angerufen.

Nun bittet er seinen Gast in das Beratungszimmer. Das hat eine Glastür und ein großes Fenster zum Flur. Jeder Mitarbeiter des Kulturzentrums kann sehen, dass der Imam auf schickliche Weise mit einer Frau spricht. Auch, dass sie beide erstmal lachen. Worüber wissen sie nicht, denn der Raum ist schalldicht.

Dabei ist es wirklich lustig, denn der Imam stellt eine sehr profane Frage: „Nicht mit dem Bike?"

„Nein, Said, mit der Tram. Das wird wohl meine Zukunft sein. Inschallah."

„Unsere Zukunft, sagen meine Kinder und meine Frau. Die wollen, dass wir uns ein Elektroauto kaufen." Abdullah wedelt mit der Hand. „Aber deswegen sind Sie nicht hier. Wie kann ich helfen?"

Alissar redet über ihre Bewerbung, von der der Imam natürlich schon gehört hat und ihre Idee.

Der Imam hört aufmerksam zu, schweigt eine Minute und zeigt mit ernstem Gesicht zum Außenfenster. „Da draußen, meine Tochter, leben Brüder, die es nicht gut finden, dass eine Frau, außer zum Einkauf, das Haus verlässt, einem Beruf nachgeht oder gar regiert. Es sind wenige und noch weniger von denen sehe ich freitags hier. Aber sie sind da. Bedenke dies. Deutlich größer ist die Gruppe derjenigen, denen es egal ist, ob eine Frau mit Hijab vom Wahlplakat lächelt. Weil sie hier nur geduldet sind, weil sie eine befristete Aufenthaltsgenehmigung oder Niederlassungserlaubnis haben.

Viele von denen arbeiten, ihre Kinder gehen in die Kita oder zur Schule und doch haben sie Stress mit den Behörden."

Alissar holt ihr Smartphone aus der Handtasche, tippt und schiebt es dem Imam zu.

„Der Anschlag auf das Wahlkampfbüro, Sie werden die Bilder kennen. Das sind die zehn Prozent Deutschen, die mich garantiert nicht wählen. Vor denen habe ich ebenso wenig Angst, wie vor der Handvoll Fanatiker, die glauben, sie vertreten den einzig wahren Islam. Mir geht es um die zehntausend wahlberechtigte Muslime. Mit denen möchte ich sprechen, ihnen zuhören. Wenn möglich hier, an einem Freitag, nach dem Gebet."

Der Imam schreibt schweigend etwas auf. Alissar hat noch zwei Sätze.

„Als Bürgermeisterin habe ich keinen Einfluss auf Bundesgesetze, aber auf das Ausländeramt. Damit helfe ich auch den anderen."

„Ich kann das nicht allein entscheiden, werde es aber befürworten. Auf jeden Fall rufe ich dich an."

Er macht eine Pause und sieht seinem Gast ins Gesicht. Als geistiges Oberhaupt der muslimischen Gemeinde in der Stadt darf er das. Er schlägt den Koran auf und liest den Vers 23 aus der Sure Al-Naml vor. Alissar hört aufmerksam. Als der Imam das Buch weglegt, sagt sie lächelnd: „Ich kann Oberbürgermeisterin werden, solange ich mich Gott unterwerfe, richtig?"

„Ja."

Sie zeigt auf den Koran.

„Dort steht nichts von der älteren, der äthiopischen Version der Geschichte. Danach kehrte die Königin zu ihrem Volk zurück. Unbekehrt und schwanger."

Abdullah lächelt.

„Handle stets so, dass du reinen Gewissens etwas Gutes für die Menschen tust."

Alissar neigt den Kopf und schweigt einige Sekunden.

„Das ist eine schräge Version des Kant'schen Imperativs."

„Ist es deshalb falsch?"

„Danke, Said. Ich werde es bedenken."

Es ist später Vormittag, Alissar ist fast allein in der Straßenbahn. Zwei Frauen mit Hijab, Mitte Vierzig und mit leeren Einkaufstaschen. Sie haben ihr zugenickt, tippen aber dann weiter auf ihren Handys herum. Drei junge Männer mit Rucksäcken, die ihr kurz ins Gesicht gesehen haben, dann auf Deutsch über die Konsistenz von Klebstoffen reden. Alissar erinnert sich, dass es im Stadtteil West eine Berufsschule gibt. Ganz hinten sitzen vier Mädchen zusammen. Naja, es sind Teenager, vielleicht 14 oder 15 Jahre alt. Eine trägt Hijab. Gackernd zeigen sie sich gegenseitig ihre Handys. Dabei blicken sie immer wieder zu Alissar. Die steht auf und geht lächelnd auf sie zu.

„Guten Tag. Ich vermute, ihr habt mich erkannt. Schön, aber müsstet ihr nicht in der Schule sein?"

Die Eine blickt zur Nachbarin, die zur Nächsten, die Vierte murmelt: „Ausfall. Dritte und Vierte Stunde."

„Okay, was ist mit der Fünften und Sechsten?"

Diesmal darf die Hijabträgerin, nachdem ihre Nachbarin sie angetippt hat: „Du, Aischa."

„Doppelstunde Mathe, puh!"

Alissar sieht auf ihre Uhr und wechselt ins Türkische: „Ihr habt fünfundvierzig Minuten für den Modeladen, holt euch den Schülerdöner und fahrt wieder zurück. Mein Büro ist am Markt, ich seh euch. Übersetzt das bitte, Aischa."

Die Teenager lassen den Mund offen, Aischa wird rot, Alissar will sich umdrehen. Da kommt es von der Dritten und auf Deutsch. „Frau Wiallas, dürfen wir mitkommen, ich meine ins Büro. Der Ausfall war Ethik und Geo. Wir haben da Fragen."

Es sind noch drei Haltestellen bis zum Markt, Alissar setzt sich und hört zu.

Alissar steht am nächsten Tag sehr früh auf, denn sie muss die Straßenbahn um 6.32 Uhr erwischen. Zehn Minuten später ist sie an der Endhaltestelle, bleibt aber sitzen. Planmäßig fährt die Bahn fünf Minuten später wieder los. Die Zeit reicht gerade, damit fünfzig Schüler und zwanzig Erwachsene einsteigen können.

Dieser Wagentyp hat 64 Sitz- und 82 Stehplätze.

Eine Haltestelle weiter, steigen noch mal zwanzig Schüler und fünf Erwachsene ein. Das geht so weiter bis zur vierten Haltestelle, damit ist die zulässige Personenzahl erreicht. Nur gut, dass an der fünften Haltestelle dreißig Schüler und eine Handvoll Erwachsene aussteigen. Von hier aus sind es noch fünf Minuten zu Fuß bis zum Gymnasium Nord II. Allerdings steigen auch wieder Fahrgäste ein. Die Bahn ist also wieder voll, eigentlich übervoll. Nach sechzehn Minuten Fahrzeit ist die achte Haltestelle erreicht, rund 50 Schüler steigen aus, gleich um die Ecke ist eine Sekundarschule. Bis zum Markt sind es noch drei Haltestellen, die Bahn ist wieder rappelvoll. Das ändert sich an der dreizehnten Haltestelle, etwa die Hälfte der Schüler steigt aus. Sie streben einer Sekundarschule und einem Gymnasium zu. Alissar zählt und kommt auf 65 Schüler und 25 Erwachsene, die jetzt noch in der Bahn sind. Zwei Haltestellen weiter steigt die Hälfte aus, dass Spezialgymnasium für Mathematik und Naturwissenschaften ist in der Nähe. Von der 15. bis zur 20. Haltestelle steigen ein Dutzend Schüler und 20 Erwachsene ein. Die verlassen die Bahn an der Endhaltestelle, bis zum katholischen Gymnasium sind es noch fünf Minuten.

In den 35 Minuten Fahrzeit hat Alissar zugehört und Fragen gestellt.

Es gibt Zehnjährige, die um 5.50 Uhr aufstehen, 6.15 Uhr in einen Bus steigen, der sie zur Straßenbahnhaltestelle bringt. Wenn alles gut geht, schaffen sie die Bahn um 6.47 Uhr. Ja, das sei lästig, aber die Fahrt sei auch das erste Wiedersehen mit den Schulfreunden, Gelegenheit, schnell noch Hausaufgaben zu machen oder auf dem Handy zu spielen.

Einen Tag später fährt Alissar mit dem Motorrad zur Straßenbahnendhaltestelle im Westen der Stadt. Von hier aus fahren zwei Linien in Richtung Osten, sie nimmt die Linie 11. Es ist dasselbe, wie am Vortag.

An jeder Haltestelle steigen Schüler und Erwachsene ein, ab der fünften ist die Bahn übervoll. An der achten Haltestelle steigen die Schüler einer Sekundarschule aus, an der zehnten die Schüler der nächsten Schule und auf dem Markt steigen diejenigen um, die zu den Schulen im Süden wollen. Auch Alissar steigt um, aber zurück in den westlichen Stadtteil.

Kurz vor Acht schwingt sie sich wieder auf das Motorrad und fährt langsam durch die Straßen. Hier leben 28 Prozent der Einwohner, aber 35 Prozent der Ausländer und 45 Prozent der Bezieher von Sozialleistungen. Das Durchschnittsalter liegt bei 49,6 Jahren und damit sechs Jahre über dem städtischen Durchschnitt. Alissar sieht es. Alte, die mit ihrem Einkaufstrolley dem nächsten Discounter zustreben. Mittelalte Männer, die schon um 8.30 Uhr die Bierflasche in der Hand halten.

Der Tag begann früh, sie braucht einen Kaffee und weiß auch, wo sie einen guten bekommt. Bis zum orientalischen Supermarkt der Familie Khalil sind es nur wenige Minuten. Sie gibt Gas, kommt aber nicht weit, denn plötzlich rennen drei Jugendliche über die Straße. Lachend, weil ihr Verfolger, ein älterer Mann, japsend am Straßenrand steht. Einer der Bengels schwingt triumphierend eine Handtasche. Alissar kann Eins und Eins zusammenzählen und gibt nun doch Gas.

Sie schwenkt nach Links auf die andere Fahrbahn, ein entgegenkommendes Auto hupt, rauf auf den Bürgersteig und weiter geht's. Die Jungs haben sie bemerkt und biegen auf einen Spielplatz ab. Sie sind keine Profis, denn die hätten sich jetzt getrennt. So kann Alissar den Letzten überholen und den Mittleren mit der linken Hand am Kragen erwischen.

Der kann sich nicht richtig wehren, denn die Beute schlackert um seinen Hals. Sie stoppt abrupt, der dritte Junge rennt gegen seinen Kumpel und fällt hin. Alissar schaltet den Motor aus, steigt nach links ab, die Maschine kippt nach rechts, das ist jetzt egal. Sie braucht beide Hände für die Bengels. Ihr Kompagnon steht am Rande des Spielplatzes, etwa fünfzig Meter entfernt. Er ruft etwas. Alissar hat ihren Helm auf, das Visier ist geschlossen, niemand sieht, dass sie grinst. Jetzt ist auch der Verfolger da und beginnt zu schimpfen: „Drecksasylanten, Räuber, Gesindel. Die Polizei muss gleich hier sein."

Er will dem Jungen die Handtasche vom Hals ziehen, Alissar sagt laut: „Stopp! Beweismittel!"

Der Mann zögert, sie guckt auf die Tasche. „Wo ist ihre Frau?"

Er zeigt zum Rand des Spielplatzes. „Da kommt sie."

Nicht nur sie, denn gerade fährt ein Streifenwagen auf den Bürgersteig. Das Martinshorn verstummt, das Blaulicht pulsiert noch.

Zwei Beamte steigen aus und kommen auf die Gruppe zu. Alissar sieht, dass der dritte Junge verschwunden und dass eine der Polizisten eine Frau ist, die sie kennt. Aber noch hat sie ihren Helm auf und die beiden Jungs am Schlafittchen. Das Ehepaar redet aufgeregt mit den Beamten, er zeigt dabei auf die Jungs, seine Frau auf die Handtasche. In seiner Rede wimmelt es von rassistischen Zuschreibungen. Der Polizeihauptwachtmeister geht auf Alissar zu.

„Ich übernehme."

Er nimmt sich den Jüngeren, dreht dessen Arme auf den Rücken und benutzt das Fixierband. Dasselbe macht er mit dem zweiten. Alissar kann nun den Helm abnehmen und produziert die erwartete Reaktion. Dem Mann klappt der Unterkiefer runter, die Jungs kriegen große Augen. Nur die Polizeiobermeisterin lacht.

„Schön Sie zu sehen, Frau Wiallas. Hätte ich mir denken können."

Es ist die Obermeisterin, die die Anzeige beim Anschlag auf das Wahlkampfbüro aufgenommen und dann an dem Gespräch in der Polizeidirektion teilgenommen hat. Alissar lächelt zurück, muss aber dem Hauptwachtmeister antworten, der gerade fragt: „Sie verstehen das?"

Die beiden Jungs schimpfen in einer fremden Sprache.

„Ja, es ist Kurmandschi. Ich übersetze es aber nicht, es sind strafwürdige Worte."

„Kann ich mir denken. Ich brauche Ihre Personalien. Warten sie bitte."

Inzwischen ist ein zweiter Streifenwagen vor Ort, auch eine gemischte Besatzung. Die Polizistin vertreibt ein paar Schaulustige, ihr Kollege stellt sich neben dem PHM. Die Obermeisterin redet noch mit dem Ehepaar. Naja, mehr mit der Frau, denn der Mann starrt auf Alissar.

Die holt ihren Ausweis raus und gibt ihn dem zweiten Polizisten. Der spart sich das mühselige notieren und fotografiert die Plastikkarte.

Er gibt sie zurück und sagt: „Sie werden eine Zeugenaussage machen müssen. Können Sie gleich aufs Revier kommen?" Dabei zeigt er auf das Motorrad. „Ja. Ich weiß wo. Und ein paar neue Kratzer erhöhen die Authentizität. Ich könnte auch übersetzen."

„Wenn es nach mir ginge, gern. Aber wir müssen einen amtlich bestellten Dolmetscher hinzuziehen", schaltet sich der PHM ein.

Alissar nickt und will zu ihrem Motorrad, da hört sie den zweiten Polizisten sagen: „Was haben wir denn hier?" Er hat die Taschen der beiden Jungs durchsucht und hält nun ein Messer hoch. Sein Kollege kommentiert trocken, „da sind wir bei Zweihundertfünfzig."

Alissar weiß, was gemeint ist. Paragraph 250 des Strafgesetzbuches definiert den schweren Raub und droht dem Täter eine Freiheitsstrafe nicht unter drei Jahren an. Es kommt noch schlimmer, denn der Polizist hält nun zwei Papierstreifen in der Hand. Das sind Fiktionsbescheinigungen, die nichts weiter aussagen, als dass der Inhaber die Erteilung oder Verlängerung eines Aufenthaltstitels beantragt hat. Kein Lichtbild, keine Meldeadresse. Der Albtraum jeder Personenkontrolle.

Damit ist klar, dass die beiden Jugendlichen aufs Revier müssen. Der PHM bittet Alissar, dies zu übersetzen. Macht sie, spricht aber mehr, als nur einen Satz. Die Gesichter der Jungs verändern sich. Erst erschrecken sie, dann senken sie die Köpfe und dem Jüngeren kommen die Tränen.

Das sehen auch die Polizisten und sehen nun zu Alissar.

„Ich habe ihnen gesagt, dass sie Schande über ihre Familien gebracht haben. Dass sie den Antrag auf Asyl vergessen können und dass sie nach Verbüßung der Strafe nur eine Duldung bekommen. Das hieße, sie bekämen auch keinen Ausbildungsplatz. Der steht sowieso in den Sternen, da sie die Schule schwänzen. Na wenigstens behalten sie ihre Hände."

Die Gesichter der Polizisten sind ein einziges Fragezeichen, Alissar grinst.

„Im Koran, Sure Al Maida, Vers neununddreißig, steht, dass Dieben die Hand abgehauen wird. Soweit sind sie wohl nicht gekommen." Sie zeigt auf die Jungs. „Fraglich, ob sie ihn jemals gelesen haben. So, jetzt fahre ich."

Alissar geht zu ihrem Motorrad, die Jungs werden einzeln in einen Streifenwagen gesetzt und die Menge zerstreut sich.

Eine halbe Stunde später sitzt Alissar im „Vernehmungsraum 1" und beantwortet die Fragen, die ihr die Obermeisterin stellt. Es geht schnell, denn erstens sind die Fragen standardisiert und zweitens ist die Polizistin flink auf der Tastatur. Sie drückt auf „Drucken", verlässt den Raum, kommt mit dem Protokoll wieder und schiebt lächelnd einen Zettel über den Tisch.

„Frau Wiallas, ich würde sie gerne zu einem Kaffee einladen, meine Nummer."

Alissar nickt, liest aber erstmal das Protokoll. Dann unterschreibt sie und fragt: „Dienstlich oder privat, Frau Kluge?"

Polizeiobermeisterin Renate Kluge lächelt und hebt leicht die Schultern. „Beides, wenn Sie mögen."

Alissar holt ihr Handy raus, tippt die Nummer ein und ruft gleich an.

„So, jetzt haben Sie meine Nummer. Dienstlich gern, Frau Kluge. Bei dem anderen muss ich sie enttäuschen. Sie verstehen?"

Renate seufzt kurz.

„Ja, verstehe. Dann dienstlich. Es interessiert mich wirklich."

Alissar zeigt zur Tür.

„Die beiden? Der Dritte?"

„Haben wir sie im System, sieht es schlecht aus. Bewaffneter Raubüberfall, da kennen die Richter keine Gnade. Aber der eine ist noch Dreizehn, das heißt, Jugendamt. Er hat auch den Namen des dritten genannt. Die Kollegen sind unterwegs."

Renate steht auf, auch Alissar erhebt sich. Kurz vor der Tür sagt sie leise: „Schicken Sie mir den Namen und Anschrift des Kleinen. Ich will mit den Eltern sprechen, bevor die Kavallerie dort einreitet. Und ich werde einen Anwalt vermitteln. Wir sollten es versuchen."

Ebenso leise kommt es von Frau Kluge: „Ich werde sehen, was sich machen lässt."

Vor der Tür verabschieden sie sich ohne Händedruck, Alissar setzt den Helm auf und geht zum Besucherparkplatz. An dessen Ausfahrt ist die Raucherecker des Polizeireviers. Drei Beamte stehen dort, Alissar hört, was der eine gerade sagt: „Kennst du den schon? Sitzen ein Türke, ein Araber und ein Albaner im Auto. Wer fährt?"

Seine Kollegen schütteln den Kopf, er prustet los: „Na, die Polizei!"

In das Gelächter hinein und im Vorbeigehen sagt Alissar: „Es waren zwei staatenlose, minderjährige Kurden aus Syrien. Nix Türke, nix Araber, nix Albaner. Schönen Tag noch." Die Beamten sehen ihr offenen Mundes nach. Noch bevor sie die Maschine anlässt, ploppt ihr Handy. Sie liest die Nachricht und fährt los.

Ein sechsstöckiges Gebäude ohne Aufzug und zweidrittel der Namen deuten auf Ausländer hin. Alissar drückt auf „Zana" und muss einen kurdischen Wortschwall ertragen. Sie redet mit der Frau, der Türöffner summt. Oben angekommen sieht Alissar eine Frau in der Tür stehen, die sie auf Ende Dreißig schätzt. Sie trägt einen bodenlangen, mausgrauen Jilbab, auch das Kopftuch ist von dieser Farbe. Sie ist schwanger.

Alissar hebt leicht die Nasenflügel, die Wohnung ist ungelüftet, das Kleid der Frau hat Flecke und auch von ihr geht ein unangenehmer Geruch aus. Aber reden kann sie.

„Wer sind Sie? Was wollen Sie? Wieso wollen Sie über Osman reden? Wo ist er" Bevor Alissar antworten kann, greift die Frau zum Telefon, sucht eine Nummer, wählt und redet dann mit einem Mann. Vor Aufregung hat sie die Lautsprechertaste gedrückt, Alissar hört, dass die Frau mit ihrem Schwager telefoniert.

Er sei noch auf Arbeit, käme in einer halben Stunde, sie beschreibt die Besucherin und fragt ihn, was sie tun solle?

Alissar beugt sich zum Handy herunter und sagt auf Kurmandschi: „Salam Aleikum. Mein Name ist Alissar Wiallas, ich habe Ihren Neffen der Polizei übergeben. Darüber möchte ich mit Ihrer Schwägerin und wenn es Ihnen recht ist, dann auch mit Ihnen, reden. Darf ich hier warten?"

Sie stellt sich wieder gerade hin und lächelt die Frau Zana an. Die ist verblüfft, sagt das auch ihrem Schwager, der wiederum einen klaren Befehl erteilt.

Alissar darf eintreten.

Das ist aber nicht so einfach, denn sie muss erst die Motorradstiefel ausziehen. Dafür setzt sie sich auf die letzte Treppenstufe und wird dabei von Frau Zana und einem Mädchen beobachtet, welches nun in der Tür steht. Alissar dreht den Kopf.

„As salamu aleikum, Wer bist du? Warum bist du nicht in der Schule?"

„Aleikum salam. Ich bin Arin und krank."

Die Stiefel stellt Alissar vor die Tür, Frau Zana und ihre Tochter machen Platz. Im Flur schält sie sich aus der Lederkombi, Arin sieht mit großen Augen zu. Offenbar ist ihr eine Muslima in Jeans, Pullover und mit Shayla fremd. Ihre Mutter ruft, sie zeigt auf die offene Tür, Alissar tritt ein.

Sie ist in einer Wohnung eines deutschen Wohnblocks, aber das Wohnzimmer ist orientalisch. Kein Tisch, keine Stühle. Dafür große und kleine Kissen und in der Mitte eine Plastikdecke, auf der die Mutter nun eine Teekanne stellt. Zwei Tassen und eine Schale mit Gebäck vervollständigen die Tafel. Alissar setzt sich, hat aber auf Grund ihrer Länge, Mühe, die richtige Position für ihre Beine zu finden. Sie greift nach dem eingeschenkten Tee und sieht sich um. Alles ist aus zweiter Hand, abgenutzt und auch verschmutzt. Frau Zana registriert dies und senkt den Kopf. Den hebt sie auch nicht, als sie leise auf die Fragen ihres Gastes antwortet. „Wo kommen Sie her?" Seit wann sind sie in Deutschland?" „Wo ist ihr Mann?" „Was fehlt Arin?" „Ist Osman schon öfter auffällig geworden?"

Als nach einer halben Stunde der Schwager kommt, weiß Alissar, dass die Familie aus der Nähe von Aleppo stammt und vor dem Bürgerkrieg in die Türkei geflohen ist. In Syrien besaßen sie eine kleine Olivenplantage, die ihren Schwiegereltern gehörte. Mit denen sind sie auch geflohen. Der Ehemann und der Schwiegervater arbeiteten in der Türkei acht Jahre als Tagelöhner. Mal in der Landwirtschaft, mal auf dem Bau oder was sich anbot. Dann kam das große Erdbeben. Die Schwiegereltern und der Ehemann starben in dem kleinen Häuschen, das sich die Familie gerade gebaut hatte. Ein Bruder ihres Mannes lebt schon seit zwölf Jahren in Deutschland und schafft sie hierher. Er selbst wohnt mit Frau und drei Kindern einen Eingang weiter. Er arbeitet als Zeitungs- und Briefzusteller, steht um 3.30 Uhr auf und ist um 11.00 wieder zu Hause.

Frau Zana antwortet nicht, nickt aber leicht, als Alissar fragt: „Sie sind seine Zweitfrau und das Kind von ihm?"

„Ja, Onkel Rawand wohnt manchmal hier," sagt Arin, die jetzt in der Wohnzimmertür steht.

Ihre Mutter hebt den Kopf. „Arin, geh wieder ins Bett, du bist krank."

Sie ist klein, mager, aber bestimmt Fieberfrei und nicht auf den Kopf gefallen. „Bist du vom Amt? Du sprichst unsere Sprache, wieso?"

Bevor Alissar antworten kann, klappert das Türschloss. Frau Zana springt auf, die große Tochter rennt in ein Zimmer. Im Flur steht ein Mittvierziger, der jetzt mit rotem Kopf einen Wortschwall von sich gibt. Der gilt Alissar, die schräg hinter Frau Zana steht und lächelt.

Als der Mann kurz Luft holt, sagt sie: „Ich wurde in Haleb geboren, bin jetzt Deutsche, habe studiert und kann ohne Mann aus dem Haus gehen. So ist das hier. Ob es Ihnen passt oder nicht, Herr Kawli. Hören sie mir zu!"

Alissar fängt an zu reden, da klingelt es. Herr Kawli geht zur Tür und spricht in den Hörer. Auf Deutsch sagt er: „Ja, kommen sie. Ganz oben."

Es sind zwei männliche Polizisten, die Osman nach Hause bringen. Sie drücken Herrn Kawli ein paar Blätter in die Hand, lassen ihn etwas unterschreiben, grinsen angesichts der beiden muslimischen Frauen und gehen wieder.

Kaum ist die Tür zu, schlägt Herr Kawli zu.

Osman Kopf pendelt von links nach rechts, dann verzieht sein Onkel schmerzhaft das Gesicht. Alissar hat ihm die Arme auf den Rücken gedreht und gegen die Wand gedrückt. Sie flüstert ihm ins Ohr: „Allah ist Allwissend und Barmherzig zu denen, die Waisen achten und für sie sorgen. Erziehung ist Vorbild, nicht Schläge!"

Alissar lässt los, dreht sich zu ihren Sachen um, zieht diese an, greift in ihre Jacke und holt eine Visitenkarte mit der Anschrift des Wahlkampfbüros aus dem Portemonnaie. Die drückt sie Frau Zana in die Hand, sieht zu ihrem Schwager und redet Deutsch: „Morgen, Fünfzehn Uhr. Alle, auch Sie mit ihrer Familie. Und bringen Sie die Papiere mit. Alles, was sie haben."

Dann nickt sie dem heulenden Osman zu und öffnet die Wohnungstür. Die schließt sie von außen und beginnt schon beim Anziehen der Stiefel zu telefonieren.

Zur Vorbereitung auf das Familiengespräch ruft Alissar beim Jugendamt an. Die erste Gesprächspartnerin verbindet zu einem Kollegen, der höflich zuhört und ihr dann den Namen und die Durchwahl einer Kollegin durchsagt. Beim ersten Mal ist besetzt, beim zweiten Mal geht keiner ran und dann klappt es.

„Tikka, Gruppenleiterin im Jugendamt, was kann ich für Sie tun?"

Alissar erzählt und spürt, dass am anderen Ende die Aufmerksamkeit steigt. Ja, Frau Tikka bemerkt lachend, „Sie sind das!" Dann redet die Gruppenleiterin über den Fall „Familie Zana" ohne Rücksicht auf den Datenschutz. So erfährt Alissar, dass die Schulkinder zusammen auf 100 Fehltage kommen, das heißt, sie haben die Hälfte der Schulzeit versäumt. Frau Tikka sagt auch, dass die Mutter keinerlei Kooperation zeigt. Termine hat sie nicht wahrgenommen und bei einem Ortstermin die Tür nicht geöffnet. „Wir haben nur einen Kurdisch Dolmetscher, den wir uns auch noch mit dem Sozialamt teilen müssen. Sie merken Frau Wiallas, wir bemühen uns, kommen aber nicht an die Familie ran. Und ich denke, Sie werden es auch erleben. Die kommen nicht. Die Mutter ist völlig überfordert. Rufen Sie mich dennoch an, ich gebe Ihnen meine private Nummer, Bitte.“

Sie verabschieden sich freundlich.

Fünf vor Drei geht Alissar ins untere Büro und wartet. Die Uhr der Marktkirche schlägt Drei und nichts passiert. Zehn Minuten später dreht sie sich zu Treppe, da geht die Außentür auf.

Osman und Arin stehen im Büro. Händchenhaltend, weil sie sich gegenseitig stützen, großäugig, weil sie Angst haben. Alissar geht lächelnd auf sie zu.

„Schön, dass ihr da seid. Ich denke, eure Mutter und euer Onkel wissen nichts davon, ihr seid ausgerissen?“

Zweimal Kopfnicken.

„Wir gehen in mein Büro. Habt ihr heute schon etwas gegessen?“

Zweimal Kopfschütteln.

„Sharwarma?“

Zweimal heftiges Kopfnicken.

Frau Preller hat das Schauspiel mit einem Lächeln verfolgt. Kurmandschi kann sie nicht, aber „Sharwarma“ verstanden. Sie kommt hinter ihrem Schreibtisch hervor, greift nach einer Tasche und fragt laut: „Dreimal?“

Alissar nickt und ergänzt: „Und zweimal Apfelschorle.“

Gleich um die Ecke ist ein Ableger von "fi albayt", Alissar bekommt da einen Familienrabatt.

In der oberen Etage hat auch Constantin sein Büro. Er weiß von dem Termin, hatte den Beratungsraum freigehalten und ist nun erstaunt, dass da zwei Kinder die Treppe hochkommen.

Die gucken auch erschrocken, bleiben gar stehen.

Von hinten sagt Alissar: „Das ist Herr Bauer, er arbeitet für mich, keine Angst." Constantin nickt, lächelt und geht in sein Büro.

Frau Preller bringt das Essen, die Schorle und geht dann auch.

Alissar holt drei Teller und drei Servietten aus dem Schrank. Sie wickelt das gefüllte Fladenbrot aus der Folie und befiehlt: „Esst!"

Osman und seine Schwester reißen die Augen wieder auf, als sie sehen, dass Alissar immer mal wieder die Serviette benutzt. Vor allem, bevor sie nach ihrem Wasserglas greift. Und auch, als sie telefoniert. Natürlich auf Deutsch, was Arin aufmerksam verfolgt.

Dann geht Alissar mit ihnen zur Toilette und befiehlt: „Händewaschen!" Ja, sie bleibt sogar dabei.

Zurück im Büro sagt sie: „Es kommt noch eine Frau vom Jugendamt, etwa eine Viertelstunde. Die haben wir für uns. Erste Frage, wie habt ihr mich gefunden?"

Osman sieht seine Schwester an, die lächelnd Alissars Visitenkarte aus der Hosentasche holt.

„Onkel Rawand hat sie weggeworfen, ich habe sie aus dem Müll geholt."

Alissar nickt lächelnd.

„Zweite Frage, wie seid ihr hergekommen? Mit der Straßenbahn, ohne Fahrschein?"

Jetzt übernimmt Osman die Rolle des großen Bruders.

„Ja. Ich erkenne die Männer, die kontrollieren. Wir mussten einmal schnell aussteigen und mit der nächsten fahren, deswegen kamen wir zu spät."

Alissar lacht und erkennt in den nächsten zehn Minuten, dass die beiden einen Kopf zum Denken haben. Sie wissen, dass ihre Mutter von Onkel Rawand schwanger ist. Sie haben erkannt, dass sie alles macht, was er sagt.

Und dann sagt Arin einen Satz, den sie auf Alissars Aufforderung wiederholen muss, als Frau Takki das Büro betritt. „Wir wollen weg. Eine Freundin hat mir erzählt, dass es in Deutschland Häuser für Kinder gibt. Nur für Kinder."

Die Gruppenleiterin im Jugendamt braucht nach der Übersetzung durch Alissar noch ein paar Sekunden. Dann sieht sie die Kinder an und fragt nach: „Wollt ihr das, wirklich?"

Das doppelte „Ja" kommt sogar auf Deutsch.

Alissar und Frau Takki gehen zum Fenster, reden leise miteinander und telefonieren dann. Am Ende der Gespräche kommen sie lächelnd zurück. „Wir warten auf den Chef von Frau Takki und auf eine Frau Morawski. Sie leitet ein Heim für Kinder und spricht sogar eure Sprache", sagt Alissar und produziert wieder große Augen. Die werden nicht kleiner, als sie weiterredet. „Wir fahren dann zu eurer Mutter und holen ein paar Sachen. Sie muss noch ein paar Papiere unterschreiben, ihr fahrt gleich ins Heim."

Arin muss auf Toilette, ihr Bruder stellt sich ans Fenster, Alissar geht ins untere Büro und Frau Takki telefoniert schon wieder. Alissar kommt wieder. Nicht allein, denn Bayan Morawski ist bei ihr, die sich sofort mit den Kindern unterhält. Endlich legt Frau Takki ihr Telefon auf den Tisch. „Großes Besteck, Frau Wiallas. Wir beide fahren jetzt zur Mutter. Mit Polizeischutz. Ich erkläre Frau Zana die Inobhutnahme. Ich muss was ausdrucken."

Alissar geht mit ihr zu Constantin. Der überlässt Frau Takki den Schreibtisch und Computer. Sie klingt sich in das städtische Netzwerk ein, er soll mal zum Fenster gucken.

Zehn Minuten später surrt der Drucker, Frau Takki sortiert die Ausdrucke. Sie blickt auf ihr Handy und dann zur Tür. Die geht auf und ein Mann sowie zwei Polizisten sind zu sehen. Der Zivilist ist der Leiter des Jugendamtes, begrüßt alle mit einem „Hallo" und lässt sich dann von Frau Takki die Papiere geben. Er überfliegt sie und reicht sie Bayan.

Die beiden kennen sich, denn die Wohnanlage „August Bebel" ist ein anerkannter Träger der Jugendhilfe. Sie unterschreibt, dreht sich zu den Kindern und sagt: „Wir fahren. Frau Wiallas bringt euch die Sachen."

Osman und Arin verabschieden sich von Alissar. Naja der Junge nickt nur mit Kopf, das Mädchen umarmt sie.

Alissar nimmt ihr Auto, Frau Takki steigt bei ihrem Chef ein, der Streifenwagen hängt sich hinten dran.

Bei „Zana" rührt sich nichts.

Der Amtsleiter redet leise mit den Polizisten, die aber mit den Schultern zucken. Alissar weiß Rat.

„Kommen sie. Sie ist bestimmt bei ihrem Schwager. Da die Nummer achtundvierzig."

Bei „Kawli" meldet sich erst eine Kinderstimme, dann der Hausherr. Er brüllt in die Wechselsprechanlage, Alissar brüllt zurück. Beim Wort „Polizei" wird Herr Kawli leiser und wenig später stehen er und Frau Zana in der Tür. Sie trägt diesmal ein schwarzes Abaya und hat ihr Gesicht mit einem Nikab verhüllt.

Der Amtsleiter redet, Alissar übersetzt. Auch die Papiere. Erstaunlicherweise wird Herr Kawli immer ruhiger und nickt Frau Zana mehrmals. Die Polizei rückt ab, Frau Zana, ihr Schwager, Alissar und die beiden vom Jugendamt gehen in die Wohnung. Alissar und Frau Tikka suchen die Sachen der Kinder heraus, die sie kopfschüttelnd und mit spitzen Fingern anfassen. Bei der Frage nach Zahnbürsten hebt Frau Zana erstaunt den Kopf. Alissar telefoniert mit Bayan, Frau Tikka packt die Schulsachen zusammen. Bei der Hinfahrt benutzte Alissar ihr E-Auto, Frau Tikka fuhr bei ihrem Chef mit. Der will nun endlich Feierabend machen, seine Gruppenleiterin muss ihm Heim nachsehen, ob alles in Ordnung ist. Also steigt sie bei Alissar ein.

Kaum dass der Wagen rollt, beginnt Alissar: „Bayan ist mit den beiden einkaufen." Sie zeigt nach hinten. „Wie oft haben Sie das?"

„Dreimal im Monat, davon zweimal bei Deutschen. Es nimmt zu."

Alissar muss an einer Ampel halten, Frau Tikka sagt leise: „Frau Wiallas, wir danken Ihnen. Solche wie sie bräuchte es mehr in der Stadt. Sie könnten auch bei uns arbeiten, aber ich weiß, dass sie größeres vorhaben."

„Danke, Frau Tikka. Übrigens phonetisch bedeutet Ihr Name auf Arabisch ,Zuversicht', ich denke, dass passt. Ja, sie haben recht, ich habe größeres vor. Gestatten Sie eine Frage?"

„Nur zu."

„War der amtierende OB schon mal im Amt?"

Frau Tikka hustet und wedelt mit der Hand.

„Weder er noch der Beigeordnete. Den sehe ich nur auf den Dienstberatungen im Rathaus. Und da geht es ums Geld, nicht um Menschen. Jetzt habe ich eine Frage."

Alissar nickt, Frau Tikka zeigt hinter sich. „Osman und Arin finden vielleicht ihren Weg. Andere nicht. Wie gehen Sie damit um? Oder anders gefragt: Was wollen Sie machen, wenn Sie im Rathaus sitzen?"

Nach einer kurzen Pause antwortet Alissar lächelnd.

„Sie wissen doch, der Oberbürgermeister ist ein Verwaltungsbeamter, seine Macht ist begrenzt, vor allem durch den Stadtrat. Aber dort habe ich die Hälfte hinter mir. Sollten mich sechzig Prozent im ersten Wahlgang wählen, dann habe ich den größten Teil der Einwohner auf meiner Seite. Naja, die Wähler. Die Wahlbeteiligung ist ein spannendes Thema. Also: Ich werde alle Außenstellen der Verwaltung regelmäßig besuchen. Dienstberatungen können auch dort stattfinden. Ich weiß, dass wir nicht alle retten können. Zehn Prozent der Menschen lehnen jede Form von Staat ab. Zehn Prozent ist er egal und drei Prozent sind notorisch kriminell. Egal welchen Pass sie haben. Keine Gesellschaft ist frei von Regelverstößen und sozialen Normabweichungen."

Jetzt zeigt Alissar nach hinten.

„Er hat nicht aus Hunger gestohlen, das war Gruppendynamik, falsche Vorbilder und etwas Kitzel. Kinder aus bildungsfernen Haushalten brauchen nicht nur Bücher oder einen Computer. Sie brauchen Vorbilder an denen sie sich orientieren können und Mentoren, die ihnen Türen öffnen. Das haben wir heute getan, Frau Zuversicht."

Frau Tikka lacht.

Wenig später stellt Alissar das Auto auf den Parkplatz der Wohnanlage ab. Sie nimmt die beiden Schulranzen, Frau Takki die zwei Reisetaschen mit den wenigen Sachen der Kinder. In der Wohngruppe I/4 begrüßt sie ein glattrasierter Mittdreißiger, stellt sich als deren Leiter vor und zeigt auf das Zimmer I/23.

„Kommen und staunen sie."

Er hat Recht. Osman und Arin folgen brav den Anweisungen einer Zwölfjährigen, das heißt, sie räumen die nagelneue Unterwäsche in die Schränke. Dabei blicken sie ab und an zu Bayan, die lächelnd nickt. Nun quetschen sich auch noch Alissar, Frau Takki und der Gruppenleiter in die 20 Quadratmeter. Gleich hinter der Tür stehen zwei Schränke, dann kommen die Betten, dann jeweils ein Regal und unter dem Fenster stehen zwei Schreibtische. Alissar stellt die Ranzen da drauf, Frau Takki die Reisetaschen auf die Betten. Bayan erkennt die Lage und wendet sich an die Zwölfjährige: „Manuela, ihr macht weiter. Wenn ihr hier fertig seid, zeigst du ihnen noch die Ämtertafel und dann ist auch schon Zeit fürs Abendessen." Sie wechselt in Kurmandschi und übersetzt für die Neuankömmlinge. Die nicken, Bayan zeigt zur Tür. „Wir sind in meinem Büro."

Dort zeigt sie auf die Magnettafel. Kleine Namensschilder bezeichnen die Heimbewohner, Spalten und Zeilen die Wohngruppen oder Besonderheiten. Die Spalte „Krank" ist leer, dafür schiebt sie die Schilder „Osman Kawli" und „Arin Kawli" in die Spalte „Schulbegleitung" und erklärt: „Die ersten drei Tage bringen wir sie hin und holen sie ab. Inzwischen haben wir die Schülerkarte und sie können allein mit der Tram fahren. Bis zu den Ferien sind es noch fünf Wochen, das geht. Frau Takki, wir sollten aber über einen Schulwechsel nachdenken. In zwei Wochen mache ich Ihnen einen Vorschlag. Noch Fragen?"

„Ja, wieviel haben Sie ausgegeben? Zweihundert stehen als Erstausstattung zur Verfügung. Ich brauche die Quittungen."

Bayan seufzt leicht.

„Unterwäsche komplett, je einmal Sommerschuhe, Zahnputzzeug. Und eben habe ich die Ranzen gesehen, die halten nicht mal bis zu den Ferien. Hier die Quittungen, alles andere machen wir über die Stiftung."

Die Frau vom Jugendamt weiß, dass hinter der Wohnanlage die Stiftung der Familie Wiallas steht. Zweck der Stiftung ist, unter anderem die Begabtenförderung, Osman und seine Schwester sind also in guten Händen.

Die Kirche ist voll.

35 Motorräder, drei Trike und eine Seitenwagenmaschine stehen davor. Als die Biker ankamen, gab es Wiedersehensfreude und erstaunte Blicke. Die galten diesmal nicht Alissar, sondern einem Mann, der ohne Lederkombi angefahren kam. Und die beiden, die mit einer Seitenwagenmaschine kommen. Heutzutage werden Auspuffmiezen oder der Nachwuchs mit einem Trike durch die Gegend gefahren. Also wird das Gefährt bestaunt und sein Fahrer befragt. Der überlässt das Reden aber seiner Tochter, die noch im Seitenwagen sitzend, fachkundig Antwort gibt.

Alissar sieht, dass es sich um die Kleinfamilie Zander handelt, wundert sich ein wenig, kann aber die Sache nicht weiterverfolgen. Denn sie redet gerade mit dem Biker ohne Motorradkluft.

Hugh O'Connor hat feuerrote Haare, trägt Kilt, Sommersprossen und hat eine gewinnende Lache.

Pfarrer Prokop hatte Alissar angerufen.

„Bei mir hat sich ein Schotte gemeldet. Auf Englisch, mein Sohn musste helfen. Mister O'Connor ist Journalist und bereist Deutschland mit dem Bike. Er will über uns schreiben. Also, motorradfahrende Christen. Leider ist sein Deutsch eine Zumutung, ich weiß, Sie können sich mit ihm verständigen."

Das tut sie gern.

Erstens ist Hugh ein attraktiver Mann und zweitens hat er mit dem Bike auch arabische Länder bereist, wie er ihr gleich zu Beginn gesteht. Sie wechseln dann auch zwischen Englisch, Arabisch und Deutsch.

Nun also der Gottesdienst. Sie sitzen in der vorletzten Reihe.

Hinter ihnen ist niemand und nach vorne sind drei Reihen leer.

Leise erklärt die Muslima dem Anglikaner die lutherische Liturgie, was beide zum Lachen bringt. Sie gehen lieber und setzten sich draußen auf eine Bank.

Ein Mann, eine Frau, ein schöner Frühlingstag, die Luft vibriert.

Hugh spricht es aus.

„Ich fühle, dass Sie etwas fühlen und muss Sie doch enttäuschen. In zwei Stunden habe ich einen wichtigen Termin." Er steht auf, sie steht auf. Lächelnd legt er seine rechte Hand auf sein Herz und verbeugt sich leicht. Dann sagt er: „Wir sehen uns, Muqatil", und geht zu seiner Maschine.

Während er knatternd davonfährt, tippt Alissar ihrem Vater eine Nachricht. Darin erwähnt sie den Namen Hugh O'Connor und die Tatsache, dass der ihren arabischen Spitznamen kennt. Die zweite Nachricht ist an Olaf Prokop und eine Entschuldigung, dass sie sich von der Gruppe entfernen muss.

Zurück nimmt sie nicht die idyllischen Landstraßen, sondern den kürzeren Weg über die Autobahn, mit maximaler Geschwindigkeit.

Bruno Wiallas hat den Computer bedient und auch noch eine Mail an den britischen Familienzweig geschrieben. Von dort kommt die Antwort in dem Moment, da Alissar sein Zimmer betritt.

Sie sieht auf dem Monitor, dass die Fotos den echten Hugh O'Connor zeigen. Sie liest, dass er tatsächlich für ein online-Magazin schreibt, erspart sich aber die Links zu den Artikeln. Spannender ist die Mail. Hugh hat Politikwissenshaft studiert, sehr gut geerbt und reist in der Welt umher. Soweit so gut, wäre da nicht der Hinweis auf „fünf Jahre SAS".

Bruno atmet hörbar aus, seine Tochter macht „puh" und schreibt sich etwas auf. Ihr Vater holt eine Zigarre aus dem Humidor, Alissar nutzt eine Suchmaschine und schreibt wieder. Während des ersten Rauchkringels sagt sie: „Es gibt vier Arten den Special Air Service zu verlassen. Fünfzehn Prozent werden im Einsatz getötet oder so schwer verwundet, dass sie den Dienst quittieren. Fünf Prozent erreichen das Pensionsalter, fünfzig Prozent wechseln in die Privatwirtschaft, meistens in artverwandte Tätigkeiten. Dreißig Prozent bleiben im Staatsdienst, aber nun ohne Uniform. Hugh ist Siebenunddreißig, also noch weit entfernt von der Pension. Soweit ich sehen konnte, ist er topfit." Sie zeigt auf den Monitor. „Das Magazin ist klein, es gibt nur den Herausgeber und freie Mitarbeiter. Viel Zeit um noch einer anderen Tätigkeit nachzugehen. Ich tippe auf Staatsdienst, frage mich aber, was die Sektion Sechs von mir will?"

Ihr Vater ist manchmal ein Scheusal.

„Willst du seine Fitness mal testen?"

Alissar ist seine Tochter.

„Wollen hätte ich schon gern, aber dürfen haben wir uns nicht getraut. Im Ernst, was denkst du?"

Bruno zeigt auf sein Handy.

„In London schuldet mir jemand noch einen Gefallen. Wird aber dauern. Kann es mit Constantin zusammenhängen?"

„Darüber habe ich während der Fahrt auch nachgedacht. Aber warum dann der Umweg über mich? Warten wir auf London. Übrigens, er ist es nicht."

Der Mund hinter der Zigarre bleibt offen, dann muss Bruno hustend lachen. Und gleich nochmal, als Alissar weiterredet.

„Er trauert immer noch um seine Prinzessin. Ich denke, er überlegt, wie er ihre Entführung organisiert. Das wäre dann doch ein Fall für den MI Six."

Sie fährt nach Hause, gönnt sich ein Bad und denkt nach.

Der erste Mann in ihrem Leben war zwei Jahre älter und hat sie mit Sechzehn sanft und liebevoll zur Frau gemacht. Sie hatten ein schönes Jahr, dann ging sie in die Schweiz. Im Internat gab es einen Mitschüler, den sie zum Manne machte. Er wurde später ihr Kommilitone und Gelegenheitspartner. Andere Gelegenheiten ließ sie auch nicht aus, zumal der Einsatz weiblicher Waffen Teil ihrer Ausbildung war. Seit sie zurück ist, trifft sie sich mit gelegentlich mit dem ersten Mann, mit einem Dozenten der Betriebswirtschaft und einem dritten Mann. Der erste kann Motorrad fahren, ist aber verheiratet, Vater zweier entzückenden Kinder und fährt nun Auto. Auch der Wissenschaftler hat Frau, Kind und Angst. Ihm wird Alissar später eine Nachricht schreiben und seine Antwort belustigt sie. „Danke für die schönen Stunden. Ich wollte es dir auch sagen. Man sieht sich."
Mit dem ehemaligen Motorradfahrer will sie reden. Unauffällige Gelegenheiten gibt es, denn er arbeitet in der Wachgesellschaft.
Im Bett denkt sie an den dritten Mann, die Anwesenheit der Familie Zander und dann an Hugh. Das Einschlafen verzögert sich.

Allah mag allwissend sein, seine Anhängerin ist es nicht.
Constantin trauert nicht mehr um seine Prinzessin, denn seit ein paar Tagen geht ihm eine andere Frau nicht aus dem Kopf.
Aischa Khalil macht an der Universitätsklinik eine Ausbildung zur Krankenpflegerin. Im zweiten Lehrjahr sieht der Rhythmus so aus: eine Woche theoretischer Unterricht, zwei Wochen im Krankenhaus, eine Woche Theorie. Die Schule ist in der Innenstadt, die Bahnen in den westlichen Stadtteil kreuzen sich auf dem Markt. Fünf Fußminuten von der Schule. Also geht Aischa erstmal ins Wahlkampfbüro ihrer Kusine. Ist Alissar nicht da, redet sie gern mit Constantin, er kann ja Arabisch. Ein oder zweimal mag es Zufall sein, aber jeden Tag?
Er will die Zwanzigjährige beim nächsten Mal darauf ansprechen.

Als Constantin sein Mailfach öffnet, wartet eine Überraschung auf ihn.
Die Geschäftsstellen des Fußballklubs und des Schwimmvereins sagen, „auf Weisung des Beigeordneten, Herrn Zander", ab.

„Wie sagt man auf Deutsch? Wer nicht will, ist satt", kommentiert Alissar und gibt ihrem Büroleiter Anweisungen: „Zur Schwimmhalle fahre ich allein, da habe ich ein Gespräch mit dem Trainer der Wasserspringer. Beruflich. Sie antworten den Fußballern, dass ich bedauere. Laden Sie sie zur Sprechstunde ein. Ich bin gegen Drei zurück. Die Absagen sollten wir in der Videobotschaft verarbeiten."

Constantin nickt, Alissar geht zur Tiefgarage.

Sie kommt gut durch und ist zehn Minuten früher da.

In der Schwimmhalle ist viel los. Vorne versuchen Drittklässler die theoretische Erkenntnis, dass alle Säugetiere schwimmen können, in die Praxis umzusetzen, hinten springen alle paar Minuten Männer vom 10-Meter-Turm, drehen sich in der Luft und tauchen geräuschlos ins Wasser. Alissar nimmt auf der Besuchertribüne Platz und schaut dem Treiben zu.

Dann ertönen mehrere Pfiffe. Das Schulschwimmen ist zu Ende und auch die Wasserspringer greifen nach ihren Handtüchern. Ihr Trainer kommt jetzt auf die Tribüne. Groß, blond, athletisch, in Badehose und Trainingsjacke. Er legt seine rechte Hand auf das Herz.

„Schön, dass Sie da sind, Frau Wiallas. Der Stützpunktleiter erwartet uns." Und nicht nur er. Neben ihm steht der Beigeordnete für Kultur und Sport, Herr Zander. Mit einer deutlichen Unmutsfalte im Gesicht, poltert er auch gleich los.

„Frau Wiallas, ich dachte, ich hätte mich klar ausgedrückt. Keine Wahlpropaganda in den städtischen Sportstätten. Also, was machen Sie hier?"

„Arbeiten, Herr Zander. Das wüssten Sie, wenn Sie meine Mail gelesen hätten. Die haben Sie entweder aus ideologischen Gründen in den Papierkorb geklickt oder aus Dusel nicht aus dem Spam-Ordner gefischt." Alissar lächelt ihn an. „Aber, wenn Sie schon mal da sind, können wir die Sache gleich regeln. Wie vernünftige Menschen."

Sie wendet sich an den Trainer: „Herr Drillich, Sie haben sich entschieden. Jetzt geht es um eine elegante oder um eine brachiale Lösung."

Norbert Drillich grinst, der Stützpunktleiter wackelt mit dem Kopf, das Gesicht von Herrn Zander gibt Auskunft, dass er keine Ahnung hat.

Alissar zeigt in den Raum.

„Wollen wir?"

Der Stützpunktleiter gibt die Tür frei, zieht Herrn Zander am Ärmel und flüstert mit ihm. Der Trainer und Alissar folgen ihnen. Es ist ein Beratungsraum. Selbstverständlich setzen sich der Beigeordnete und der Stützpunktleiter auf die eine Längsseite, Alissar und Herr Drillich auf die andere. In das Schweigen hinein schiebt der Stützpunktleiter dem Beigeordneten ein Blatt zu. Herr Zander liest und blickt immer Mal wieder zum Trainer und zu Alissar. Dann legt er das Blatt auf den Tisch und wird schon wieder laut.

„Frau Wiallas, ich verbitte mir jede Einmischung in städtische Personalangelegenheiten. Sie…"

„Es reicht, Herr Zander. Ihr Teilzeitmitarbeiter Herr Drillich hat um vorfristige Aufhebung seines befristeten Vertrages gebeten, weil er ein lukratives, ein sehr lukratives Angebot annehmen will. Sie haben abgelehnt, ich will vermitteln, nicht einmischen." Alissar hebt nun ein wenig die Stimme.

„Für die Unterbrechung entschuldige ich mich, wenn Sie von ihrem Beigeordnetenross herunterkommen."

Sie wird leiser und lächelt Herrn Zander an.

„Szenario Eins. Herr Drillich wird feierlich und unter Beachtung seiner Erfolge, ich meine den EM- und die beiden WM-Titel seiner Schützlinge, verabschiedet. Sie können das als erfolgreiche Sportpolitik verkaufen. Szenario Zwei: Herr Drillich zieht vor Gericht. Dann wird publik, dass die Stadt und der Stützpunkt ihn seit drei Jahren mit Jahresverträgen abspeisen, das Emirat ihn als Nationaltrainer will. All das wollte ich mit Ihnen besprechen. Was ist mit Ihnen? Angst vor einer Frau mit Shayla?"

Herr Zander sieht aus, als solle er in ein wasserloses Becken springen, der Stützpunktleiter hebt beide Arme, Herr Drillich grinst. Alissar lehnt sich zurück.

Nach zwei stillen Minuten sagt der Stützpunktleiter: „Tobias, ich denke, Frau Wiallas hat Recht und schlage vor, wir nehmen die erste Variante."

Herr Zander nickt wortlos und blickt zu Alissar.

Die steht auf, packt ihr Tablet in die Tasche und sagt: „Gut. Für den Rest brauchen sie mich nicht. Herr Drillich, Sie melden sich."

„Ja, Frau Wiallas", antwortet der lächelnde Trainer. Die beiden anderen Herren nicken nur stumm.

Mit, „danke, ich finde den Weg", geht Alissar zur Tür.

Im Flur holt sie tief Luft und bleibt einen Moment stehen.

Das ist gut, denn nun kommt ein Trupp Mädchen den Flur entlang. Sie haben Badeanzüge an, Badehauben auf und schwatzen wie es nur Zehnjährige können. Als sie die Frau mit dem Kopftuch sehen, werden ihre Schritte langsamer, alle blicken zu Alissar. Als die beiden letzten Schwimmerinnen an ihr vorbeigehen, hört sie: „Ist sie das?" „Ich glaub schon."

Der Flur ist wieder frei, Alissar geht zu ihrem Auto.

Die solches tun, werden das Reich Gottes nicht erben

Wer aus zehn Meter Höhe ins Wasser springt, sich dabei mehrfach um die eigene Achse dreht, kann mit Angst umgehen. Auch Frauen mit Kopftüchern sind für Tobias Zander per se keine Bedrohung. Über sein Verhältnis zu Alissar Wiallas ist er sich noch nicht im Klaren.

Ihn bedrückt etwas anderes.

Da hilft es wenig, dass seine Anwältin ihm zur Beruhigung eine Hand auf den Unterarm legt.

„Anhörung zum Tatvorwurf", steht auf dem Blatt und die beiden Polizisten stellen ihre Fragen mit ausdruckslosen Gesichtern.

Tobias antwortet, schüttelt mehrmals den Kopf und fragt immer wieder: „Ich soll meine Tochter missbrauchen?"

Die Anwältin versucht es wieder mit der Beruhigungsberührung, weiß jedoch, dass sie in diesem Stadium der Ermittlung wenig machen kann.

Fakt ist, dass es eine anonyme Anzeige gibt. Fakt ist, dass der sexuelle Missbrauch von Kindern ein Offizialdelikt ist, der Anzeige also nachgegangen werden muss. Fakt ist, dass Herrn Zander gemäß § 176 Strafgesetzbuch bis zu zehn Jahren Haft drohen.

Fakt ist, dass der Vorwurf absurd ist.

Die Anzeige selbst darf die Anwältin nicht einsehen, aber aus den Fragen der Polizisten ergibt sich Folgendes: Immer dann, wenn Herr Zander mit seiner Tochter Motorrad fährt, missbraucht er sie irgendwo im Wald. Oder, noch schlimmer, er überlässt sie anderen Bikern. Gebilligt wird dies durch eine Motorradfahrerin namens Alissar Wiallas.

Als dieser Name fällt, schüttelt Tobias sehr heftig mit dem Kopf, seine Anwältin macht sich Notizen.

Jetzt, hier und heute, kann Herr Zander nur bestätigen, dass es in diesem Jahr vier Ausfahrten mit dem Beiwagen gegeben hat, dass er Frau Wiallas am 18. Mai auf einem Bikertreff gesehen. Aber nur kurz.

Da seine Maschine schon etwas älter und daher reparaturanfällig ist, führt er Bordbuch.

Neben Datum, Kilometerzahlen und Bemerkungen zum Verhalten des Motorrads stehen da auch Angaben zur Fahrstrecke drin. Das Bordbuch will er gern der Polizei überlassen. Meint, hier abgeben. Was er nicht will, ist eine Hausdurchsuchung, eine Befragung seiner Tochter und seines Umfeldes.

Wollen kann er schon, aber der Vernehmer macht deutlich, dass genau dies geschehen wird. Einen Lichtblick gibt es, denn der Kriminalkommissar sagt auch: „Sobald die Staatsanwaltschaft dies anordnet." Das Bordbuch will er dennoch haben.

Die Anwältin gibt zu Protokoll, dass die Vorwürfe haltlos sind, dass es sich bei Herrn Zander und der erwähnten Frau Wiallas um Oberbürgermeisterkandidaten handelt und demzufolge eine politische Intrige nicht auszuschließen sei. Bei Frau Wiallas käme eventuell noch ein rassistisches Motiv hinzu.

Schon auf dem Weg zum Ausgang telefonierte die Anwältin mit verschiedenen Teilnehmern. Vor der Tür des Polizeireviers gibt sie ihrem Mandanten die Hand und zwei Befehle:

„Das Bordbuch bringen Sie gleich hierher. Kopieren Sie die letzten Seiten. Morgen um Zehn in meiner Kanzlei, mit der Kopie."

Als Herr Zander das Büro der Anwältin betritt, stutzt er. Sie ist nicht allein. Ein Mittfünfzigjähriger mit arabischen Namen, stellt sich als Privatdetektiv vor und die Anwesenheit von Alissar haut Tobias fast um.

Die Anwältin klärt ihn auf.

„Ich vertrete auch die Familie Wiallas. Setzen wir uns."

Nach zehn Minuten ist sich Tobias sicher, dass die Anwesenden ihm glauben und helfen wollen. Vor allem die Fragen des Detektivs beruhigen ihn, denn der zäumt das Pferd von hinten auf.

„Wer will Ihnen politisch oder persönlich schaden? Gab es nach dem Tod ihrer Frau, Frauen, die ein außergewöhnliches Interesse an Ihnen zeigten? Gab es Begegnungen, die Ihnen im Rückblick, seltsam erscheinen? Wurden oder werden Sie im Amt gemobbt? Haben Sie das Gefühl, Sie oder Ihre Tochter werden beobachtet?"

Dann sagt er einen Satz, der Tobias aufhorchen lässt.

„Ich weiß, Sie können mit dem Begriff der Todsünde etwas anfangen. Denken Sie an Neid, Zorn oder Habsucht. Wer könnte Sie um das Haus, das Motorrad, Ihre Tochter, beneiden? Wer ist zornig, weil Sie ihm nicht das geben, was derjenige verlangt? Wer ist süchtig nach Ihnen?"

Tobias bittet um einen Blatt Papier, holt einen Füller aus seinem Jackett und schreibt. Die anderen schweigen.

Nach fünf Minuten schiebt er das Blatt dem Detektiv zu und kommentiert: „Spontan, die drei. Wenn ich Zeit zum Nachdenken habe, dann vielleicht noch mal drei Namen."

„Maximal bis morgen früh, Herr Zander", schaltet sich die Anwältin ein. Dann nimmt sie das Blatt, liest und reicht es überraschenderweise an Alissar weiter.

„Die ersten beiden kenne ich nicht, Frau Maus würde ich bestätigen und empfehle den MIC zu beschaffen", sagt sie und gibt das Blatt zurück.

Tobias sieht sie erstaunt an, die beiden anderen lächeln.

Das Blatt wandert zum Detektiv zurück, der nun fragt: „Hat die Museumschefin einen eigenen Drucker im Büro?"

„Ja."

„Gut, dann bringen Sie mir etwas, was dort ausgedruckt wurde und offiziell an ihr Büro ging. Ist das machbar?"

„Ja, aber warum?"

Statt des Detektivs antwortet Alissar.

„Jeder Drucker hat eine eigene Signatur, den Machine Identification Code, der wird unsichtbar auf jedes Blatt gedruckt und ist nur im Labor nachweisbar."

Die Anwältin ergänzt: „Ich werde die forensische Analyse der Anzeige beantragen. Sind die Signaturen identisch, haben wir Frau Maus."

Herr Zander denkt mit und wendet sich an den Detektiv.

„Schreiben Sie Oliver Rausch dazu. Allerdings haben wir im Rathaus eine zentrale Druckstation und der Fachbereich Städtebau gehört nicht zu mir."

„Darum kümmere ich mich, Herr Zander. Auch um Ihre Nachbarn."

Der Detektiv schreibt sich die vier Namen in sein Notizbuch, klappt dies zu und gibt das Blatt der Anwältin.

Sein Part scheint beendet. Er sieht jedoch zu Alissar und fragt: „Hast du noch eine Idee?"

Erst jetzt fällt Herrn Zander auf, dass die anderen sich geduzt haben, also schon länger kennen. Dies wird bestätigt, als der Detektiv ihm eine Visitenkarte reicht. Unter „Detektei Wiallas" steht sein arabischer Name und eine Berliner Anschrift. Tobias steckt die Karte in seine Brieftasche und hört, wie Alissar die Anwältin fragt: „Ist es hilfreich, wenn ich die beiden einzigen Begegnungen zwischen mir und Herrn Zander als Eidesstattliche Erklärung aufschreibe?"

„Ja, mach, Muqatil."

„Gut, hast du bis vierzehn Uhr. Ich gehe und nehme den Hinterausgang. Herr Zander, wir sollten uns bis zur Klärung der Sache aus dem Weg gehen."

Alissar steht auf, der Detektiv ebenso, beide verlassen den Raum.

Die Anwältin erinnert Tobias noch mal an die Beschaffung eines Druckstückes aus dem Museum und sagt: „Es wird alles gut, Herr Zander."

Er hofft es und strengt sich an.

In seinem Büro findet sich tatsächlich ein Brief der Museumschefin, den er in der Anwaltskanzlei abgibt. Zuhause sucht er in einem Übersetzungsprogramm nach „Muqatil". Erst vergeblich, denn er weiß nicht, wie es geschrieben wird. Eine Suchmaschine präsentiert ihm unter „Muqatil" das Angebot eines Modegeschäftes, welches Hoodies mit der Aufschrift „Fighter" anbietet. Tobias denkt nach und tippt in das Übersetzungsprogramm, „Kämpferin" ein. Die hocharabische Übersetzung ist „Muqatil".

Nur gut, dass die Eingangspost erst nach dem Mittag verteilt wird, sonst wäre dem Kriminalkommissar der Appetit vergangen. Ein komisches Gefühl hatte er schon bei der Anzeige gegen Herrn Zander, das nach der Befragung noch verstärkt wurde. Auch seine Kollegin war skeptisch. Nun holt er sie dazu. Gemeinsam lesen sie, was die Anwältin geschickt hat.

Die Eidesstattliche Erklärung von Alissar Wiallas, den Antrag auf forensische Untersuchung des Papiers der anonymen Anzeige. Der MIC soll dann mit dem Drucker im Büro oder der Wohnung von Frau Maus verglichen werden.

Die solle überhaupt befragt werden, denn in der Post ist eine Anzeige gegen Luise Maus und Luci Heimbach gemäß § 164 StGB. Die beiden Frauen hätten eine falsche Verdächtigung gegen Herrn Zander vorgebracht. Als Beweis legt die Anwältin den Ausdruck eines Chatverlaufes bei, den sie in ihrem Briefkasten gefunden haben will. In dem Chat tauschen sich die beiden Frauen darüber aus, wie man Männer zu Fall bringen könne und Frau Heimbach empfiehlt in der letzten Nachricht: „Pädophil geht immer!"

Der KK schreibt eine Zusammenfassung und schleppt den Vorgang zu seinem Chef.

Einen Tag später lautet die Weisung: „Ermittlungen gegen Herrn Zander zurückstellen, die zweite Anzeige hat Priorität."

Eine Woche später.

Kaum im Büro hat Tobias Zander eine aufgeregte Mitarbeiterin des Museums am Telefon. Sie berichtet, dass die Polizei im Haus sei und das ihre Chefin nicht zu Arbeit gekommen ist.

Tobias versucht die Frau zu beruhigen und sagt: „Ich komme in einer Stunde."

Zwar bräuchte er nur fünf Minuten bis zum Stadtmuseum, aber erstens hat er tatsächlich noch etwas zu tun und zweitens muss er die Sache erst einordnen. Es wird dann 10.30 Uhr.

Das Museum ist geöffnet, die Pädagogische Mitarbeiterin führt eine Schulklasse durchs Haus. An der Kasse steht wie gewohnt eine Mindestlöhnerin, die den großen Chef freundlich anlächelt. Nur die Sachbearbeiterin, die wissenschaftliche Mitarbeiterin und der Magazinverwalter sitzen mit betrübten Gesichtern im Büro. Letzterer zeigt auf den Schreibtisch von Frau Maus.

„Die Beamten haben den Drucker und einige Sachen aus den Schubladen mitgenommen und von der Festplatte eine Kopie gezogen. Ich sollte unterschreiben.

„War das richtig?"

„Ich denke schon. Sie sind ja auch der Stellvertreter von Frau Maus. Aber wir haben ein ganz anderes Problem."

Herr Zander wendet sich an die Sachbearbeiterin.

„Rufen Sie in der IT an, die sollen einen Ersatzdrucker rüberbringen. Warten wir, ob sich Frau Maus meldet."

Macht sie erst einen Tag später und indirekt durch eine Krankmeldung.

In der Stadt erscheint eine Lokalzeitung, hat eine Boulevardzeitung eine Lokalredaktion und es gibt ein Online-Nachrichtenportal. Dies haben ehemalige Berufsjournalisten gegründet und finanzieren es mit Werbung. Die Nutzer können in den Rubriken: Polizeimeldungen, Kriminalität, Gesellschaft und Sport, das Neuste aus der Stadt erfahren. Die Redaktion muss ein Heer von Zuträgern und Möchtegernjournalisten haben, denn an diesem Tag wartet das Portal mit einem Knüller auf.

„Oberbürgermeisterkandidatin zieht Bewerbung zurück!"

Es geht um Luci Heimbach, die, so weiß das Portal, gemeinsam mit einer Komplizin Luise M., eine Straftat zum Nachteil der Kandidaten Tobias Zander und Alissar Wiallas ausgeführt hat. Die Ermittlungen seien abgeschlossen, das Amtsgericht wird Anklage wegen falscher Verdächtigung erheben. Das Schulamt hat die Lehrerin Luise Heimbach vom Dienst suspendiert, die städtische Angestellte Luise M. befindet sich im Krankenstand. Das Portal weiß auch, dass der Stadtwahlleiter ein Schreiben von Frau Heimbach erhalten hat, in dem sie ihre Bewerbung zurückzieht. Der letzte Satz dieser Meldung, „Die Bewerber Herr Zander und Frau Wiallas standen für eine Stellungnahme nicht zur Verfügung", verblüfft Alissar. Sie überlegt, ob sie Tobias anrufen soll.

Die Entscheidung wird ihr abgenommen, er ruft an.

Beide bestätigen, dass sie keine Anfrage des Portals erhalten haben, der Satz also eine Lüge darstellt.

Beide sind sich einig, dass juristische Schritte die Mühe nicht lohnen und wünschen sich ein schönes Wochenende. Wobei Alissar beim letzten Satz von Tobias aufhorcht und dann nachschlägt, was Paulus im Brief an die Galater, 5: 19-21 schrieb. Wenig später findet sie in der Sure 40, Vers 56 das koranische Verdikt zum Neid.

Vierte Gewalt

Die Lokalzeitung hat seit vier Wochen in jeder Wochenendausgabe einen Bewerber für die Oberbürgermeisterwahl vorgestellt. Alphabetisch sortiert und standardisiert. Es gibt gleichlautende Fragen zur Familie, dem Beruf, zum Wahlprogramm, zum Wahlkampfteam und zur Finanzierung des Wahlkampfs. Dazu ein aktuelles Foto und schon ist eine Seite gefüllt. Heute ist Alissar dran.

„Was unterscheidet Sie von den anderen Bewerbern, Frau Wiallas?"

„Sichtbar meine Herkunft, meine Religion. Ich stamme aus einer Region, die früher ‚Morgenland' genannt wurde. Da gerade Pfingsten ist, gestatten Sie mir, dass ich auf die Weihnachtsgeschichte verweise. Da werden drei Könige aus dem Morgenland erwähnt, die dem Christkind Geschenke überreichen. Übrigens ein hübsches Bild. Jesus schlägt die Augen auf und sieht drei Fremde, von denen einer auch noch schwarz ist. Apropos religiöse Feiertage. Dieses Jahr sind das christliche Pfingsten und das muslimische Opferfest kalendarisch deckungsgleich. Für uns ist es das wichtigste Fest. Die Familien besuchen sich, die Kinder werden beschenkt und alle denken an die Verwandten. Vor allem an die, die in den Herkunftsländern leben."

„Sie vermeiden den Begriff ‚Heimat'?"

Alissar überlegt kurz.

„Stellen Sie sich einen Baum vor, der in jungen Jahren ausgegraben und weit weg neu eingepflanzt wurde. Am neuen Standort gibt es Licht und Wasser, der Baum gedeiht und hat seine Heimat gefunden. Aber ein Teil seiner Wurzeln sind noch am alten Standort, dass spürt er. So geht es vielen, die hier leben und ausländische Wurzeln haben. Mit oder ohne deutschen Pass, sie haben Wurzeln im Land ihrer Herkunft und bezeichnen Deutschland als Heimat."

„Frau Wiallas, sie haben die ersten vierzehn Jahre in Syrien gelebt, dann drei Jahre hier in der Stadt, dann sechs Jahre in Genf und seit fünf Jahren sind sie wieder hier. Was ist für Sie Heimat?"

Alissar lacht.

„Nicht die Anschrift des zuständigen Finanzamtes. Heimat ist für mich die Familie, die, jeder kann es auf meiner Homepage nachlesen, sehr bunt ist. Dazu kommen Freunde, die sich auf vier Kontinente verteilen und natürlich diese Stadt mit ihren Menschen. Auch bunt, vielfältig und manchmal gewöhnungsbedürftig, verstehst, meiner?"

„Ihre Antwort impliziert zwei Fragen. Wie sieht es mit einer eigenen Familie aus und wie finanzieren Sie ihren Wahlkampf?"

„Es gibt einen Mann, mit dem ich gern zusammen bin, dass muss zu diesem Thema reichen. Auf der Homepage habe ich meine Steuererklärungen der letzten drei Jahre veröffentlicht. Es gibt einen Spendenaufruf und jeden Monat wird eine Abrechnung ins Netz gestellt. Kurz gesagt, vom Bündnis gibt es Erklärung zur Kostenübernahme in Höhe von zwanzigtausend Euro, gespendet wurden bisher fünf und ich habe achttausend beiseitegelegt, die Plakatphase kommt ja noch. Zurzeit bezahle ich den Büroleiter und eine Schreibkraft aus meiner Tasche, alle anderen arbeiten ehrenamtlich."

„Frau Wiallas, als Oberbürgermeisterin wollen Sie eine städtische Willkommenskultur etablieren. Was muss man sich darunter vorstellen? Und denken Sie nicht, dass nach dem Ereignis der letzten Tage die Bereitschaft, Ausländer willkommen zu heißen, gesunken ist?"

„Willkommenskultur ist einerseits die Schaffung attraktiver Rahmenbedingungen für Zuwanderer und andererseits die individuelle Bereitschaft den ausländischen Nachbarn zu respektieren. Soweit das durch den Hauptverwaltungsbeamten beeinflussbar ist. Ich kann die Christliche Partei und die EWP dafür kritisieren, dass in deren Grundsatzprogrammen der Satz steht: ‚Der Islam gehört nicht zu Deutschland', aber ich kann es nicht ändern. In einem Interview mit Ihrer Zeitung hat der Ministerpräsident die geduldeten Ausländer als Gefahr für innere Sicherheit bezeichnet. Das ist in dieser Pauschalisierung falsch und gefährlich, denn es kommt einem Rufmord nah. In unserer Stadt leben etwa achthundert Ausländer mit einer Duldung. Das sind Menschen, die ausreisepflichtig sind, aber aus unterschiedlichen Gründen nicht abgeschoben werden können. Leider veröffentlich die Stadtverwaltung nicht, wie viele Erwerbstätig sind.

Interessant wäre die Zahl derjenigen, die keine Arbeitserlaubnis haben und warum? Wie viele geduldete Kinder gehen zur Schule oder in die Kita? Die mangelnde Transparenz ärgert mich und ich werde es abstellen. Und bevor ich Ihre zweite Frage beantworte, noch ein Satz zur Willkommenskultur. Im Bericht über die räuberischen Teenager hat ihre Zeitung die Vornamen erwähnt und danach in Klammen, ‚islamischer Hintergrund' geschrieben. Zwei Seiten weiter findet sich eine kurze Meldung, dass am selben Tag eine sechzigjährige, blonde Frau einer Frau mit Migrationshintergrund das Kopftuch herunterreißen wollte und es zu einem Einsatz der Polizei und des Notarztes kam. Warum ist diese Meldung kürzer, warum hat Ihre Zeitung nicht den Vornamen der Angreiferin gedruckt? Warum steht da nicht in Klammern, römisch-katholisch oder evangelisch-lutherisch? Das meine ich mit Willkommenskultur oder mit dem widerwärtigen, alltäglichen Rassismus.

Ja, die Akzeptanz zur Zuwanderung sinkt mit jeder Nachricht über ein tatsächliches oder vermeintliches Fehlverhalten von Ausländern. In meinem nächsten Video werde ich daher über die Anerkennungskultur sprechen. Meint, dass die Zugewanderten die hier geltenden Regeln, Bräuche, Sitten, kurz die Kultur, anerkennen sollen. Sie müssen sich nicht zum Rosenmontagsumzug sinnlos betrinken, zumindest aber die Gesetze befolgen. Die sich übrigens nicht allzu sehr von denen im Herkunftsland unterscheiden. Diebstahl ist überall eine Straftat."

„Sie sind eine engagierte Bikerin. Wie man sehen kann, gelegentlich auch zu ambitioniert?"

Alissar hebt die Brauen, ihr Lächeln erstirbt. Der Journalist hakt nach.

„Sie wissen, was ich meine?"

„Ja, der Videoclip. Eine Fälschung von zweieinhalb Minuten. Wir…"

„Fälschung? Es ist deutlich zu sehen, dass Sie mit dem Motorrad auf einen Spielplatz fahren, ein Kind umfahren und dann von der Polizei gestellt werden", unterbricht der Journalist.

„Lassen Sie mich bitte ausreden. Wir werden morgen, da erscheint ja auch dieses Interview und ich erwarte, dass Sie meine Rede wortgetreu wiedergeben, auf der Homepage den Beweis der Fälschung, meint das Zusammenschneiden nicht zusammengehörender Sequenzen, erbringen."

„Noch mal zurück. Das Video steht seit vier Tagen im Netz, Sie antworten erst Morgen, warum?"

„Weil wir Rechtsaspekte berücksichtigen und auf die Pressemitteilung der Polizei warten."

Alissar lächelt den Journalisten an.

„Letzte Frage?"

„Fahren Sie als Oberbürgermeisterin mit dem Motorrad zur Arbeit?"

„Vor meiner Wohnungstür ist eine Haltestelle der Straßenbahn, zwölf Minuten später bin ich auf dem Markt. In meinem Wahlprogramm steht, dass ich den städtischen Fuhrpark auf Car-Sharing und Elektroautos umbauen will. Als Oberbürgermeisterin muss ich nicht mit einem zwei Tonnen schweren Vehikel vorfahren. Mit dem Motorrad wäre es wohl auch nicht optimal, es wird also ein Freizeitvergnügen bleiben."

Das Interview mit dem Verweis auf die Homepage erscheint und die Zeitung druckt auch noch die Mitteilung der Polizei ab. Wer will, kann sich über den tatsächlichen Sachverhalt informieren.

Es wollen aber nicht alle.

Die Zeitung erhält Dutzende Briefe in denen sich die Leser über „räuberische Ausländer" oder „kulturfremde Motorradfahrer" beschweren, die man „abschieben müsste." Mit dem Hinweis auf ihre Überparteilichkeit druckt die Zeitung einen dieser Briefe ab. Gleich daneben steht aber auch die Zuschrift der Leserin Renate Kluge, die die Motorradfahrerin für ihr eingreifen lobt. Und den Paragraph 34 des Strafgesetzbuches – Rechtfertigender Notstand – sinngemäß zitiert: „Wer zur Abwendung einer Gefahr für das Eigentum anderer, eine Tat begeht, handelt nicht rechtswidrig."

Auf der samstäglichen Konferenz der Familie Wiallas sind das Interview und die Leserbriefe natürlich Gegenstand der Diskussion. Alissar hat es geahnt und überrascht die Runde.

„Wir haben auch im Team darüber geredet. Erstens, ich fahre nicht mehr mit dem Feuerstuhl durch die Stadt. Zweitens, wir kaufen ein E-Auto und in der Villa lasse ich eine Ladestation installieren."

Damit ist das Thema erledigt. Bei Kaffee und Kuchen wird nun getratscht.

Sie hat die Fotos freigegeben und ihre Worte autorisiert und ist dennoch überrascht, als Constantin ihr grinsend die heute erschienene Ausgabe eines Nachrichtenmagazins auf den Tisch legt. Auf dem Titel sieht sie sich selbst. Lächelnd, schön und mit dem Rathaus im Hintergrund. Daneben steht: „Sie will Oberbürgermeisterin werden!"

Darunter steht ihr Name, der Name der Stadt und eine Seitenzahl.

Alissar erkennt, dass die Journalistin aus dem einstündigen persönlichen Gespräch und den zwei nachfolgenden Telefonaten vier Seiten gemacht hat. Auch hier gibt es Fotos. Mit dem Motorrad, aber ohne Helm. Im Büro im Gespräch mit Constantin und das Foto mit Janas halber Klasse, das zum Wahlplakat werden soll.

Als die Redaktion vor zwei Wochen anrief, hatte sie nur eine Bedingung, „schicken sie eine Frau!" Es waren dann zwei. Die Journalistin entpuppte sich als Grand Dame des politischen Journalismus und die Fotografin als Meisterin ihres Faches. Nun stellt Alissar fest, dass der Chefredakteur sogar noch einen Kommentar geschrieben hat. Wie es sich gehört mit persönlicher Meinung, die er selbst in der Überschrift zusammenfasst: „Es wird Zeit, dass eine gebildete, junge Muslima eine Großstadt regiert!"

Dass diese Frau auch noch schön anzusehen ist, schreibt er nicht, aber kann jeder sehen.

Im Hauptartikel nennt die Journalistin erstmal die Fakten. Von den 82 deutschen Großstädten werden 12 von Frauen geführt. Einer der männlichen Oberbürgermeister hat einen Migrationshintergrund, ein anderer ist Belgier. Dann wird Alissar bisheriges Leben vorgestellt, danach das Interview abgedruckt und zum Schluss kommen Dr. Auerbach und Frau Liwak zu Wort. In einem eingerückten Kasten werden die anderen Bewerber genannt.

Constantin, der sich das Magazin am frühen Morgen in der Bahnhofsbuchhandlung kaufte, hat einige Stellen markiert und mit Marginalien versehen.

„Magazin: Frau Wiallas, bei der Landtagswahl vor vier Jahren haben dreißig Prozent der Wähler in dieser Stadt die Christliche Partei gewählt. In deren Landesgrundsatzprogramm steht der Satz:

‚Der Islam gehört nicht zu Deutschland.'

Sechzehn Prozent haben die Einzig Wahre Partei gewählt, die dies ebenfalls postuliert. Knapp fünfzig Prozent der Wähler haben etwas gegen ihr Kopftuch. Wie wollen Sie gewinnen?

Frau Wiallas: Erstens, das Wahlalter. Im Gegensatz zu den Landtagswahlen sind hier auch die Sechzehn- und Siebzehnjährigen wahlberechtigt. Zweitens, die Wahlbeteiligung. Bei der letzten OB-Wahl waren es nur zweiundvierzig Prozent. Drittens, die wahlberechtigten Ausländer und die Deutschen mit Migrationshintergrund. Ich spreche, manchmal sogar im Wortsinn, ihre Sprache.

Magazin: Es gab einen Anschlag auf ihr Büro. Fühlen Sie sich sicher?

Frau Wiallas, *(zögert einen Moment)*: Vor einer Wiederholung, ja. Wir haben, in Abstimmung mit der Polizei, entsprechende Vorkehrungen getroffen.

Magazin: Sie haben Ihre Steuererklärung öffentlich gemacht, jeder kann sehen, dass sie zu den Besserverdienenden gehören. Sie…

Frau Wiallas unterbricht lachend: Deshalb unterstützen mich ja die Liberalen.

Magazin: Sie sind privilegiert, wollte ich sagen. Spielt das bei den vielen Gesprächen, die Sie führen, eine Rolle?

Frau Wiallas: Kaum, und wenn, dann andersherum. Letzten Donnerstag war ein Rentner hier, der mir vorrechnete, dass ich als Oberbürgermeister weniger verdienen werde und mich fragte, warum ich mir das antue. Ja, materiell und finanziell bin ich privilegiert. Aber lassen Sie mich eine Geschichte erzählen. Vor zwei Jahren habe ich die Schulklasse meiner Nichte in das Stadtmuseum begleitet. Da steht ein Maschinengewehr aus dem ersten Weltkrieg. Die deutschen Achtklässler alberten herum, Fatima, zwei ukrainische Schüler und ich bekamen Gänsehaut. Wir haben solche Geräte in Aktion gesehen. Wir kennen das Geräusch fallender Bomben. Ein Neffe kann nur dank einer Therapie den Rettungshubschrauber für harmlos halten. Wir sind Kriegskinder, wir sind Flüchtlingskinder und haben nicht selten die Traumata, die die über neunzigjährigen Deutschen mit sich rumschleppen.

(Frau Wiallas macht eine Pause): Ja, am Ende des Monats ist bei mir noch Geld übrig. Aber ich kenne Menschen, bei denen es andersherum ist. Denen muss geholfen werden, auch mit der Auflage, sich selbst zu helfen.

Magazin: Frau Wiallas, Sie haben keinerlei Verwaltungserfahrung, ist das ein Handicap?

Frau Wiallas: Nein. Zu meinem Wahlkampfteam gehört ein Mann, der als Oberbürgermeister und Regierungspräsident gearbeitet hat. Er berät mich schon jetzt und wird es auch nach der Wahl tun.

Magazin: Frau Wiallas, Sie wurden in Syrien geboren, haben in der Schweiz gelebt und sprechen mehrere Sprachen. Wird die Stadt internationaler?

Frau Wiallas: Der Oberbürgermeister ist in erste Linie Chef der Verwaltung und die muss funktionieren. Der Müll muss abgeholt werden, die Straßenlaternen brennen. Anliegen der Einwohner müssen schnell und effizient bearbeitet werden. Danach bewerten die Bürger ihren OB. Ob ich Arabisch, Türkisch, Hebräisch, Deutsch, Kurmandschi, Französisch und Englisch, verhandlungssicher spreche, ist ihnen erstmal egal. Aber ja, ich könnte mir vorstellen, dass wir zu den bestehenden vier Partnerstädten noch zwei, drei neue dazu kommen. So gibt es in Israel eine Universitäts- und Industriestadt in vergleichbarer Größe, die von einer Frau geführt wird. Aber hier sollte die Initiative aus der Zivilgesellschaft beider Seiten kommen.

Magazin: Frau Wiallas, Sie sind eine Frau und praktizierende Muslima. Wird das Rathaus nun feministischer und religiöser? Konkreter, unterbrechen Sie Ihre Arbeit für das Gebet?

Frau Wiallas: Stellen Sie die zweite Frage auch dem Kandidaten der Christlichen Partei? Der ist, wie auf seiner Homepage zu lesen ist, ein praktizierender Katholik. Laudes geht wohl noch zu Hause, Terz, Sext und Non sind während der üblichen Arbeitszeit zu absolvieren. Fragen Sie ihn. Und was ist eine feministische Kommunalpolitik? Frauenquote? Gendern? Zum Verständnis des Wohngeldbescheides brauchen die meistens einen Juristen, wenn die Verwaltung da noch den Gender-Gap einführt, muss das Studium der Jurisprudenz, ich übertreibe bewusst, auf neun Jahre verlängert werden. Ja, die Beigeordneten sind Männer, die vom Stadtrat gewählt wurden. Mit einer Quote beschädigen wir die Demokratie und diskriminieren zweiundfünfzig Prozent der Einwohner, denn wir haben hier einen Männerüberschuss. Das Geschlecht, die Herkunft darf bei Personalentscheidungen keine Rolle spielen. Entscheidend ist die fachliche Eignung. Die Meritokratie wird durch Quotierung von Identitätsgruppen ausgehebelt oder der Lächerlichkeit preisgegeben. Soll die Verwaltung katholischen Nichtschwimmern extra Öffnungszeiten in den Freibädern einrichten, damit diese Gruppe sich nicht benachteiligt fühlt?"

Hier hat Constantin an den Rand geschrieben: „Aufschrei der Feministen ist zu erwarten!"

Alissar schreibt sich dies sowie andere Bemerkungen auf ein Blatt und wird im Laufe des Tages mit dem Team darüber reden.

Alle sind der Meinung, dass es ein guter Artikel ist.

Roland Bauer tippt auf das Magazin.

„Das ist nur der Anfang, da kommt noch mehr. Ich meine, da kommen noch mehr Journalisten, Gaffer und Männer." Er sieht Alissar ins Gesicht.

„Was haben Sie gegen Katholiken?"

„Hab ich das?"

„Man könnte das so lesen. Es sei denn, Sie verschleiern mit dem Satz Ihr Interesse an einem gut gebauten, motorradfahrenden, Olympiasieger katholischen Glaubens."

„Hab ich ein Interesse?"

Was wollen Sie (sie)?

Im Hotel „Zur Fähre" sitzen die schon beschriebenen Personen zusammen. Plus einem Gast, den Isolde von Mark als, „lieben englischen Kameraden", vorstellt. Gemeint ist Charlie Brownig aus London. Der Fünfundvierzigjährige hat die Firma seines verstorbenen Vaters verkauft und finanziert mit dem Erlös eine Bewegung zur „Gesundung des Volkskörpers". Da er kein Arzt ist, geht es in seinen Vorträgen nicht um Körperhygiene oder die Polioimpfung, sondern um das Volk an sich. Dessen Gesundheit sieht er durch „Mischehen" und „Veganwahn" bedroht. Er ist davon überzeugt, dass finstere Mächte die wahren Europäer vernichten wollen. Er warnt: „Die Abgesandten dieser Mächte sind schon unter uns. Sie tragen Kaftan, Bärte und Burka."

Charlie hat sich gut vorbereitet und kommt dann auf „diese Kopftuchfrau, die Bürgermeisterin werden will", zu sprechen. Zwischen Rinderbrühe mit Eierstich, Rinderroulade mit Klößen und Rotkraut, Schokoeis mit Vanillesoße und Kaffee, wird das Problem ventiliert.

Mister Brownig hat da einige Ideen, Hagen von Mark, Oliver Rausch und Dieter Papp nicken fleißig.

Wie immer sitzen Jörg Bachmann und Hans Fuchs vor dem Vereinszimmer, wie immer bedient die Kellnerin Sonja. Und wie immer fällt niemanden auf, dass die Klappe zum Speiseaufzug während der zwei Stunden einen Spalt offensteht.

Wie immer chauffiert Hans das Ehepaar Griese-Papp sicher nach Hause, wie immer sitzt Jörg neben ihm und wie immer hilft der seiner Chefin galant aus dem Wagen. Ebenso eingespielt sind die folgenden Minuten. Dieter Papp bleibt noch im Wagen, schreibt etwas auf und gibt den Zettel dann Hans. Der liest und nickt. Jörg kommt zurück, öffnet nun die rechte hintere Tür, sein Chef steigt aus, Jörg setzt sich auf den Beifahrersitz. Unterwegs zur Garage lässt er sich von Hans den Auftrag erklären. Das ist notwendig, denn Jörg hat es nicht so mit dem Schriftlichen.

Der Fünfundzwanzigjährige verließ die Schule mit dem Hauptschulabschluss, saß zwischen dem fünfzehnten und neunzehnten Geburtstag zweimal im Jugendarrest und fing dann bei der Griese-AG als Hilfsarbeiter an. Dort fiel er einem Vorarbeiter auf, weil er einen Streit zwischen Bauerbeitern mit den Fäusten beendete. Jörg boxt seit seinem zehnten Lebensjahr und sieht auch so aus. Ein Meter Achtundsiebzig groß, kräftig und schiefe Nase. Niemand stellt sich ihm in den Weg. Dieter Papp hörte von der Schlägerei, sprach mit Jörg und verordnete ihm eine spezielle Personalentwicklung. Den Führerschein schaffte Jörg im ersten Anlauf, für das Boxtraining wurde er freigestellt und ein Jahr später als Bodyguard verpflichtet. Da kam er mit dem jüngeren Hans zusammen. Der hatte nach dem Realschulabschluss eine Ausbildung zur Fachkraft für Sicherheit abgeschlossen, der öde Streifendienst war ihm aber zu langweilig. Hans bewarb sich auf eine ähnliche Stelle bei der Griese-Bau und wurde genommen. Er ist etwas kleiner als Jörg, aber der bessere Autofahrer, spricht hochdeutsch und liest in seiner Freizeit Kriminalromane. Dadurch weiß er, was sie machen sollen. Erst mal den dritten Mann einweisen. Auch den führt die Personalabteilung als Hilfsarbeiter, aber eine Baustelle hat der Dreiundzwanzigjährige noch nie gesehen. Konrad Müller ging nach der Schule für vier Jahre zur Bundeswehr. Zweimal verteidigte er die deutschen Interessen im Ausland und ist Träger der Einsatzmedaille in Silber. Dem ehemaligen Korporal ist es ganz recht, dass Hans ihm Befehle erteilt.

Die sind eindeutig.

Die drei Bau-Hilfs-Spezialarbeiter sitzen am nächsten Tag in einem Auto, welches in der Nähe der Felsenvilla parkt. Sie haben den Eingang im Blick und warten. Und warten. Um 8.15 Uhr sehen sie, wie ihre Zielperson auf die Straße tritt und sich an die Haltestelle der Straßenbahn stellt. Konrad steigt aus und gesellt sich zu den Wartenden. Die Bahn kommt, Alissar, Konrad steigen ein. Hans steigt aus dem Auto und geht langsam die Felsenstraße entlang. Dabei blickt er immer mal wieder auf sein Handy, da ist ein Luftbild der Nummer 14 zu sehen. Er kann das Grundstück auf drei Seiten umrunden, die Westseite fällt steil zum Fluss ab. Der Zaun steht direkt am Rand des Felsens. So verbringt er die nächsten dreißig Minuten.

Er registriert die Kameras am Gebäude und am Tor und wird sie später auf dem Ausdruck des Luftbildes markieren.

Jetzt geht er zur Haltestelle, denn Jörg ist mit dem Auto weggefahren.

Konrad hatte gemeldet, dass die Zielperson ihr Büro am Markt betreten hat. Da nicht klar ist, was jetzt geschieht, soll Jörg in die dortige Tiefgarage fahren und warten. Eine kluge Entscheidung, denn um 9.15 Uhr verlässt die Zielperson in Begleitung eines Mannes das Büro. Sie gehen in Richtung Tiefgarage, Konrad mit dem Handy am Ohr, hinterher. Jörg kann ein solches Gerät bedienen, er fotografiert Alissar und Constantin, als sie in ein kleines Elektroauto steigen. Er folgt ihnen und sammelt kurz vor der Ausfahrt seinen Kompagnon auf. Die Fahrt geht nach Westen und endet am Hauptgebäude des dortigen Technologieparks. Nun macht Konrad ein Foto, wie die Zielperson von einigen Männern, darunter einem Schwarzen und zwei Frauen, begrüßt wird.

Während Constantin das Auto auf dem Besucherparkplatz abstellt, übernimmt Karamba die gegenseitige Vorstellung. Der Direktor des Technologieparks und sein Mitarbeiter für Öffentlichkeitsarbeit. Die Geschäftsführerin einer pharmazeutischen Firma, der Direktor eines Institutes für Klimaforschung mit einem seiner Abteilungsleiter. Dann die Chefin einer Material-Versuchsanstalt. Alle tragen den Doktortitel, alle machen freundliche Bemerkungen über das E-Auto, alle wissen, wie man eine Muslima begrüßt.

Im Beratungsraum erntet Constantin erstaunte Blicke, weil er mit Bleistift und Block mitschreibt. Er hebt den Block hoch.

„Deutsche Kurzschrift. Kann nicht gehackt werden."

Naja, so geheim sind die Ausführungen des Direktors nicht.

„Im Park haben sich hundert Firmen und fünf außeruniversitäre Forschungseinrichtungen mit rund sechstausend Mitarbeitern angesiedelt. Davon kommen dreißig Prozent aus dem Ausland, für Sie, Frau Wiallas könnte interessant sein, dass darunter siebenhundert EU-Bürger, also Wahlberechtigte, sind. Dreitausend Mitarbeiter pendeln täglich von außen ein, das ist ein Problem, denn ob der schlechten Nahverkehrsanbindung kommen achtzig Prozent von ihnen mit dem Auto. Es gibt Fahrgemeinschaften, aber dennoch werden die Parkplätze knapp.

Ich denke, das wäre eine Aufgabe für Sie.

Ein zweites Problem sehe ich bei den rund tausend Mitarbeitern aus Drittstaaten. Die müssen regelmäßig zum Ausländeramt, also sich dort anstellen. Wir helfen, so gut es geht." Der Direktor grinst. „Einige meiner Bürokräfte stellen sich dort früh um Vier an und halten so den Platz für die hoch bezahlten Spezialisten frei." Jetzt sieht er ernst aus. „Ich habe dem OB geschrieben, auch Herr Doktor Owamba ist aktiv geworden. Nichts, nicht mal eine Antwort. Ich habe den Eindruck, dass wir dem OB egal sind. Übrigens ist die Zusammenarbeit mit dem Landkreis in dieser Beziehung mehr als gut. Wir haben im dortigen Ausländeramt einen direkten Ansprechpartner. Aber es sind nur zweihundertfünfzig der tausend Ausländer."

Constantin schreibt, Alissar fragt: „War der OB oder der Beigeordnete schon mal hier?"

„Der OB nein, der Beigeordnete einmal. Letztes Jahr bei der Verleihung eines Preises durch die Bundesforschungsministerin. Sie blieb drei Stunden, er eine."

In der folgenden Stunde stellt Alissar fragen und hört aufmerksam zu. Dann löst sich die große Runde auf und sie folgt der zierlichen Leiterin der Versuchsanstalt in ihr Reich. Alissar, Constantin und Karamba sind von den Ausführungen, den Maschinen und den Menschen beeindruckt. Die wohl auch von der kopftuchtragenden Bewerberin zur Oberbürgermeisterwahl. Aus den vorgesehenen fünfundvierzig Minuten werden fünfundsiebzig. Dann drängelnd Karamba, denn er möchte Alissar noch das Institut für Klimaschutz vorstellen, in dem er selbst gearbeitet hat.

Auch hier gibt der Direktor eine Einführung. Auf Englisch, denn dies sei die Arbeitssprache der 65 Mitarbeiter aus 17 Ländern. Die Details überlässt er aber seinem Stellvertreter und Abteilungsleiter Landwirtschaft.

Dr. Nasredin Saad kommt aus Ägypten und beschäftigt sich mit den Folgen des Klimawandels auf den Anbau von Gemüse. Für Alissar macht er es kurz und drastisch. „Stellen Sie sich vor, dass in zehn Jahren Italien und Spanien versteppt sind und wir dafür Freiland-Auberginen in Bayern anbauen können."

Lächelnd weißt er daraufhin, dass dies das Horrorszenario sei.

Sie lächelt zurück und will auch die anderen Szenarien hören.

Er führt sie in das Labor und erklärt ihr die Versuche.

„Wir simulieren in den Glaskästen diverse klimatische Bedingungen. Von ganz trocken bis ganz nass, vereinfacht gesagt. Karotten, Blumenkohl, Auberginen und Kartoffeln." Er zeigt auf eine Tür. „Dahinter ist meine Kollegin mit Obst beschäftigt und noch eine Tür weiter geht es um Getreide." Er zeigt auf Karamba. „Wir kennen uns seit dem Studium, das war sein Thema. Nun macht er Politik, auch gut." Die beiden Doktoren der Biologie lachen, Alissar will noch mehr wissen. Aber nun persönliches, sie spricht Arabisch. Herr Saad antwortet lächelnd in selbiger Sprache und beendet dann den offiziellen Teil auf Englisch. Außer Constantin hat niemand die arabischen Sätze verstanden, er grinst seine Chefin an und sagt dann zu Karamba: „Ich warte draußen auf Frau Wiallas, begleiten Sie mich?" Der ehemalige Getreideforscher braucht einige Sekunden, sieht noch mal zu Alissar und Nasredin, versteht endlich und kommt mit.

In seinem Büro zeigt Dr. Saad auf die Sitzgruppe, Alissar winkt ab und holt ihre Visitenkarte aus der Tasche. Sie schreibt noch eine Mobilfunknummer auf und gibt sie Nasredin. Der revanchiert sich, sie greift nach der Türklinke und sagt: „Nach zwanzig Uhr ist am besten. Außer Dienstag und Donnerstag."

Der Doktor nickt, sie geht.

Leider ist der Tag noch nicht zu Ende.

An der ersten Ampel sieht Constantin im Innenspiegel, wie seine Chefin etwas völlig Ungewohntes tut. Sie holt einen Schminkspiegel aus ihrer Tasche und hält ihn so, dass sie den nachfolgenden Verkehr beobachten kann. Eine Ampel weiter sagt sie: „Schwarzes Auto, hinter dem gelben. Fahren Sie solange kreuz und quer, bis wir wissen, es meint uns."

Das macht Constantin und nach drei abrupten Abbiegungen sind sie sicher, das schwarze Auto verfolgt sie. Alissar lächelt, als sie sagt: „Zur Griese AG!"

Ihr Fahrer grinst und gibt Gas.

Hinter dem Bahnhof links und am Rande der bewohnten Welt, überragt das sechsstöckige Bürohaus des Bauunternehmens die Kleingärten, Lagerplätze, Hallen, die Firmentankstelle, den Fuhrpark, und so weiter. Constantin hält vor dem Eingang, Alissar steigt aus, er wartet weisungsgemäß auf die Verfolger.

Die fahren langsam an ihm vorbei und sehen ihn mit großen Augen an. Er sieht, dass der Beifahrer telefoniert. Vom Eingang kommt ein Wachmann auf ihn zu. „Sie dürfen hier nicht parken!" Der Mann zeigt nach rechts, „Besucherparkplätze da!" Constantin startet den Motor, leise surrend fährt er in die angegebene Richtung.

Während dessen steht Alissar vor dem Empfang, holt eine Visitenkarte heraus, legt diese auf den Tresen und sagt lächelnd zur erschrocken blickenden Blondine: „Geben Sie das bitte Herrn Papp. Wenn er etwas von mir will, soll er anrufen und nicht seine Terrier hinter mir herschicken."

Sie dreht sich um und geht zur Tür. Constantin ist wieder da, sie steigt ein und auf der Fahrt zum Markt sehen beide, dass das schwarze Auto nicht mehr da ist.

Während Alissar und Constantin ihre Spiegel benutzen, steht Dieter Papp leise fluchend in der sechsten Etage am Fenster seines Büros. Seine Missbilligung gilt dem Schwiegervater und dessen Prinzipien, die inzwischen verheerende Folgen haben. Da ist der Spleen, dass alle Fahrzeuge der Firma die Buchstabenfolge „GB" für „Griese-Bau" im Kennzeichen tragen. Jeder, der bei Verstand ist, kann das Auto der Firma zuordnen. Erst bei der letzten Vorstandsitzung erklärte Paul Griese: „Solange ich lebe, kommt kein Kanake durch die Tür!" Gemeint sind Ausländer. Ohne Ausnahme. Italiener sind für den alten Herrn alles Mafiosi, Osteuropäer unterstellt er eine angeborene Kleptomanie, Nichtweiße sind für ihn „Dreck".

Seine Tochter, die die Personalabteilung leitet, verwendet viel Mühe darauf, die bulgarischen LKW-Fahrer, die polnischen Eisenflechter und die kroatischen Bauarbeiter mittels Scheinfirmen vor ihrem Vater zu verstecken. Dumm nur, dass der Einundachtzigjährige sich noch immer zu den Baustellen fahren lässt.

Hört er dort nichtdeutsche Laute, brüllt er rum. Petra erklärt dann, dass es sich um Mitarbeiter eines Subunternehmens handelt, ohne die es leider nicht ginge. Sein Gebrüll hält die Leute von der Arbeit ab, inzwischen ruft seine Tochter den zuständigen Bauleiter an, der die ausländischen Kollegen dann in eine Zwangspause schickt.

Auf diese Weise verzögern sich die Arbeiten, ja es gab sogar schon Videos, auf denen Paul Griese bei seinen rassistischen Tiraden zu sehen und zu hören ist. Aber noch braucht die Firma ihn. In seinem Telefonbuch stehen hunderte Namen. Minister, Abgeordnete, Bauamtsleiter, Bausachverständige und wer sonst noch gut fürs Geschäft ist. Er hat deren private Telefonnummern und in seinem Notizbuch deren Schwächen notiert. Hinter vielen Namen steht auch, auf welche Weise Paul den Männern geholfen hat. Mal steht da ein Betrag in Euro, mal der Vermerk, „Urlaub auf der Jacht", mal ein „P", für Prostituierte. Für deren Vermittlung ist Petra zuständig, früher wurde sie gelegentlich selbst aktiv.

Nicht nur, weil Papa es befahl. Nein, es kam ihrem Naturell entgegen. Auch jetzt, mit einundfünfzig Jahren, sucht sie sich auf den Baustellen oder beim Personal gelegentlich etwas „zum vernaschen" aus. Ihr Mann ist im Bilde und auch nicht besser, er wildert unter dem weiblichen Angestellten. Demzufolge ist die Stimmung in der Firma mies, denn ehemalige, aktuelle und potentielle Favoriten begegnen sich täglich am Arbeitsplatz.

Die Kinder von Dieter und Petra haben aus dem tyrannischen Großvater und der Verlogenheit ihrer Eltern, Konsequenzen gezogen. Der Sohn kennt mit seinen sechsundzwanzig Jahren schon acht europäische Entzugskliniken, seine vier Jahre jüngere Schwester studiert 800 Kilometer entfernt auf Lehramt und hat sich von der Familie losgesagt.

Petra geht jetzt zu ihrem Mann, der immer noch am Fenster steht. Er dreht sich um, zeigt aber nach draußen. „Diese Frau Wiallas ist klug und mutig. Einfach hier aufzukreuzen ist…"

„Attraktiv hast du vergessen. Ich kenne mich da nicht aus, bezweifle aber, dass Muslime auf außereheliche Sex stehen. Vergiss es, Dieter. Soll sie doch Bürgermeisterin werden, Hauptsache, Oliver bleibt im Amt." Sie hält ihrem Mann ihr Handy hin.

„Das hier ist wichtiger."

Dieter Papp liest die Traueranzeige eines Ministers a.D. und fragt: „Weiß er es schon?"

„Vermutlich erst, wenn die schriftliche Anzeige kommt. Er hasst diese Geräte." Petra zeigt auf das Handy. „Sie sterben oder werden abgewählt. Papas Kontakte sind nichts mehr wert. Wir müssen an die Jüngeren ran." Sie macht eine Pause und zeigt zum Fenster.

„Ich korrigiere mich. Sie muss weg, aber nicht so dilettantisch, wie du es eingerührt hast. Ich kümmere mich."

Um 20.35 Uhr ruft Nasredin Saad an.

Eine Dreiviertelstunde reden sie miteinander. Alissar erfährt, dass Nasredin Sechsunddreißig Jahre alt und der letzte unverheiratete Sohn seiner Eltern ist. Sie lachen, als Alissar von ihren zwei Müttern spricht, die, mehr oder weniger direkt, die Herstellung ordentlicher Verhältnisse von ihr fordern. Sie hört zu, als Nasredin über seinen Bildungsweg spricht. Studium in Kairo, dann noch mal in Deutschland mit anschließender Promotion. In Ägypten wollte ihn niemand anstellen, er fand Arbeit in Jordanien. Nun sprechen Sie über dort lebende gemeinsame Bekannte und stellen fest, dass sie sich vor fünf Jahren schon mal über den Weg gelaufen sein müssen. Das jordanische Landwirtschaftsministerium schickte ihn vor drei Jahren wieder nach Deutschland. Finanziert von einem Forschungsverein soll er erstens hier habilitieren und zweitens einen Ausweg aus der Klimaveränderung finden. Die Habilschrift ist fast fertig und wenn nächstes Jahr sein Vertrag ausläuft, dann kann er, Inschallah, ein Handbuch für Landwirte vorlegen.

Dann will er wissen, wie sie sich als Muslima in Deutschland fühlt und was nicht auf ihrer Homepage steht. Alissar macht einen Vorschlag, der ihn verblüfft. „Übermorgen um halb Sieben bei mir. Nach dem Ischaa-Gebet essen wir."

Der gestrige Besuch im Technologiezentrum war der Auftakt einer „Wirtschaftswoche", wie Constantin die Gespräche nennt. Heute Vormittag hat Alissar einen Termin bei der Präsidentin der Handwerkskammer, nachmittags mit dem Vorsitzenden der „City-Händlervereinigung e.V."

Die Präsidentin war mit Alissars Wunsch einverstanden und empfängt sie in ihrer Tischlerei. Schon bei der Führung durch den Betrieb erkennen die beiden, dass sie miteinander können. Sie sind Frauen, die hart arbeiten. Sie sind Frauen, die sich gegenüber Männern durchsetzen müssen und sie sind, wie die Präsidentin in einem Nebensatz lächelnd umschreibt, Frauen, die ihre Weiblichkeit durchaus einsetzen. In ihrem Büro wird es dann ernst, Constantin zückt wie gewohnt seinen Stenoblock. Die Meisterin lächelt und schiebt ihm ein Blatt zu.

„Ich wusste nicht, dass es so etwas noch gibt, deshalb habe ich drei Punkte aufgeschrieben. Übrigens finde ich Sie gut. Ich meine, gut, dass Sie Steno können."

Etwas irritiert überfliegt Constantin den Text und reicht das Blatt an seine Chefin weiter. Die liest laut vor: „Drei Stellen unbesetzt, zwei Bewerbung von Ausländern, keine Freigabe durch Ausländeramt, weil Duldung. So ähnlich geht es allen Betrieben im Kammerbezirk. Zweites Problem ist der tägliche Kleinkrieg mit dem Ordnungsamt. Alle Gewerke klagen, dass übereifrige Politessen Jagd auf die Firmenfahrzeuge machen, die zum Ausladen nun mal auf dem Gehweg stehen. Die Ausnahme muss beantragt werden und kommt erst, nachdem die Baustelle abgeschlossen ist. Ich hatte dem Schulamt vorgeschlagen, dass Meister aus jeder Innung in den Schulen auftreten und für die Ausbildung werben. Erst nach vier Monaten kam eine negative Antwort."

Alissar gibt ihrem Büroleiter das Blatt zurück, sieht die Präsidentin an und sagt: „Zu Punkt Drei schlage ich vor, dass Stadt und Handwerk gemeinsam eine Berufsmesse veranstalten. Einmal im Herbst, da für zehnten und dann noch mal im Frühjahr für die neunten Klassen. Zu Punkt Zwei, das ist uns auch schon passiert. Ein Transporter brachte Material und hielt direkt vor der Bürotür. Das Ganze hat vielleicht fünfzehn Minuten gedauert, brachte dem armen Kerl aber ein Knöllchen mit fünfzig Euro ein. Ich hab's bezahlt. Da sollten sich alle zusammensetzen.

Polizei, Bau-, Ordnungsamt und Sie. Manchmal ist es wirklich eng, da kommt dann kein Kinderwagen mehr vorbei. Unter dem meisten Gehwegen liegen Rohre, da können schwere Autos Schäden verursachen. Kommt in die To-do-Liste der ersten hundert Tage. Selbiges gilt auch für Punkt Eins. Das Ausländeramt ist wirklich eine Baustelle. Aber jetzt habe ich noch etwas. Was machen Sie gegen den Rassismus, die Diskriminierung bei den Handwerkern. Ich erinnere an die Frisörfehde."

Die Präsidentin lächelt und wedelt mit der Hand.

„Männer! Anfang der neunziger Jahre wurde wegen HIV das Rasieren aus dem Ausbildungsprogramm gestrichen. Die Kunden fragten auch nicht mehr nach. Eine ganze Generation vergaß, wie man mit dem Messer umgeht. Dann kommen Ausländer, die klug beraten eine Lücke in der Gewerbeordnung finden und eröffnen Barbiershops. Die letzten deutschen Frisörmeister kriegen die Panik und klagen vor Gericht. Sie haben alle Prozesse verloren. Jetzt ist Ruhe, zumal einer der Ausländer inzwischen den Meisterbrief hat. Aber Sie haben Recht, es gibt noch zu tun. Ein Schornsteinfeger ist Landtagsabgeordneter der Einzigen und redet auch so. Ein Klempner hatte an der Bürotür ein Schild mit: ,Hier wird Deutsch gesprochen'. Es geht aber auch anders." Die Präsidentin sucht auf ihrem Schreibtisch, holt ein Foto hervor und reicht es Alissar.

Die lächelt.

„Kenn ich. Die Firma meines Vaters hat bei dem Text geholfen. Soviel ich weiß, hat der Bäcker inzwischen tatsächlich einen iranischen Gehilfen."

Constantin greift nach dem Foto und grinst. Es zeigt einen Kleintransporter auf dem ein Brot, Brötchen und eine Torte zusehen sind. Drumherum steht auf Deutsch, Englisch, Arabisch und Farsi: „Egal, wo Sie herkommen. Hauptsache Sie stehen um 3.00 Uhr in meiner Backstube."

Die Tischlermeisterin bringt ihren Besuch noch zum Auto und sagt: „Das ist das Nächste."

Der Vorsitzende der „City-Händlervereinigung e.V." empfängt Alissar und Constantin in seinem Büro. Gemeint ist das Büro des Kaufhausmanagers Ludger Knoll.

Der gebürtige Schwabe leitet den hiesigen Ableger einer Warenhauskette und stellt erstmal die anderen Teilnehmer vor.

Eine Endfünfzigerin vertritt die Markthändler, die deutlich jüngere Blondine ein anders Kaufhaus. Dann ist noch der Filialleiter einer Brillen-Kette und Lois Vitton, grauhaarig und Inhaber eines Tabakgeschäfts.

Sie wissen, warum sie zusammensitzen, es geht gleich zur Sache.

Die Markthändlerin redet über die sich jährlich erhöhende Standmiete, die dazu führt, dass es immer weniger Händler gibt.

Die beiden Kaufhausmanager klagen über die Kunden, die nur noch im Internet einkaufen und der Optiker über den Leerstand in seiner Nachbarschaft. Einzig der Zigarrenhändler schweigt, sieht aber Alissar ins Gesicht. Dann spricht er sie an. Auf Französisch und ernst blickend.

„Mein Vorfahren flüchteten vor dreihundert Jahren hierher. Willkommen von der Obrigkeit und abgelehnt von der Bevölkerung. Wir waren Landwirte, Gärtner, Handwerker, fleißig und gebildet. Wir brachten den Tabakanbau und bisher nicht bekannte Techniken mit, was letztendlich die hiesige Wirtschaft nach vorn brachte. Was bringen Ihre Landsleute außer Dönerläden mit?"

An den Gesichtern erkennt Alissar, dass die anderen, außer „Döner", nichts verstanden haben, also spricht sie Deutsch.

„Werter Herr Vitton, an Ihrer Sprachwahl erkenne ich, dass Sie sich mit meinem Lebenslauf beschäftigt haben, halte es aber für unhöflich, die hier Sitzenden auszugrenzen. Die Geschichte der Hugenotten ist mir bekannt. Auch, dass ihre Akkulturation mindestens zwei Generationen dauerte. Und, dass sie auch heute noch in religiöser Hinsicht eine Minderheit sind. Soviel ich weiß, hat die reformierte Gemeinde rund tausendzweihundert Mitglieder. Die Lutheraner kommen auf Fünfundzwanzigtausend, die Katholiken auf knapp Neuntausend. Wir Muslime zahlen keine Kirchensteuer, lassen sich also schlecht zählen. Das islamische Kulturcenter rechnet mit viereinhalbtausend Gläubigen. Zuzüglich der evangelischen Freikirchen, der Armenisch-Apostolischen, der Russisch- und Ukrainischen Orthodoxen, der Neuapostolischen und der Synagoge, bekennen sich neunzehn Prozent der Einwohner zu einem Glauben."

Alissar sieht die erstaunten Gesichter.

„Um es abzuschließen, auch was den Einfluss auf Wirtschaft, Kultur und Kunst betrifft, dauerte es bei den Hugenotten mindestens dreißig Jahre, also eine Generation. Der für dieses Bundeland wichtige Franz Achard wurde als Sohn einer Flüchtlingsfamilie in Berlin geboren. Sein Vater hat übrigens in Genf studiert. Lassen Sie also den aktuellen Zuwanderern etwas Zeit."

Sie macht eine Pause und sieht alle an.

„Da fällt mir ein, warum ist kein, wie Sie es nennen, Dönerladen hier Mitglied?"

Die Vorstände des Händlervereins sehen sich gegenseitig an, Lois lächelt erstaunlicherweise.

Das Schweigen hält an, Alissar tippt auf den Stenoblock. Constantin versteht und liest vor: „Standmiete Markt, Leerstand, sinkender Umsatz."

„Als OB werde ich den Beigeordneten für Wirtschaft anweisen, einen Plan zur Entwicklung des innerstädtischen Handels zu erarbeiten. Da sollten sie mitmachen. Eigentum verpflichtet, sein Gebrauch soll zugleich dem Allgemeinwohl dienen. So steht es im Grundgesetz und im Konjunktiv. Insofern ist der Handlungsspielraum einer Kommune bei Immobilienspekulationen begrenzt. Viele Eigentümer wollen maximale Rendite, sprich hohe Mieten, geht das schief, verkaufen sie und das Spiel beginnt von vorn. Auch bei dem dritten Punkt kann ich ihnen nicht helfen. Nur einen Rat geben."

Sie sieht zu den beiden Managern.

„In spätestens fünf Jahren müssen sie ihre Häuser schließen oder umwidmen. Das Warenhaus war eine Innovation des neunzehnten Jahrhunderts. Im Einundzwanzigsten kaufen die Leute im Internet ein. Lebensmittel, Drogeriewaren, handwerkliche Dienstleistungen wie Brillen oder die täglichen Drogen, wie Zigarren, bleiben übrig." Alissar tippt noch mal auf den Block, Constantin blättert eine Seite vor. „Unsere Frage: Was haben sie für Ideen? Zum Beispiel ein Innenstadtfest."

Auf der anderen Seite des Tisches schließen sich langsam die offenen Münder. Der Vorsitzende reagiert als erster, aber ungeschickt.

„Woher wollen Sie das wissen, Frau Wiallas?"

Alissar zeigt auf Lois.

„Er hat sich meine Homepage angesehen. Betriebswirtschaft in Genf und Management hier an der Uni. Wachen Sie auf!" Sie zeigt zur Tür. „Ihre Kette hat doch einen Online-Shop und bietet den Kunden an, die Ware hier abzuholen, anzuprobieren und zu bezahlen. Das ist die Zukunft, dafür brauchen Sie aber keine zehntausend Quadratmeter mehr." Kurzer Blick zu Constantin, der nickt und Alissar sagt: „Danke für das Gespräch, das wir fortsetzen sollten. Nachdem sie mich gewählt haben."
Sie steht auf.
Lois Vitton steht auf, die junge Kaufhauschefin steht auf, die Marktfrau schüttelt den Kopf, der Vorsitzende blickt zu Alissar. Dann erhebt er sich doch. Vor der Bürotür flüstert die Blondine mit Alissar. Lois wartet bis sich Alissar zu ihm umdreht und sagt: „Frau Wiallas, ich habe Sie bewusst provoziert, als Test. Jetzt bitte ich Sie um Vergebung und um ein persönliches Gespräch."
Constantin tippt auf seine Armbanduhr. Als Büroleiter hat er den Terminkalender seiner Chefin im Kopf und weiß, dass Sie in einer halben Stunde zum Training muss.
Oder auch nicht. Alissar wendet sich an die Kaufhausmanagerin. „Reicht eine halbe Stunde?" Die Frau nickt, Alissar sieht zu Lois. „Danach komme ich zu Ihnen, einverstanden?" Auch hier ein Nicken und dann eine Weisung an Constantin: „Die Reinschrift auf meinen Schreibtisch, dann ist Schluss für heute. Danke. Dem Trainer schreibe ich eine Nachricht, dass ich später komme."

Sie wird heute nicht zum Training fahren.
Im Büro der Kaufhausmanagerin stehen noch nicht gefaltete Umzugskartons. Alissar zeigt auf sie und fragt: „Werden Sie versetzt?"
Die Blondine schüttelt den Kopf.
„Schlimmer. Wir schließen zum ersten September. Morgen werden die Mitarbeiter informiert und danach geht die Pressemitteilung raus. Sie haben Recht, Frau Wiallas, unser Kaufhaus ist ein Dino. Kaffee?"
Die Managerin dreht sich zu einer italienischen Maschine um.
Alissar sagt, „Ja, Espresso bitte."

In den nächsten zwanzig Minuten zeigt die Managerin die Umsatztabellen, die Personalstruktur und redet darüber, dass sie gar nicht darüber sprechen darf. Alissar nickt und fragt nach dem Sozialplan.

Der ist kurz und simpel.

Da der Kaufhauskonzern die Hälfte seiner Filialen schließt, gibt es nur für die Chefin und zwei Azubis ein Versetzungsangebot. Allen anderen Mitarbeitern wird mit einer Abfindung gekündigt.

„Und, nehmen Sie das Angebot an?"

„Nein. Seit fünf Jahren leite ich dieses Haus, seit zwanzig Jahren bin ich im Unternehmen. Es wurde immer schlimmer. Ich darf nur noch die Schichtpläne aufstellen. Die Ware wird zentral bestellt, egal, ob sie hier läuft. Ich darf ohne Genehmigung von oben, nicht mit der Stadt, nicht mit dem Vermieter, nicht mit den Versorgern verhandeln. Jetzt ist Schluss. Mit der Abfindung baue ich mir etwas Eigenes auf. Es soll ‚Ankleidezimmer' heißen. Achtzig Quadratmeter gleich um die Ecke. Damenbekleidung in Unter- und Übergrößen plus Änderungsschneiderei."

„Viel Glück! "

„Ihnen auch, Frau Wiallas."

Der Zigarrenladen liegt, je nach dem Standort des Betrachters, am Ende des Boulevards oder an dessen Anfang. Direkt vor der Tür ist eine Straßenkreuzung mit Ampel, eine klassische A 1 Lage.

Alissar war noch nie im Laden, weiß aber, dass ihr Vater Bruno hier seine Zigarren kauft.

Das bestätigt ihr auch der grinsende Lois Vitton, der ganz hinten in der Tür eines begehbaren Humidors steht. Nicht allein, denn er hat einen jungen Mann an seiner Seite.

„Frau Wiallas, ich möchte Ihnen meinen Enkel Henrí vorstellen. Er hat ein Problem, aber das sollten wir oben besprechen." Er zeigt auf eine kleine Tür und geht voran. Die Räume in der ersten Etage dienen als Lager und Büro. Das ist altehrwürdig eingerichtet. Schreibtisch aus einer Zeit, als man solche Räume „Comptoir" nannte, Ledersessel und eine Standuhr. Der Duft edlen Tabaks liegt in der Luft.

An der Wand hängen drei Porträts älterer Herren. Lois zeigt auf einen der Sessel, Alissar setzt sich, danach nimmt der Händler Platz und zum Schluss der junge Mann. Der sieht den Gast mit großen Augen an, hat aber bisher außer, „Guten Tag" noch nichts gesagt.

Dafür redet Lois.

„Henrí geht auf das Fachgymnasium, das heißt, Abitur plus Ausbildung zum Kaufmann. In seiner Klasse ist eine entzückende junge Dame, ich hatte die Freude sie kennenzulernen. Die beiden mögen sich. Für Neunzehnjährige normal, meine ich. Es gibt da aber ein Problem."

Herr Vitton sieht seinen Enkel an.

„Jetzt du."

Der junge Mann schluckt, öffnet den Mund, schluckt wieder, sieht zu seinem Großvater, dann zu Alissar, schließt den Mund, öffnet ihn wieder und kann endlich reden.

„Ayah, ist Muslima. Ohne Hijab, aber mit strengen Eltern. Wir brauchen einen Rat. Es…"

„Warum ist sie nicht hier?", unterbricht Alissar, deutlich genervt.

Vor einer Viertelstunde bekam sie eine Information, die erhebliche Auswirkung auf das städtische Leben haben wird und jetzt stottert ein Jüngling seine Liebesqualen heraus. Sie dreht den Kopf zu Lois, der sehr ernst zurückblickt.

„Meine Tochter und vor allem mein Schwiegersohn sind genauso bescheuert, entschuldigen Sie den Ausdruck, Frau Wiallas. Aber es zerreißt mir das Herz." Er senkt den Kopf.

Alissar zeigt auf die Ölgemälde.

„Die erste Generation baut auf, die zweite erhälts und die dritte verjubelt es. Bei Ihnen geht es wohl durcheinander. Also gut." Sie steht auf und wendet sich an Henrí. „Sie kommen morgen mit Ihrer Freundin in mein Büro, Fünfzehn Uhr, geht das? Wie heißt Ihre Freundin mit Nachnamen? Wissen Sie ihren Geburtsort?"

Diesmal geht es schneller. „Ja, Frau Wiallas. Danke." Er schreibt etwas auf einen Zettel, den Alissar einsteckt.

Vormittags stromert Alissar über den Markt.

Am Kaufhaus stehen viele Menschen, sie kann sich denken, dass auf den Plakaten in den Schaufenstern über die Schließung und die Rabattaktion informiert wird. Darüber reden auch Händler und Kunden an den Ständen.

Sie geht zum Wagen, „Fischhandel Gutter", die Chefin bedient gerade, erkennt aber Alissar und nickt ihr zu. Wenig später überlässt sie ihrer Verkäuferin den Wagen und kommt heraus.

Mit dem Finger zeigt sie zum Kaufhaus.

„Eine Tragödie. Wenn da kein Nachmieter kommt, wird es hier still." Sie blickt Alissar an. „Aber, wenn ich Sie gestern richtig verstanden habe, kommt da nichts mehr. Was soll werden?"

Alissar hat heute Morgen die Lokalzeitung gelesen und sich durch drei Nachrichtenportale geklickt.

„Unser Landesvater hat schwere Zeiten angekündigt. Wir sollten im Untergeschoß einen Luftschutzbunker einrichten, darüber ist Platz für eine Suppenküche mit Wärmehalle. Für die drei oberen Etagen habe ich auch keine Idee. Aufs Dach kommt eine Flak."

Frau Gutter starrt Alissar an.

„Im Ernst?"

„Natürlich nicht, aber der Herr Ministerpräsident sollte nicht Schwarzmalen." Sie zeigt zum Kaufhaus. „Die Menschen brauchen Zuspruch und konkrete Lösungen." Dann blickt sie zum Fischwagen. „Kennen Sie die Markthallen in Südfrankreich, Spanien? Der Suq in Aleppo gibt es nicht mehr, in dessen Trümmern starb ein Onkel von mir. Wissen Sie, was ich meine?"

„Ja. Wir haben ein Haus in der Nähe von Girona, Nordspanien. Aber wie kommen Sie jetzt darauf?"

Alissar stampft kurz mit rechten Fuß auf.

„Hier, dass Pflaster. Die schwarzen Granitplatten heizen sich im Sommer auf und bei Regen wird es zur Rutschbahn. Stellen Sie sich vor, dass Sie und die anderen Markthändler in einem Gebäude verkaufen. Sicher vor Sonne, Regen und Sturm."

Frau Gutter sieht zum Kaufhaus, dann zu den Granitplatten, dann zu Alissar.

„Sie wissen, was sie wollen, gefällt mir. Mögen Sie Fisch, Frau Wiallas?"

„Ja, aber nur frisch. Karpfen, Hecht oder anderen Weißfisch. Wir entgräten und drehen ihn durch den Wolf. Die Masse wird mit gekochten Eiern und Gewürzen in einem Sud gekocht. Sieht dann aus wie ihr falscher Hase. Ein Teil meiner Familie nennt es Gefilte Fisch. Wir…"

„Sind doch keine Jid!", unterbricht Frau Gutter plötzlich und etwas laut.

Alissar lächelt.

„Meine Mutter ist Araberin, mein Vater Deutscher, der einen jüdischen Cousin hat. Es gibt einen israelischen Familienzweig. Wir haben auch schwarze Amerikaner, blonde Polen, halbe Schotten und so weiter. Bei den Geschäften, aus der Küche und bei den Menschen, nehmen wir uns das Beste oder die Besten aus aller Welt. Ursprünglich stammt die Familie Wiallas aus Königsberg, jetzt sitzt sie in acht Ländern auf drei Kontinenten. Aber zurück. Was halten Sie von einer Markthalle? Muss ja nicht Basar heißen, dass würde einen Teil der Bevölkerung verunsichern."

Der halbe Markt dreht sich erschrocken zu den beiden Frauen um, denn Frau Gutter hat eine platzbeherrschende Lache. Als sie wieder Luft kriegt, sagt sie: „Am Donnerstag bringe ich Ihnen zwei Karpfen und einen Hecht vorbei. Zum Sabbatmahl und als Geschenk."

Alissar wird ganz leicht rot.

„Ich schicke unsere Köchin. Ich kann nicht…"

Diesmal ist Frau Gutter leise.

„Kochen? Mädchen, dass musst du lernen. Was willst du deinem Mann denn anbieten? Sollen deine Kinder sich von Mäc Doof oder Döner ernähren?"

Die Verlegenheit ist aus ihrem Gesicht verschwunden, Alissar lächelt.

„Erstens, ich such mir einen, der kochen kann. Zweitens, ich schwatze meinem Vater die Köchin ab, Drittens werde ich als OB keine Zeit zum Kochen haben und viertens kann ich Männern durchaus was bieten."

Einige Marktbesucher zucken erschrocken zusammen, als Frau Gutter wieder losprustet.

So kriegt sie nur mit einem halben Ohr mit, wie Alissar sagt: „Ich kann nicht alles, aber dass, was ich kann, kann ich gut."

Das halbe Ohr reicht.

„Glaub ich unbesehen. Also am Donnerstag, ab Zehn. Ich muss jetzt wieder. Schalom, Frau Wiallas."

„Aleikum salam, Frau Gutter."

Pünktlich um Drei Uhr steht Henrí Vitton mit einer, da hat sein Großvater absolut Recht, entzückenden jungen Frau vor Alissar.

Die spricht gleich Klartext.

„Henrí, Sie gehen mal eine halbe Stunde bummeln. Wir Frauen müssen etwas besprechen."

Der junge Mann gehorcht, seine Freundin grinst.

Als Henrí wiederkommt sitzen die beiden bei einem Kaffee, er bekommt natürlich auch einen. Und in den folgenden dreißig Minuten ein paar Ratschläge, die zu mehrfacher Veränderung der Gesichtsfarbe führen. Letztendlich nickt er und ist glücklich. Seine Freundin sowieso. Sie hat die Telefonnummer von Miray Petrosyan und wird die promovierte Ärztin für Frauenheilkunde konsultieren.

Punkt 18.30 Uhr drückt Nasredin Saad den Klingelknopf in der Felsenstraße 14, Alissar begrüßt ihn an der Wechselsprechanlage und dann in der Haustür. In ihrer Wohnung bewundert der Gast die Einrichtung der 150 Quadratmeter, den Blick über den Fluss und natürlich die Gastgeberin. Sie erklärt und dankt. Um 19.07 Uhr gibt ihr Handy ein Ton von sich, Zeit für das Abendgebet, Alissar führt ihren Gast in einen kleinen, fensterlosen Raum.

Es ist sommerlich warm, Alissar hat auf der Terrasse decken lassen. Hier bekommt Nasredin das zweite oder dritte oder vierte Mal einen Schluckauf, denn das Abendessen wird von Lothar wortlos serviert. Nasredin lobt das Hummus und muss schon wieder schlucken.

„Ich habe, mangels eigener Fertigkeiten, die Köchin meines Vaters engagiert", gesteht Alissar.

Während des Essens entspannt sich der Doktor der Biologie, gesteht seinerseits, dass er nicht kochen kann, dass er seine Wäsche einem Dienstleister anvertraut und dass er überwältigt ist.

Sie beobachten noch den Sonnenuntergang und ziehen sich dann in das Wohnzimmer zurück. Alissar fragt und bekommt Antworten, Nasredin fragt und bekommt Antworten. Dann löst sie eine der verstecken Nadeln, zieht den Shayla und das Untertuch vom Kopf.

Ja, mach nur einen Plan

In der Familie-Wiallas-Kaffee-Runde stellt Alissar ihre Urlaubspläne vor. Es ist die zweite oder gar dritte Fassung, denn sie musste ihre Wünsche mit dem Wahlkampf in Einklang bringen. Naja, eigentlich nur ihre Wünsche, denn im Team war man sich einig, dass mit Schulbeginn am 11. August die heiße Phase des Wahlkampfs beginnt und alle an Bord sein müssen. Das sieht die Familie auch so.

Die Erwachsenen lächeln, als Alissar verkündet: „Am Dreißigsten fliege ich mit Doktor Saad nach Kairo, komme am dreizehnten Juli zurück. Danach will ich eine Woche in Santa Lucia verbringen. Nachdenken und Entscheidungen treffen. Reserviert habe ich schon, Einwände?"

Natürlich kann jeder in der Familie den Urlaub nach seinen Wünschen verbringen, die Frage bezog sich auch mehr auf das Hotel in dem zu Saint-Raphael gehörendem Badeort. Es ist im Besitz der Familie und hält auch in der Hochsaison mehrere Zimmer für den Wiallas-Clan bereit. Es könnte aber sein, dass dort auch andere nachdenken wollen. Diesmal wohl nicht, es gibt keine Einwände. Nur die Frage der bald zwölfjährigen Jana: „Worüber willst du nachdenken, Tante Alissar?"

„Was ich dir zum Geburtstag schenke, du Neugierchen."

Mit einem allgemeinen Lacher wird die Tafel aufgehoben, Bruno winkt seine Tochter zu sich. Leise sagt er: „London hat sich gemeldet. Dein schottischer Motorradfahrer ist mit hoher Wahrscheinlichkeit ein Staatsangestellter, aber mehr für Innen. Zum MI Five habe ich keinen Kontakt. Das spräche für Constantin, der ist doch noch Untertan seiner Majestät?"

„Ja, nein, er hat beide Staatsbürgerschaften. Aber das ergibt keinen Sinn. Warum hat mich Hugh dann angesprochen?"

„Weil du eine Frau bist?"

„Möglich, aber dann hätte er sich mal gemeldet. Danke. Lassen wir es dabei."

Fünf ICE-Stunden entfernt von der Stadt mit einer anstehenden Oberbürgermeisterwahl sitzen drei Männer zusammen und reden über die Familie Wiallas.

Nun ja, erstmal zitiert der Älteste aus dem Vers 34 der vierten Sure: „Denjenigen Frauen aber, von denen ihr fürchtet, dass sie euch durch ihr Betragen erzürnen, ... sperrt sie in ihre Gemächer und züchtigt sie."

Er zeigt auf das Nachrichtenmagazin, das auf dem Tisch liegt und spricht den Jüngsten an: „Ahmed, du fährst dorthin, ein Bruder wird dich aufnehmen. Finde und züchtige diese Frau, denn sie hat Freundschaft mit den Ungläubigen geschlossen. Komm erst zurück, wenn die Tat vollbracht ist. Allah ist über alles Zeuge."

„Inschallah. Said, welche Züchtigung gebietet Ihr?"

Der dritte Mann legt eine Pistole auf den Tisch. Ahmed nimmt sie, lässt das Magazin in seine Hand gleiten, entsichert die Waffe und baut sie auseinander. Die Einzelteile und das Magazin verpackt er in zwei mit Schaumstoff präparierte Plastikdosen. Dann bekommt er noch ein nagelneues Handy und einen Zettel. Auf dem steht der Name von Rawand Kawli und dessen Adresse.

Es ist der vorletzte Tag vor den Sommerferien und die letzte öffentliche Sprechstunde von Alissar.

Der Andrang hält sich in Grenzen, denn morgen gibt es Zeugnisse und viele sitzen wohl schon auf gepackten Koffern. Um Drei war ein deutsches Rentnerpaar da, es ging um den Zustand der Gehwege in ihrem Altstadtviertel. „Ich kann sie mit dem Rollator nicht benutzen", klagte die Frau.

Alissar nickte, „Sie sind nicht die ersten, die mich daraufhin ansprechen. Es betrifft auch Mütter mit Kinderwagen. Aber danke, dass sie hier waren."

Das Ehepaar ging zufrieden. Auch der nächste Besucher verlässt mit dem Versprechen, „Ich werde Sie wählen!", das Wahlkampfbüro.

Im Moment sind nur Constantin, die Wachfrau und Alissar im Raum. Ihr ist nach Kaffee, die Mitarbeiterin der WSG geht nach oben um welchen zu holen.

Da betritt ein Mittdreißiger, südländisch aussehender Mann das Büro. Ohne Gruß geht auf Alissar zu und zückt eine Pistole.

Constantin ruft: „Scheiße, was soll das denn!" Die Wachfrau lässt die Tassen fallen, hat aber noch sechs Stufen vor sich.

Der Mann brüllt etwas auf Arabisch und ist doch kein Profi.

An statt gleich zu schießen, geht er immer noch auf Alissar zu.

Sie kommt ihm sogar entgegen und wendet den Entwaffnungsgriff an.

Nun hält sie die Pistole in der Hand, wirft sie hinter sich und legt den Angreifer mit einem Wurf auf den Bauch. Sein Brüllen ist zu einem Jammern geworden.

„Constantin! Polizei, dann Notarzt, danach die WSG informieren. Angelika, verschließen Sie die Tür, dann holen Sie etwas zum Fixieren."

Alissar hat ruhig, aber bestimmt gesprochen, ihre Befehle werden ausgeführt. Die Wachfrau kommt mit einem Kabelbinder für die Wahlplakate wieder, nun etwas blass um die Nase, denn Alissars linkes Knie drückt fest auf den Hals des Mannes. Dessen linker Arm wird von ihr hochgehalten und dabei gedreht. Er röchelt nur noch. Alissar steht auf, schnappt sich nun auch den rechten Arm und bedeutet der Wachfrau, die Hände zu fixieren. Danach setzen sie den Mann auf einen Stuhl und warten. Na, nicht alle. Alissar hebt die Pistole auf, nimmt das Magazin raus, zieht den Schlitten zurück, fängt die herausfliegende Patrone mit einer Hand auf und legt die drei Teile auf einen Schreibtisch.

Unüberhörbar nähert sich ein Streifenwagen, Constantin geht zur Tür. Als die Polizisten davorstehen, öffnet er diese und lässt sie eintreten. Allerdings stehen da auch noch Passanten.

„Es gab einen Notfall, die Sprechstunde ist beendet. Bitte haben sie Verständnis."

Nur gut, dass jetzt auch der Rettungstransportwagen und der PKW mit dem Notarzt ankommen, die Schaulustigen scheinen die Sache mit dem Notfall zu schlucken. Oder auch nicht, denn nun halten zwei weitere Polizeiautos. In einem sitzen drei Beamte, die sofort einen Kordon um die Bürotür bilden. Von außen ist jetzt nichts mehr zu sehen.

Drinnen ist der Notarzt nach kurzer Visite der Meinung, „Das ist nichts für uns." Er nimmt die Sanitäter mit. Gut so, denn nun kommen auch noch drei Polizisten in Zivil ins Büro. Es wird langsam eng.

Constantin antwortet auf die Fragen eines uniformierten Beamten, die Wachfrau hält dem staatlichen Kollegen ihren Dienstausweis hin.

Alissar nimmt ein Sprachmemo auf und verspricht dem skeptisch guckenden Kriminaloberkommissar, die baldige Zusendung. Zwei Beamte durchsuchen die Kleidung des Attentäters. Ein andere packt die Pistole, das Magazin und die einzelne Patrone in eine Plastetüte.

Zwanzig Minuten später wird der Angreifer durch die Hintertür in einen Streifenwagen gesetzt, nach und nach fahren alle Polizisten weg.

Im Büro trinkt Alissar nun endlich ihren Kaffee, Angelika säubert die Treppe und geht Constantin zum Hinterausgang. Er lässt die Chefin der Wachfirma, Marion Wiallas und Alissars Vater, Bruno Wiallas, rein. Marion stellt sachliche Fragen, Bruno umarmt seine Tochter. Da immer noch Menschen vor der Tür stehen, ziehen sich alle in das Obergeschoss zurück. Constantin setzt sich an den Computer und schreibt etwas. Das lässt er ausdrucken und wird, „Heute geschlossen!", von innen an die Bürotür kleben. Wieder oben angekommen beteiligt er sich an der Diskussion um die weiteren Schritte.

Wir leben im 21. Jahrhundert.

Egal, ob Feuerwehrmänner eine Katze vom Baum pflücken, egal, ob ein Schlagersternchen vor Trunkenheit von der Bühne purzelt oder ihrem siebzigjährigen Kollegen bei der Einweihung eines Autohauses die Stimme versagt, alles geht viral.

Nun also auch, „Polizeieinsatz auf dem Markt!"

Wobei die 8.545 Follower der ersten Stunde nichts sehen, als den RTW, den Notarztwagen, drei Streifenwagen und zwei zivile Autos mit Blaulicht auf dem Dach. Was nicht zu sehen ist, muss dennoch kommentiert werden.

„Bürgermeisterkandidatin kollabiert!"

„Randalierer greift Kopftuchfrau an!"

„Wäre sie dort geblieben, wo sie herkommt, wäre es ihr nicht passiert!"
Und so weiter und so blöd.

Alissar legt sich in die Badewanne und hört den Brandenburgischen Konzerten zu. Ihr Handy liegt weit weg.

Später kontrolliert sie die Liste der 23 verpassten Anrufe und der 45 nicht gelesenen Nachrichten.

Die Angehörigen ihrer Familien bekommen eine beruhigende Antwort, ohne Details, versteht sich. Den Politikredakteur der Lokalzeitung und den Verantwortlichen des Nachrichtenportals schickt sie eine Einladung. Mit dem Imam redet sie zehn Minuten und Tobias Zander antwortet sie: „Mir geht es gut, danke der Nachfrage. Ihnen und ihrer Tochter, schöne Ferien." Mit Constantin, seinem Vater und dem Kriminalrat a.D., Karl Krumpholz stimmt sie den Ablauf des morgigen Tages ab, dann geht sie schlafen.

Die Lokalzeitung schickt zwei Leute, die Boulevardzeitung einen, dafür erklären drei Männer, sie kämen vom Nachrichtenportal. Die hauseigene Videokamera läuft, denn der Mitschnitt der Pressekonferenz wird diesmal Alissars wöchentliche Botschaft.

„Während der gestrigen Sprechstunde wurde ich von einem bewaffneten Mann bedroht. Mit Hilfe meines Büroleiters und einer Mitarbeiterin konnte die Bedrohung abgewendet werden. Der Mann befindet sich in Polizeigewahrsam. Niemand wurde verletzt, mir geht es gut und ich werde meinen planmäßigen Urlaub antreten."

Alle Fragen nach Details bügelt Alissar mit dem Hinweis auf die Pressestelle der Polizeidirektion ab. Die Frage, „Hat dieses Vorkommnis Einfluss auf ihren Wahlkampf?" beantwortet sie mit einem klaren, „Nein." Die Frage nach dem Urlaubsziel beantwortet sie lächelnd mit, „Privatangelegenheit." Dann dürfen die Presseleute noch ein paar Fotos von ihr machen und gut ist.

Doktor Nasredin Saad wird seinen Weg machen, aber nicht an der Seite von Alissar Wiallas.

Was auch immer er seiner Familie über Alissar erzählt hatte, es war das Falsche oder ist falsch angekommen. Die Frau aus Deutschland war ihnen zu klug, zu selbständig und mit bald neunundzwanzig Jahren wohl zu alt. Nasredin hatte keinen Mumm einzugreifen, sein Mut reicht nicht einmal für eine gemeinsame Nacht in ihrem Hotel.

Nach vier Tagen zieht Alissar den Schlussstrich und bucht ihren Rückflug. Am Abend ruft Bruno an, sie fasst es so zusammen:

„Familie Saad kauft ihre Autos gern gebraucht, nur die Frauen müssen neu sein. Die meisten Deutschen machen es umgekehrt."

Offiziell ist Alissar im Urlaub, allerdings hat sie Constantin eine Nachricht geschickt: „Bin zurück, aber nur bedingt einsatzbereit. Fahre evtl. noch mal weg. Nur Notfälle!"

Ihr Büroleiter antwortete: „Hier läuft es, erholen Sie sich, bitte!"

Also trödelt Alissar mit dem Tagesbeginn und überlegt bei einer Tasse Kaffee, wohin sie mit dem Bike fahren könnte. Die Mittelgebirgsstrecke wäre bei dieser Hitze angenehm.

Da klingelt ihr Handy, es ist die private Nummer von Polizeiobermeisterin Kluge. Alissar zögert, weil sie annimmt, dass Renate noch mal einen Versuch starten will. Dann aktiviert sie doch das grüne Ikon.

„Ja?"

„Frau Wiallas, entschuldigen Sie, aber wir haben Probleme. Können Sie kommen?"

„Was und wo?"

„Südbad. Muslimische Jungmänner machen Jagd auf Bikinis. Der Einsatzleiter will nicht eskalieren. Bitte!"

„Zehn Minuten, den Blitzer zahlen Sie."

Es werden acht Minuten und tatsächlich wird sie mit 72 Kilometer pro Stunde von dem Geschwindigkeitskontrollautomaten erfasst.

Vor dem Eingang zum Bad stehen drei Streifenwagen und an der Kasse zwei Polizisten. Sie lassen keinen raus und keinen rein. Alissar diskutiert nicht, wie die vielen Menschen um sie herum, sondern telefoniert.

Wenig später sieht sie, wie Frau Kluge angerannt kommt. Ihre Kollegen hören erstaunt zu, lassen Alissar dann aber durch. Die POM will schon wieder losrennen, Alissar hält sie fest.

„Es brennt nicht, es sind keine Menschenleben in Gefahr, hoffe ich. Also durchatmen und Ruhe bewahren. Zügig, aber nicht panisch, den Einsatzort erreichen. Wie ist die Lage?"

Bei ihren bisherigen Bewegungen war in den Augen von Renate Kluge immer eine Spur Verliebtheit zu sehen, jetzt ist da nur Staunen. Dann macht sie ihren Namen Ehre und berichtet: „Zehn bis fünfzehn Jugendliche und Jungmänner arabischen Phänotyps sind durch das Objekt gelaufen und haben versucht, Mädchen und Frauen in Bikinis schwarze Müllsäcke überzustülpen. Der Bademeister hat den Notruf gewählt, wir sind mit acht Kräften vor Ort. Vier TV sind arretiert, der Rest in der Masse verschwunden. Das Bad ist voll."

Kein Wunder. Es sind Sommerferien und das Südbad hat viel zu bieten: Einen 10-Meter-Turm, ein 50-Meter-Becker für Schwimmer, ein großes Nichtschwimmerbecken und am Rande ein Planschbecken für die ganz Kleinen. Der Clou ist jedoch der Kiosk, der von einem cleveren Fleischermeister betrieben wird. Er hat sich auf seine Kundschaft eingestellt und bietet die Currywurst auch aus Rindfleisch an. Denn die Hälfte der Besucher sind Muslime. Viele Mütter mit Hijab und Kleinkindern teilen sich friedlich mit deutschen Frauen den Raum um das Planschbecken. Junge Muslima, mit und ohne Burkini, toben mit ihren deutschen Freundinnen umher und ihre Brüder beweisen Mut vom Turm.

Bisher war es ein friedliches Neben- und oft genug auch, Miteinander. Heute wohl nicht.

Die Becken sind fast leer, am Turm steht ein Bademeister und sperrt den Zugang mit einer Kette. Auf der Rasenfläche packen hunderte von Menschen ihre Sachen zusammen. Alle sehen dabei zum Bademeisterhaus. Alissar und Frau Kluge kommen dort an, die POM will zu ihrem Chef gehen, da sagt ein Herr in Badehose: „Was wollen Sie denn hier?"

„Guten Tag, Herr Zander. Sie sind offenbar privat hier und auch ich wurde privat um Hilfe gebeten." Alissar sieht, dass neben Herrn Zander ein Mädchen steht und sie mit großen Augen ansieht.

„Wir sollten, auch im Interesse ihrer Tochter, die Sache gemeinsam lösen. Wo ist der Einsatzleiter?"

Der steht schräg hinter Herrn Zander, dreht sich jetzt um und lächelt. Zweimal, einmal in Richtung seiner Kollegin Kluge und einmal zu Alissar.

„Oberkommissar Wendler. Frau Wiallas, gut, dass Sie da sind. Der Dolmetscher ist angefordert, es dauert."

Der Beigeordnete für Kultur und Sport ist von der offensichtlichen Vertrautheit überrascht und knurrt.

Das interessiert Alissar nicht. Sie geht auf die vier jugendlichen Tatverdächtigen zu, die an der Wand zum Bademeisterhaus stehen. Mit gefesselten Händen und ausdruckslosen Gesichtern. Sie spricht sie auf Arabisch an. Drei sagen gar nichts, der vierte nickt. Alissar wendet sich an den Bademeister: „Ich brauch die Lautsprecheranlage. Im Büro?"

Der Mann nickt und zeigt zu einer Tür.

Wenig später hören die rund tausend Menschen die Stimme einer Frau, die sich vorstellt und die Gäste des Bades um Kooperation bei einer Polizeiaktion bittet. Das Ganze auf Deutsch, Türkisch und Arabisch. Wobei der letzte Teil deutlich länger ist. Und Wirkung zeigt.

Sie hat kaum das Mikrofon auf den Tisch gelegt, da sieht sie, wie zwei Frauen, eine mit Hijab, die andere ohne, zwei Burschen vor sich herschieben. Naja, mehr treiben und an den Armen festhaltend. Die Ältere stellt sich vor Alissar und spricht Deutsch: „Ass-salamu-aleikum, Frau Wiallas. Sie haben eben von Respekt gesprochen. Den, den wir einfordern und den, den wir entbieten sollen. Es sind nicht meine Kinder, aber ich kenne sie. Keine schlechten Söhne ihrer guten Eltern, nur Jungs. Sie verstehen?"

„Aleikum salam. Ich verstehe, aber Ordnung muss ein." Alissar dreht sich ein wenig und ruft: „Herr Wendler, Ihr Part."

Der Polizeioberkommissar kommt in Begleitung eines Hauptwachtmeisters und nimmt die beiden Jungs mit. Alissar redet nun mit den beiden Frauen in einer Mischung aus Arabisch und Deutsch. In deren Gefolge kamen auch noch kleinere Kinder mit, die nun dem Gespräch aufmerksam folgen. Auch die Tochter des Beigeordneten steht im Pulk. Der löst sich auf, nur die kleine Blonde steht noch da.

Alissar lächelt sie an: „Du bist die Tochter von Herrn Zander?"

„Ja, ich bin Charlotte Zander. Sind Sie immer so cool?"

Leider können sie ihre Bekanntschaft nicht weiter vertiefen, denn Tobias Zander kommt.

„Lotte, wir gehen!"

Zögernd dreht sich das Kind zu ihrem Vater um, auch Alissar will…, ja was eigentlich?

„Herr Zander, einen Moment, bitte."

Er sieht sie an und blafft nicht gleich los.

„Erstens würde ich gern noch kurz mit dem Oberkommissar reden, zweitens Ihnen als Amtsperson einen Vorschlag machen, den aber, drittens in einer entspannten Atmosphäre. Was halten Sie von Eis?"

Beim letzten Satz hat sie Charlotte angeguckt, die sofort mit dem Kopf nickt. Vor allem, weil es noch Nachschlag gibt. „Kein abgepacktes, sondern handgemachtes bei Giovanni, von der Extrakarte."

„Oh, ja", entfährt es Charlotte, die aber brav hinterherschiebt, „Bitte Papa!"

Den ersten Teil ihrer Bitte hat Gott oder Allah erhört, der Oberpolizist kommt selbst. Er zeigt zum Bademeisterbüro.

„Sechs Mal Hausverbot mit sofortiger Wirkung. Einen haben wir im System, einer hat keine Papiere mit, die nehmen wir mit. Oberwachtmeisterin Kluge wird noch Anzeigen aufnehmen, aber wir beenden den Einsatz. Ich denke, es beruhigt sich. Danke, Frau Wiallas. Auch Ihnen, Herr Zander, danke ich." POK Wendler lächelt alle an und geht.

Tobias Zander weiß nicht, warum er Dank verdient hat, wie er mit dem Vorschlag von Alissar umgehen und ob er die Bitte seiner Tochter erfüllen soll. Er bemerkt aber, dass es jetzt keine olfaktorischen Störfaktoren gibt. Den Geruch von Alissars Lederkombi kennt er. Ja, er zeigt sogar darauf.

„Wir sind mit der Maschine da, müssen uns also umziehen. Einverstanden, in einer Viertelstunde." Er greift nach der Hand seiner Tochter, die im Weggehen mit der anderen Hand Alissar zuwinkt.

Samstag, Vierzehn Uhr, der Marktplatz.

Das große Kaufhaus wird in acht Wochen schließen und verramscht sogar schon die Ladeneinrichtung. Das Modehaus für Jugendliche ist noch bis 20.00 Uhr geöffnet, die kleineren Geschäfte werden bis 18.00 Uhr durchhalten, es ist also viel los.

Klugerweise hat Alissar bei Giovanni angerufen und muss lachend feststellen, dass die Bedienung verwirrt ist, denn auch Herr Zander hat einen Tisch reserviert. Draußen unter den Sonnenschirmen. Ein guter Platz, mit Blick auf das Rathaus. Übrigens war Alissar noch schnell im Büro und hat sich umgezogen. Weiße Leinenhose, weißen Pullover, weinroten Shayla. Und nur einen Tropfen Bilkis und die Lippen nachgezogen. Soviel Zeit hatten die Zanders nicht, aber sie schälen sich jetzt aus ihrer einteiligen Lederkombi. Vater und Tochter tragen blaue Jeans, er ein blaues kurzärmeliges Hemd, Charlotte ein weißes Shirt mit dem schwarzen Aufdruck, „Girls Power!"

Das Äußere von Tobias Zander wurde schon beschrieben, es mag sein, dass ein paar Einheimische ihn als Beigeordneten kennen, auf jeden Fall sehen einige Gäste in ihre Richtung. Vor allem im Pulk sitzenden Frauen.

Alissar lächelt, Herr Zander bemerkt es auch, hat aber den falschen Gedanken. Oder doch nicht?

„Pardonne, daran hätte ich denken sollen. Wir beide coram publico vor den Stufen des Rathauses. Da kommen einige wohl auf abwegige Gedanken. Ich meine verschwörungspolitisch." Alissar lächelt ihn an und nickt dann demonstrativ zum Nachbartisch. Die dort sitzenden Damen blicken erschrocken zur Seite.

Tobias wedelt mit der rechten Hand, will etwas sagen, aber das Eis kommt. Charlotte löffelt mit immer größer werdenden Augen, auch ihr Vater macht zweimal „Mhm". Beim Kaffee macht er endlich den Mund auf.

„Danke für den Tipp mit der Extrakarte, wusste ich nicht. Aber was wollten Sie mir vorschlagen, Frau Wiallas?"

„Rettungsschwimmer mit Migrationshintergrund, Türkisch, Arabisch, in die drei Freibäder. Soll ich mich umhören? So als fraktionsübergreifende, interkonfessionelle Zusammenarbeit zum Wohle der Stadt."

Herr Zander zögert kurz, hebt die Brauen und sagt: „Es wird immer schwerer überhaupt Saisonkräfte zu kriegen, aber bitte, versuchen sie es."
Charlotte hört aufmerksam zu, holt aber jetzt ihr Handy aus der Lederjacke. Sie zuckt, als Alissar sagt: „Kein Foto!" Dann lächelt sie und hält das Gerät hoch. „Ich wollte nur nachgucken, was Kopftuch auf Arabisch heißt."
„Hijab. Aber das hier ist ein Shayla. Warum hast du mich nicht direkt gefragt?"
Das Mädchen wird leicht rot und stellt dann die eigentliche Frage: „Schwitz du?"
Charlotte ist von ihrem Lapsus selbst überrascht und hält sich den Mund zu, ihr Vater ruft etwas zu laut: „Lotte!"
Alissar beugt sich zu dem Mädchen: „Macht nichts. Aber beim nächsten Mal achte darauf. Ich schlage vor, wir einigen uns, die Erwachsenen sagen Kompromiss dazu. Ich darf dich Lotte nennen und du sagst Frau Alissar zu mir. Einverstanden?"
„Ja, Frau Alissar. Was bedeutet inter-komm-fies-nell?"
Tobias lässt das schon bekannte Knurren hören, Alissar sieht ihm ins Gesicht: „Sie oder ich?"
„Sie hat Sie gefragt."
Alissar holt ihr Handy aus der Handtasche, tippt etwas ein und zeigt das Ergebnis dem Kind.
„So heißt das Wort richtig. Diese App solltest du dir speichern. Du kannst das Wort auseinandernehmen. Die erste Silbe, inter, ist ein lateinisches Wort für zwischen. Konfession kommt auch aus dem Lateinischen und bedeutet Bekenntnis, Glauben. Gemeint sind Religionen. Du weißt, was das ist?"
Charlotte guckt zu ihrem Vater, der aber nur lächelt. Also versucht sie es selbst. „Wir sind Christen, Sie Moslem, so was?"
„So ähnlich, meine Religion heißt Islam. Frauen, die ihr angehören, nennt man Muslima, Männer demzufolge Moslem. Also, inter heißt zwischen, Konfession ist anderes Wort für Religionen, also bedeutet interkonfessionell eine Zusammenarbeit zwischen verschiedenen Religionen. Dein Vater glaubt an einen anderen Gott als ich. Aber wir können trotzdem zusammenarbeiten.

Zum Beispiel dafür zu sorgen, dass im Südbad Rettungsschwimmer arbeiten, die mehrere Sprachen sprechen und wissen, warum manche Muslima ihre Haare bedecken."

Sie lächelt das Kind an.

„Da fällt mir deine erste Frage wieder ein. Nein, ich schwitze nicht. Oder nur ein bisschen. Ich bin es gewohnt."

Charlotte ist erstmal zufrieden.

Dafür zeigt Alissar zum Rathaus.

„Welche Fenster sind es eigentlich? Ich meine das Oberbürgermeisterbüro."

„Rechts, zweite Etage die beiden letzten Fenster, dann noch mal drei an der Giebelseite."

„Fünf Fenster? Wie groß ist denn das Büro?"

„Geschätzt vierzig Quadratmeter, aber da steht auch ein Zwölfer Beratungstisch drin."

„Muss das so?"

Herr Zander hebt die Schultern.

„Vor hundertfünfzig Jahren waren die Stadtväter der Meinung, dass eine Großstadt ein neues, repräsentatives und doch modernes Rathaus braucht. Die erste Zentralheizung in einem Verwaltungsgebäude, zwei Aufzüge, Rohrpost und das Bürgermeisterbüro mit Fenstern zum Markt und zum Boulevard."

„Rohrpost kenne ich nicht. Was ist das?"

Charlotte schien abwesend, ist es aber nicht.

„Na Rohre, da wurde die Post durchgepustet. Papa hat es mir mal gezeigt. Geht aber nicht mehr."

Alissar ist nicht schlauer geworden und drückt es mit erhobenen Brauen auch aus. Lotte weiß Rat und tippt auf ihrem Handy herum. Das schiebt sie Alissar zu.

„Rohrpost ist eine Form des Transports von Gegenständen in kleinen zylindrischen Behältern mittels Druckluft", steht in einem digitalen Lexikon.

„Im Zeitalter der Mail wohl überflüssig. Aber clever, wie du es gefunden hast, Lotte. Danke."

Alissar schiebt das Handy zurück. Dann sieht sie zu Tobias.

„Eine Frage noch. Etwas Persönliches. Warum waren Sie im Südbad? Das ist doch nicht wirklich Ihr Terrain? Keine Ferien in der Südsee? Sie müssen nicht antworten, Pardonne, es war ein spontaner Einfall."

Während Tobias noch überlegt, wie er mit dieser Annäherung umgehen soll, sagt Charlotte leise: „Wir wollten zur Wasseroma, aber sie ist krank und nun gehe ich hier schwimmen." Ihre Augen sind feucht.

„Was ist eine Wasseroma? Das Wort kenne ich nicht."

Herr Zander hat sich gefangen.

„Meine Schwiegereltern wohnen in Dierhagen an der Ostsee. Zur Unterscheidung von meiner Mutter nennt Lotte, diese Oma eben Wasseroma. Sie liegt mit einer Sommergrippe flach und so fällt der Urlaub leider aus."

Er sieht Alissar direkt an. „Ich habe mir Ihre Homepage genau angesehen, Frau Wiallas. Südsee ist nicht meine Gehaltsklasse."

„Entschuldigen Sie." Alissar dreht den Kopf weg.

Die Kellnerin nimmt das Geschirr mit, Herr Zander sagt leise: „Die Rechnung bitte."

Weitere Erörterungen entfallen, die Kellnerin ist da. Nicht allein, denn der grinsende Giovanni höchstpersönlich ist dabei. Er hält die Rechnung in der Hand.

„Zum Wohle der Stadt würde ich sagen, geht aufs Haus, aber das wäre Bestechung, also strafbar. Wenn Sie, verehrte Frau Wiallas, bezahlen, überweise ich den Betrag plus hundert Prozent auf ihr Wahlkampfkonto. Sollte der Herr so galant sein, spende ich es dem Schwimmverein, aufgerundet, versteht sich." Mit breitem Grinsen wedelt der Chef mit dem Papierstreifen.

Alissar lacht laut los, Herr Zander knurrt und angelt nach seinem Portemonnaie, Charlotte versteht nichts.

„Es war meine Idee, also zahle ich. Sie können sich revanchieren, Herr Zander." Alissar reicht dem hinterlistigen Italiener ihre Karte. Deren Farbe und Aufdruck verursacht bei Tobias Zander hochgezogene Brauen. Mit Wiederholung, denn Alissar sagt: „Siebzig." Giovanni nimmt die Karte und verschwindet.

Alissar erklärt: „Er hat hier den partiellen Kommunismus eingeführt. Das gesamte Trinkgeld wird in einen Topf geworfen und am Monatsende durch alle Mitarbeiter geteilt. Koch, Kellner, Putze, alle sind gleich. Er und seine Frau bleiben außen vor. Servicekräfte, die betrügen, fliegen raus, wer keinen Monat durchhält, hat Pech."

Die letzten Worte hat der Chef gehört.

„Stimmt fast. Roberto, unser Sohn, ist Juniorchef und jetzt raus aus dem Topf." Er gibt Alissar ihre Kreditkarte zurück und schockt nun wieder.

„Hundertfünfzig für Sie, donna grande e bella, Fünfzig für den Verein überweise heute noch. Beehren sie uns bald wieder. Zusammen und natürlich mit dem entzückenden Fräulein Tochter."

Giovanni nickt kurz und geht durch den Außenbereich. Ab und an bleibt er stehen und fragt die Gäste nach ihrer Zufriedenheit. Alissar ahnt, dass er vermutlich auch Auskunft über die interkonfessionelle Begegnung in seinem Lokal geben wird und drängt zum Aufbruch.

„Wir sollten gehen, aber jeder in seine Richtung."

Zu ihrer Verblüffung streckt Charlotte die linke Hand aus.

„Auf Wiedersehen, Frau Wiallas." Dann korrigiert sich das Kind und streckt nun die rechte vor.

Alissar stutzt. „Du bist Linkshänderin?"

„Ja, Frau Wiallas. Beim Händegeben soll ich umschalten, hat Mama gesagt." Charlotte reißt die Augen auf und senkt den Kopf. Ihr Vater knurrt leise und legt einen Arm um seine Tochter.

Alissar beugt sich zu dem Kind runter.

Leise sagt sie: „Es tut mir leid, dass deine Mama gestorben ist. Gut, dass du dich an sie erinnerst." Sie richtet sich wieder auf und streckt ihre Hand aus. „Auf Wiedersehen, Charlotte."

Das Kind hebt den Kopf und gibt Alissar die Hand.

Die blickt kurz zu Herrn Zander: „Ich melde mich wegen der Rettungsschwimmer. Schönes Wochenende noch."

In ihrem Büro macht sie sich ein paar Notizen, zieht sich wieder um und donnert drei Stunden durch den Landkreis. In den Ferien gibt es keinen Wiallas-Kaffeeklatsch, abends trifft sie sich mit ihrer syrischen Familie. Dort redet sie über das Südbad und muss erkennen, dass die Welt ein Dorf ist. Natürlich gibt es in den sozialen Medien Videos und Kommentare.

Irgendjemand hat ihre Lautsprecherdurchsage mitgeschnitten und den arabischen Teil übersetzt.

Ihr Satz: „Wer Toleranz einfordert, muss sie auch gewähren! Wer strafbar wird, muss mit den Konsequenzen rechnen", wird dabei lobend erwähnt.

Auch Constantin hat das Video gefunden und schickt einen erhobenen Daumen als Nachricht. Dann folgt ein Foto vom Eiskaffee.

„War das eine gute Idee?" Alissar schreibt zurück: „Spontan, menschlich und doch Wahlkampf. Ich habe ihm interkonfessionelle, multilinguale Mitarbeiter empfohlen. Wir sollten das auf die Seite stellen. Ich meine den Aufruf an die Rettungsschwimmer."

„Ich kümmere mich, erholen Sie sich, bitte!"

Alissar sitzt neben ihrer Mutter, die nun auf das Foto zeigt. Leise redet sie mit ihrer Tochter, die daraufhin den Kopf schüttelt.

Geplant war: Frühstück, Maschine klar machen und die Mittelgebirgsroute abfahren. Vielleicht auch so verlängern, dass sie weiß, was sie mit den vierzehn Tagen Resturlaub anfangen soll. Den ersten Punkt kann Alissar noch erfüllen, dann klingelt ihr Handy. Marion Wiallas ist dran und sagt: „Lass uns bitte rein, wir müssen mit dir reden."

Was macht die Chefin der Wachgesellschaft am Sonntagvormittag vor der Felsenvilla und wer ist wir?

Da es sonntags kein Hauspersonal gibt, ihre Halbbrüder Levon und Lukas irgendwo die Beine ins Wasser halten, muss Alissar selbst nach unten. Im Vestibül kontrolliert sie den Monitor und sieht, dass vor dem Tor Marions Auto und dahinter noch ein schwarzer Wagen stehen. Sie drückt „Tor auf" und geht vor die Tür. Marion ist selbst gefahren, dem zweiten Auto entsteigen drei Männer, von denen sie einen erkennt. Aber erst beim zweiten Hinsehen. Hugh O'Connor trägt keinen Kilt, sondern einen schwarzen Anzug, der ihm aber auch steht. Dafür ist sein Lächeln Fassade, spürt sie sofort. Auch die beiden anderen Herren lächeln nur höflich, Marion gar nicht.

„Guten Morgen, ist jemand gestorben? Hugh, was verschafft mir die Ehre? Marion, du kennst ihn?"

„Guten Morgen, Alissar. Bitte drin, kleine Bibliothek", antwortet die Chefin der WSG.

Nun denn.

Kaffee oder Wasser wollen die Besucher nicht, dafür kommen sie gleich zur Sache.

„Alissar, Herrn O'Connor kennst du, das sind die Herren Krause und Schneider vom BKA."

Der, der angeblich Krause heißt, packt einen Laptop aus seiner Aktentasche, klappt ihn auf, sucht eine Datei, dreht das Gerät zu Alissar und fragt: „Kennen Sie diesen Mann, Frau Wiallas?"

„Nein."

Herr Krause hantiert an der Tastatur, eine kleine Fotogalerie wird sichtbar.

„Und diese Personen?"

„Herr Papp, Geschäftsführer von Griese-Bau, von dir Marion. Oliver Rausch, mein Gegenkandidat. Es gab persönliche Begegnungen. Der da ist Angestellter von Griese-Bau und fuhr mal hinter mir her. Alle anderen, nein. Was ist los?"

Ihr Blick geht zu Marion, die aber auf Herrn Schneider zeigt. Der ruft das erste Foto wieder auf.

„Charlie Brownig, Kopf einer rechtextremistischen Gruppe aus London. Wir bekamen von einem befreundeten Dienst", der Kopf von Herrn Schneider dreht sich zu Hugh, „den Hinweis, dass Mister Brownig durch Deutschland reist, um hiesige Gruppen zu instruieren. Es gab Treffen mit den hier gezeigten Personen, die wir beobachteten. Das letzte war gestern und danach wurden wir aktiv. Mister Brownig und der hier, ein Konrad Müller, wurden heute Nacht festgenommen. Sozusagen in flagranti. Herr Brownig hatte die Geldscheine noch in der Hand, Herr Müller ein Gewehr bei sich. Ein gutes Stück deutscher Präzisionsarbeit, G achtundzwanzig. Dazu Fotos von Ihnen, von der Villa und vom Büro. Frau Wiallas, dieser Müller wollte sie töten. Nicht so dilettantisch wie dieser Gotteskrieger aus Köln, sondern aus sicherer Entfernung."

Alissar hat nicht nur Betriebswirtschaft und Management studiert, sie hat auch eine gründliche militärische Ausbildung hinter sich. Neun Monate lebte sie in einem als Kibbuz getarnten Ausbildungslager der IDF. Nun stellt sie die richtige Frage: „Gefahrenlage beendet?"

Hugh, Marion und die beiden Herren sehen sich gegenseitig an.

Dann bedient Herr Krause wieder die Tastatur, sein Kollege erklärt die Bilder, bei deren Anblick Alissar kurz zusammenzuckt.

„Aufnahmen aus der Wohnung des Herrn Müller. Er hatte nicht nur Sie im Visier. Sie kennen Herrn Zander und seine Tochter", Herr Schneider tippt auf die nächsten Fotos, „das Haus von außen und innen, die Kleine vor der Schule. Wir…"

„Weiß er das? Werden sie geschützt?" Alissar sieht dem BKA direkt in die Augen.

„Nein, aber wir haben ein Team vor Ort und wissen, dass die beiden gerade in Ruhe frühstücken. Wir…"

„Sie hören und sehen mit?" Alissar unterbricht den Herrn Schneider schon wieder. Hatte ihre Stimme beim ersten Mal einen bittenden, ja, flehenden Ton, ist sie jetzt empört. Erstaunlicherweise scheint dies Herrn Schneider zu amüsieren, er grinst.

„Wir nicht, aber die Nachbarn, die wir aber angezapft haben. Frau Alissar, wir sind nicht aus Spaß in großer Besetzung hier." Er fummelt am Laptop rum. Neue Fotos erscheinen. „Eine Richterin, Unternehmer, Polizisten, Bundeswehr, Professoren, Lehrer und weniger gebildete Fußsoldaten. Sie nennen sich ‚Wilhelmina' und wollen die Republik abschaffen. Sie haben Waffen und sogenannte ‚Gegnerlisten'. Kommunal-, Landes- und Bundepolitiker, die eliminiert werden sollen. Die Kollegen in Köln haben die Gruppe schon länger im Fokus, wir erst, nach nachdem einige kriminell wurden. Dazu gehört die Familie Dünner, direkte Nachbarn der Zanders. Geben sich freundlich, haben aber ein paar Wanzen und Kameras platziert."

Herr Schneider sieht nun seinerseits Alissar in die Augen.

„Aus Ermittlungstaktischen Gründen wollen wir da jetzt nicht die Tür aufbrechen und bitten Sie um Hilfe. Muqatil, Sie können das, wie mir ein gemeinsamer Bekannter versichert."

Alissar blickt in die Runde.

Hugh lächelt, Marion lächelt und nickt mit Kopf, Herr Krause grinst.

„Da schuldet mir Jakob was. Okay, wie ist der Plan?"

Marion Wiallas ist eine erfahrene Frau und Chefin einer Firma, die gelegentlich im Auftrag staatlicher Institutionen im Trüben fischt. Jetzt sieht sie Alissar mit einem seltsamen Lächeln an.

„Du rufst Tobias an und bittest um ein persönliches Gespräch. Heute noch und bei ihm zu Hause. Du weißt, er wird zusagen." Das Lächeln von Marion kann als impertinent bezeichnet werden. „Das ist der Türöffner. Drinnen machst du ihn auf die Mikros aufmerksam und lädts die beiden zu einer Spritztour ein. Möglichst gleich. Ich schlage Bergzell vor, da haben wir alles unter Kontrolle. Hubert, du."

Herr Schneider registriert zwar, dass Alissar leicht rot geworden ist, sagt aber: „Emotionen sind in diesem Fall hilfreich, Frau Alissar. Wenn wir sicher sind, dass die Dünners mitgeschnitten haben, schlagen wir zu. Ohne Aufsehen. Alles andere ist privat und geht uns nichts an." Hubert Schneider dreht den Kopf zu Marion. „Es wäre aber gut, wenn Sie die nächsten Schritte mit ihrer Familie abstimmen."

Alissar nickt und zeigt auf den Laptop.

„Was ist mit Griese-Papp und Oliver?"

Diesmal ist Herr Krause dran. Er öffnet die erste Bildergalerie und zeigt auf das Foto von Herrn Rausch.

„Hat dreimal mit dem Brownig zu Mittag gegessen, wenig Verwertbares gesagt und ist gerade in den Staaten. Offiziell macht er Urlaub, wir haben unsere Kollegen informiert." Das nächste Foto zeigt den Geschäftsführer der Griese-Bau AG. „Herr Papp hat verwertbares gesagt, war aber heute Nacht im Puff. Seine Frau hatte einen Polier im Bett. Die beiden sind nachweisbar Mitglieder der Wilhelmina, bei Herrn Rausch vermuten wir es."

„Verstanden. Verbindung?"

Marion Wiallas schiebt ein Handy über den Tisch.

„Du kennst das. Verbinde es mit dem Helm. In Bergzell kannst du es ausschalten und benutzt dein eigenes. Fragen?"

„Nein."

Es ist alles gesagt, Alissar begleitet die Besucher hinaus. Noch in der Tür sagt sie zu Hugh: „Danke. Einen Moment hatte ich geglaubt, Sie meinen mich."

„Ja, diesen Moment gab es, aber Sie haben sich anders entschieden."

„Entschieden ist noch gar nichts. Und wenn, wird es turbulent."

„Inschallah, Muqatil."

Als die Besucher weg sind, greift Alissar zum Telefon.

Es ist eine Ringstraße mit Doppel- und Einzelhäusern. Alle vor achtzig Jahren erbaut und seitdem mehrfach umgestaltet. Mal gibt es eine Garage, mal einen Carport.

Alissar ist pünktlich.

Sie sieht, dass im Carport eine Seitenwagenmaschine steht und dass ein Kleinwagen davor parkt. Offenbar das Privatauto von Herrn Zander, denn es hat kein stadtamtliches Nummernschild. Sie stellt ihre Maschine davor, schnallt eine Satteltasche ab und geht auf die Nummer 23 zu.

Klingeln muss sie nicht, denn Charlotte öffnet sie von innen.

Blonde kurze Haare, sie betreibt ja Schwimmsport, drahtig, aber mit deutlichen Oberarmmuskeln. Das sie vor dreizehn Monaten ihre Mutter verloren hat, sieht man nicht an der Kleidung, wohl aber im Gesicht. Ohne die Spur eines Lächelns sagt sie: „Guten Tag, wir gehen in den Garten. Lassen Sie die Schuhe bitte an."

„Danke, aber ich möchte die Kombi ausziehen. Ist das die Toilette?"

„Ja."

Alissar geht, schließt von innen ab und pult sich aus der Motorradkombination. Darunter trägt sie eine marineblaue Stoffhose, einen ebenso farbigen Pullover mit weißen Stickrändern, der bis zu den Oberschenkeln reicht. Ihr Shayla ist bordeauxrot. Sie zieht die Stiefel aus und entnimmt der Tasche ein paar blaue Pumps. Mit einem Blick in den Spiegel kontrolliert sie das Make-up, schnappt sich ihre Handtasche, öffnet die Tür und sieht wie Vater und Tochter an der Wohnzimmertür auf sie warten. Charlotte mit großen Augen und auch ihr Vater muss sich beherrschen. Schafft es.

„Im Garten, wenn es Ihnen angenehm ist, Frau Wiallas. Möchten Sie einen Kaffee, Tee, Wasser?"

„Gern draußen, erstmals nichts, danke."

Charlotte verschwindet in der Küche, ihr Vater macht die Tür zum Wohnzimmer frei. Auf dem Weg dorthin sieht Alissar ein Bild an der Flurwand. Nein, es sind drei Fotos in einem Rahmen.

Eine junge blonde Frau, die gerade einen Sperr wirft, dieselbe Frau Jahre später im Arztkittel und Stethoskop um den Hals. Das dritte Bild zeigt die Familie bei einem Motorradausflug. Über den linken oberen Rand des Rahmens ist ein schwarzes Band befestigt.

Sie bleibt stehen und sieht zu ihrem Gastgeber.

„Mein Beileid, Herr Zander."

„Danke, Frau Wiallas, aber bitte kommen Sie."

Ein rustikaler Holztisch, vier ebensolche Stühle, die mittels vieler Kissen bequemer gemacht wurden. Dazu ein Sonnenschirm, der seltsamerweise aufgespannt und nach rechts geneigt ist. Die Sonne steht noch hinter dem Haus, in zwei Stunden wäre er sinnvoll. Charlotte kommt mit einem Glaskrug aus der Küche. Im Wasser schwimmen Zitronenscheiben und Minzblätter. Alissar zeigt lachend auf den Krug.

„Woher kennen Sie es, Herr Zander?"

Der blickt zu seiner Tochter. Die wird leicht rot.

„Aus dem Internet. Aber für das Grünzeug mussten wir bis zum orientalischen Supermarkt fahren. Gibt's bei unserem nicht. Der Mann hat gesagt, es sei Marokkanische Minze."

„Der Mann trug eine künstliche Hand?"

Charlotte reißt die Augen auf. „Ja, woher wissen Sie das?"

„Er heißt Abdul mit Vornamen und ist mein erster Vater. Du weißt, dass ich zwei Väter habe?"

„Steht ja auf ihrer Homepage. Da steht auch, dass Sie reich sind."

„Lotte!" Tobias Zander ist leicht rot im Gesicht und guckt erschrocken zu Alissar.

Die holt ein Blatt aus ihrer Tasche, hält es Herrn Zander hin und wendet sich gleichzeitig an das Kind: „Lotte, zeigst du mir dein Zeugnis?"

Charlotte sieht zu ihrem Vater, der nur nickt, denn er starrt immer noch auf das Blatt.

Das Mädchen geht ins Haus.

Alissar reicht Herrn Zander einen Kugelschreiber. Er versteht, schreibt etwas auf das Blatt und gibt ihr beides zurück. Sie liest, nickt und knüllt das Blatt in ihre Handtasche.

Charlotte ist wieder da und gibt der Besucherin eine Mappe. Alissar schlägt sie auf und liest laut vor: „Deutsch Zwei, Mathe Drei, Sachunterricht Eins, Musik zwei, Gestalten Zwei, Sport Eins. Bei Ethik und Englisch steht n.b., das heißt, ihr hattet so viel Ausfall, dass es nicht bewertet wird. Schlecht, denn Sprachen und das Nachdenken über das Leben sind wichtig."

„Weiß ich, aber die Lehrerin war lange krank."

„Darüber müssen wir reden, aber nicht jetzt. Ich habe mit deinem Vater gerade abgesprochen, dass wir mit den Motorrädern wegfahren. Es wird dir gefallen. Einverstanden?"

„Ja, Frau Wiallas. Ich freue mich."

Der Kuchen ist gut und Charlotte im Gehege der Zwergziegen.

Alissar redet über das vereitelte Attentat, über die Liste der Wilhelmina und über die Dünners. Tobias hört stumm zu. Auch als sie sagt: „Ich möchte mit dir, mit euch, nach Katar fliegen. Zehn Tage Strand, Meer, Wüste und Nächte. Dann kommen wir zurück und entscheiden."

Er sieht ihr in die Augen, sie sieht ihm in die Augen. Seine Hände zucken, ihre Hände zucken.

„Papa! Das ist schön hier! Gibt es Eis?"

Charlotte steht am Tisch und begreift sofort.

Sie setzt sich und macht ihre Arme lang. Eine Hand greift nach Alissar, eine nach ihrem Vater. So sitzen die drei etwas fünf Minuten still da. Dann kann Lotte nicht mehr.

„Machen wir zusammen Ferien?"

Alissar zieht ihre Hand zurück, weil sie die braucht um sich den Bauch zu halten. Ihr ganzer Körper bebt vor Lachen. Tobias hingegen sieht seine Tochter verdattert an.

„Lotte, was sagst du da? Woher weißt du…"

„Papa! Zuhause redest du andauernd von Frau Wiallas. Das sie klug ist, gut riecht und eine Rose ist. Und, dass Sie empatirrt Motorrad fährt."

Herr Zander schüttelt erst den Kopf, wird dann rot wie eine Tomate, ergreift dann Alissars linke Hand und sagt: „Ja."

„Alhumdilillah oder, Gott sei Dank. Du erklärst ihr engagiert, wenn sie das meint und ich muss telefonieren."

Während Tobias Zander seiner Tochter mit Hilfe der Rechtschreib-App die Bedeutung und Schreibweise von „engagiert" erklärt, telefoniert Alissar. Etwas länger auf Arabisch, dann auf Französisch und zum Schluss auf Deutsch.

In dieser Sprache macht sie auch weiter.

„Hast du einen gültigen Pass? Steht Lotte drin?"

Herr Zander nickt.

„Gut. Ihr fahrt jetzt nach Hause, packen. Wüste, Meer für zehn Tage. Halte dich zurück, was fehlt kaufen wir dort. Ihr kommt dann zu mir. Spätestens um Sechs wird serviert. Ach übrigens, ich kann nicht kochen. Hier."

Sie blickt in die leuchtenden Augen von Lotte und schreibt, „Felsenstraße 14" auf deren Handfläche. Dann geht ihr Blick wieder zu Tobias.

„Ihr bleibt über Nacht, vergiss ihr Schlaftier nicht. Wir fliegen morgen elf Uhr ab Leipzig. Keine Linie, gewöhn dich an eine reiche, gut riechende, kluge, halsbrecherisch Motorradfahrerin, die nichts weiter als ihr Glück finden will."

Alissar macht eine Pause.

„Wenn du es auch willst. Ihr es wollt."

Charlotte hat die Wahrheit gesagt, als sie von Gesprächen im Hause Zander sprach.

Was sie nicht weiß, ihr Vater hat nächtelang das Internet nach „Liebe im Islam" durchsucht. Aus dem Wust der Lügen und Halbwahrheiten hat er jedoch herausgefiltert, dass er Alissar jetzt nicht einfach küssen kann. Also drückt er ihr kräftig die Hand.

„Wir sind pünktlich."

Wüste, Nächte, Meer, Gespräche

Das einzige, was Alissar an der Citation Sovereign stört, ist die Kabinenhöhe von 1,78 Meter, sie muss den Kopf einziehen. Ansonsten mag sie diese Art des Fliegens. Die Maschine gehört einer Gesellschaft mit Sitz in Genf, die ausschließlich Privat- und Geschäftsreisen anbietet. Familie Wiallas ist der Hauptgesellschafter, entsprechend werden Alissar und ihre Gäste begrüßt.

An der Gangway stehen zwei Männer in blauen Uniformen und eine Frau mit rotem Rock, weißer Bluse, roter Weste und einem weiß-rotem Käppi.

Einer der Piloten salutiert und sagt: „Guten Morgen, Frau Wiallas, wir sind startklar." Der andere legt wortlos seine Hand aufs Herz, die Frau nickt nur.

Alissar nickt den Männern zu und wendet sich an die Flugbegleiterin.

„Danke. Bitte kümmern Sie sich besonders um Charlotte, es ist ihr erstes Mal und sie ist aufgeregt."

Stimmt und betrifft nicht nur das Fliegen.

Als sich gestern Nachmittag das Tor zur Felsenvilla öffnet, betritt die Zehnjährige eine neue Welt. Naja, noch sitzt sie im Auto, das ihr Vater weisungsgemäß in die Tiefgarage steuert. Dort warten Alissar, ein Mann und eine Frau mit weißen Handschuhen. Charlotte öffnet die Tür, steigt aus, weiß aber nicht mehr weiter. Auch ihr Vater bleibt erstmal stehen. Da kommt Alissar auf sie zu und zeigt hinter sich.

„Das sind Herr Lothar und Frau Maya. Lotte, ich möchte, dass du sie auch so anredest. Verstanden?"

Nach dem das Kind genickt hat, geht die Überraschung weiter.

Wortlos schiebt Maya einen Gepäckwagen an die Heckklappe des kleinen Autos, gemeinsam mit Lothar packt sie die drei Koffer und zwei Rucksäcke da drauf. Herr Zander will mitmachen, aber Alissar hält ihn schlicht fest. Erst an der Aufzugtür lässt sie ihn wieder los.

Nach wenigen Sekunden hält der Aufzug, Lothar schiebt den Gepäckwagen ins Vestibül und sieht zu Alissar. Die dreht sich zu Tobias, zeigt auf die Koffer und auf eine Tür. „Holt bitte eure Hausschuhe heraus, die Straßenschuhe kommen da hin. Das Urlaubsgepäck bleibt auch hier."

Herr Zander öffnet einen der Koffer, entnimmt ihm die Hausschuhe und stellt diesen Koffer sowie die beiden Rucksäcke etwas beiseite. Wortlos rollt der Hausdiener den Gepäckwagen in die Garderobe und schnappt sich den kleinen Koffer. Tobias versteht und schultert sich seinen Rucksack, Lotte macht es ihm nach. Nun in Hausschuhen, betreten alle wieder den Aufzug, der bei „+2" stehen bleibt. Als sie diesen verlassen, halten Tobias und Charlotte verwundert inne. Sie stehen auf einer Empore, die um die gesamte Etage läuft. Nach unten geht der Blick in das Vestibül, nach oben zum Oberlicht. Alissar erklärt die neun Türen: „Kleine Küche, Kleiner Speisesaal, die Wohnung von Lukas, die Wohnung von Jakob, meine Wohnung, die Tür zum Turm, die Wohnung von Levon, erste Gästewohnung, zweite Gästewohnung. Kommt."

Alissar geht vorneweg, öffnet ihre Wohnungstür, Lothar folgt und stellt das Gepäck ab. Dann dreht er sich um und fragt: „Frau Wiallas, um Achtzehn Uhr auf der Terrasse?"

„Ja, danke Lothar."

Er nickt ihr zu, macht dieselbe Kopfbewegung in Richtung von Tobias, schenkt Charlotte ein Lächeln und geht zum Aufzug.

Das Kind lächelt zurück und beweist, dass es eine Sportart betreibt, die Mut erfordert. Sie drängelt sich an ihrem Vater vorbei und öffnet die rechte Tür im Eingangsbereich. Mit, „Klo", schließt sie diese wieder. Ohne auf das Knurren ihres Vaters zu achten, wuselt sie nun links durch den Durchgang. Hier dreht sie sich einmal im Kreis und stellt sachlich fest: „Kein Herd", erweitert ihre Erkenntnis zu einer Frage: „Wo kochst du, Frau Alissar?" Bevor eine Antwort kommt, steht sie in dem großen Zimmer, wendet sich nach links und öffnet eine Tür. Sie geht ein paar Schritte in den Raum, hebt beide Arme, dreht sich und sagt: „Größer als bei uns. Darf ich nachher baden?" Auch hier ist sie schneller, als die mögliche Antwort und öffnet die zweite Tür auf der linken Seite. Ein Blick genügt, sie schließt die Tür wieder.

Sie läuft am Fenster vorbei um die erste Tür auf der rechten Seite zu öffnen. Sie blickt in den Raum, lässt die Tür offen und geht zur letzten Tür. Wie schon beim Schlafzimmer blickt Charlotte nur kurz hinein, schließt die Tür wieder und geht, nein, rennt, in den vorletzten Raum zurück. Dort steht ein Bett, ein Schrank, ein Sessel und vor dem Fenster ein kleiner Schreibtisch. Dieses Fenster geht, wie das im großen Raum, nach Südwesten. Jetzt, Anfang Juli und um 17.00 Uhr, scheint die Sonne herein. Charlotte schiebt den Sessel ein wenig näher zum Fenster, lässt die Hausschuhe auf das Parkett plumpsen, setzt sich in den Sessel, zieht die Beine an und verkündet: „Das ist schön! Darf ich hier wohnen?"

„Ja, heute Nacht schläfst du hier. Über das Wohnen reden wir noch."

Alissar steht nun lächelnd neben dem Sessel. Allein, denn Herrn Zander musste dringend auf die kleine Toilette. Seine Tochter scheint ihn im Moment auch nicht zu vermissen, denn sie löst ihren Blick vom Fenster, um Alissar zu fragen: „Wann?"

„Heute Abend."

Das hat auch Herr Zander gehört, der nun den Raum betritt.

„Was ist heute Abend?"

„Gespräch über die Zukunft", sagt Alissar und dreht ihren Kopf zu Tobias. Sie sind sich so nah, dass sich ihre Nasen berühren könnten. Machen sie aber nicht. Dafür küsst Alissar Tobias ganz leicht auf die Wange und greift nach seiner Hand. Die lässt sie nicht los, als sie sich zu Charlotte umdreht.

„Komm, es wird Zeit."

Auf der Terrasse stehen mehrere Tische und Stühle aus Holz und vier Sonnenschirme. Ein Tisch mit vier Stühlen ist eingedeckt, dort klappt Lothar gerade den Schirm auf. Alissar zeigt auf einen Stuhl.

„Lotte, erster Versuch, setzt dich bitte."

Das Mädchen gehorcht und merkt schnell, warum auf dem vierten Stuhl mehrere Kissen liegen. Auch Herr Lothar begreift und nimmt zwei davon. Lotte steht wieder auf, Lothar legt ein Kissen auf ihren Stuhl. Lotte setzt sich und schüttelt den Kopf. Sie steht auf, zweites Kissen dazu. Dritter Versuch und wieder Kopfschütteln. Lothar sucht ein neues Kissen. Diesmal ist das Mädchen zufrieden, Alissar setzt sich und dann auch Tobias.

Herr Lothar blickt zu Terrassentür, Frau Maja kommt mit einem Servierwagen. Herr Lothar stellt eine große Metallschüssel mit Deckel in die Mitte des Tisches, Frau Maja eine offene Schüssel mit Salat. Herr Lothar nimmt den Deckel der großen Schüssel ab, Lotte macht, „oh!"

Der Hausdiener legt den Deckel auf das untere Fach des Servierwagens, schnappt sich die überzähligen Kissen und geht wortlos. Frau Maja sieht zu Alissar, die sie mit einem, „Danke", entlässt.

Tobias schenkt erst Alissar, dann seiner Tochter, dann sich, Wasser ein und hört, wie Alissar erklärt: „Hühnchen mit Reis auf Arabisch. Mehr weiß ich auch nicht. Guten Appetit."

Der Hobbykoch Tobias erkennt, dass der Reis mit Safran gefärbt wurde, schmeckt viele unbekannte Gewürze und greift ordentlich zu. Auch Lotte nimmt sich Nachschlag.

Während des Essens reden sie nur über die Aussicht, streiten etwas über die vermutete Lage des Zander'schen Hauses und amüsieren sich über die beiden Elstern, die auf der Terrassenmauer sitzen und nach dem Tisch gucken.

Dann kommt Herr Lothar mit dem Nachtisch. Charlotte bekommt große Augen, als sie das kleine Papierfähnchen auf der Eiskugel entdeckt. „Lotte", steht da drauf. Sie ruft dem Diener, „Danke" hinterher.

„Entschuldige, möchtest du etwas anderes trinken? Bier, Wein?", fragt Alissar und blickt Tobias mit leicht rotem Kopf an.

„Bier zum Grillen und da nur eine Flasche. Wein manchmal, Sekt zu Anlässen, Schnaps gar nicht. Ich weiß, dass du gar keinen Alkohol trinkst, also nein danke."

„Über den Anlass können wir noch mal reden, ansonsten hast du Recht." Sie wendet sich an Lotte.

„Für das Haus haben wir später noch Zeit, jetzt reden wir über den Urlaub."

Als die Sonne untergeht, darf Charlotte tatsächlich in die doppeltgroße Badewanne, als sie wieder aufgeht, sagt Alissar zu Tobias: „Endlich ein Mann in meiner Größe!"

Das war gestern.

Heute steht Charlotte putzmunter vor dem Flugzeug und folgt der Frau mit dem lustigen Käppi. Da sie sich nicht umdreht, entgeht ihr, wie ihr Vater und Alissar etwas mühselig die Gangway hochgehen. Das Mädchen ist noch nie geflogen, sie weiß also nicht die besondere Inneneinrichtung zu schätzen. Ihr Vater schon, er grinst.

Rechts und links eines Ganges stehen zwei Ledersofas in U-Form, die offene Seite zum Gang. Es können also auf jeder Seite zwei Passagiere in Flugrichtung, zwei rückwärts und zwei seitwärts sitzen. Oder auch nicht, denn die Flugbegleiterin hat einen guten Blick. Sie setzt Lotte auf die rechte Gangseite in Flugrichtung und schnallt sie an. Alissar hat Tobias auf der anderen Seite die Längsseite in Flugrichtung zugewiesen und schnallt sich nun ihm gegenüber an. Beide können die Beine ausstrecken und schlafen noch vor Erreichen der Reisehöhe ein. Die Frau mit dem Käppi hilft Lotte beim Lösen des Gurtes, serviert ihr einen Tomatensaft und erklärt ihr die Welt vor den Fenstern. Das Mädchen darf auch mal ins Cockpit und muss natürlich auf die Toilette.

Über der Adria wird Alissar munter, öffnet grinsend den Gurt bei Tobias, der aber weiterschläft. Sie macht sich frisch, telefoniert und setzt sich dann zu Lotte.

„Ich habe dir gesagt, wir fliegen sechs Stunden. Eben habe ich erfahren, dass wir eine Zwischenlandung machen. Ohne Aussteigen, dafür kommt noch jemand an Bord. Er heißt Jakob Wiallas, wohnt auch in der Felsenvila, ist aber jetzt beruflich unterwegs und wird mit uns nach Doha fliegen. Du solltest deinen Vater wecken. Jetzt, denn gleich beginnt der Landeanflug und wir müssen uns anschnallen."

Töchter habe so ihre Methoden, Charlotte hält ihrem Vater einfach die Nase zu. Mit einem Schnaufer wacht Tobias auf. Erster Blick, verwundert. Zweiter Blick zu Alissar und sein Gesicht strahlt. Dritter Blick zu Lotte, auch strahlend. Der vierte Blick ist unruhig, Alissar zeigt auf eine Tür.

Tobias Zander ist wohl der einzige Flugpassagier, der beim Anflug auf Haifa Airport seine Blase entleert. Sitzend und doch balancierend. Klugerweise bleibt bis zum Ausrollen auf seinem Thron.

Die Maschine steht, aber die Triebwerke brummen leise vor sich hin. Charlotte sieht aus durch ihr Fenster, wie die Gangway heruntergelassen wird, ein Mann diese schnell hochgeht, die Treppe wieder eingeklappt wird und bemerkt, dass das Flugzeug wieder rollt.

Plumps, sitzt ein Mann neben ihr und hält seine Hand hin. Die Linke!

„Ich bin Jakob und unter uns können wir die richtige Hand nehmen. Geht aber nicht so gut, wie du siehst." Beide lachen, denn beide müssen sich ja halb umdrehen. Sie nehmen dann doch die rechte Hand. Er hilft ihr beim Anschnallen, setzt sich dann aber auf die andere Gangseite. Naja, vorher begrüßt er Alissar mit einer Umarmung, was Tobias mit erstauntem Blick registriert. Dann spürt er die Jakobs Pranke und erwidert den festen Griff.

Sie schnallen sich an, das Flugzeug hebt ab. Jakob löst seinen Gurt und fummelt am Ledersitz herum. Endlich hat er den Knopf gefunden, aus dem Boden hebt sich ein Tisch hervor. Aus seiner Tasche holt er einen Laptop und startet ihn.

Charlotte hat dies gesehen und sucht nun auf ihrer Seite, die Flugbegleiterin hilft und bringt sogar einen Laptop.

„Du kannst dir einen Film ansehen oder spielen. Kennst du dich aus?"

„Ja! Ich bin Zehn!"

Das Kind ist beschäftigt, die Erwachsenen können reden.

„Erstens, mein Glückwunsch. Zweitens, ihr seid verrückt. Drittens, wir unterstützen euch." Er sieht auf seine Uhr. „Wir haben noch knapp drei Stunden. Hast du mit Beate gesprochen?"

Jakob grinst sehr breit.

„Scheusal! Ja, habe ich. Wir sollen auf dem Rückflug in Erfurt landen und zu ihr kommen. Kleiner Familientag ist angesetzt. Aber deswegen hast du uns nicht gestoppt?" Alissar kann mit ihren schwarzen Augen ganz gut Funken schlagen. Tobias sieht das zum ersten Mal und ahnt, dass Mann diese Frau nicht zum Gegner haben sollte. Wobei dieser Jakob wohl kein Gegner ist, ja womöglich ein Vor-Vor-Vorgänger von ihm ist.

Jakob hat wohl den siebten Sinn. Er lächelt Tobias an und schüttelt leicht den Kopf. Dann sieht er zu Alissar zeigt auf Lotte und sagt: „Ab jetzt Englisch, Tobias, ich weiß, dass Sie es ganz gut können."

Zur Sicherheit beugt er sich vor, spricht leise und ruft eine Datei auf.

„Du hast mit deiner Bewerbung eine Lawine ausgelöst, Muqatil. Nicht mal Bruno hatte es auf dem Schirm und der weiß, wann eine Olive zu Boden fällt. Egal. Die europäischen Rechten und ein paar Islamisten drehen durch oder versuchen es. In Deutschland, den Niederlanden, Frankreich und auf der Insel läuft gerade eine Verhaftungswelle." Schon wieder dieses Grinsen, schon wieder der Verdacht bei Tobias. „Während ihr geschlafen habt oder so, wurden Fotos von dir bei Männern gefunden, die sich nicht als Bräutigame verstehen. Dieser Müller war nicht der Einzige mit einer Waffe. Weil niemand sagen kann, ob alle Idioten gefunden wurden, haben wir Alarmstufe Rot ausgerufen. Also, ich soll euch sagen, zehn Tage Wüste sind gut. Auf dem Rückflug seid ihr munter und habt eine Entscheidung im Gepäck. Mein Tipp, sagt die Wahrheit. Liebe ist nicht nur eine Störung im, ach du weißt schon. Liebe ist auch eine Macht, die Berge versetzt, Gräben überwindet und so weiter. Ich bin da kein Experte." Kurzer Blick zu Tobias. „Mit Entscheidung meine ich, meinen wir, die Festlegung, wer es macht und wer verzichtet."

Jakob lehnt sich zurück, zeigt auf Lotte, die mit Kopfhörern ein Film guckt und spricht nun Deutsch: „Sie ist alt genug, redet mit ihr und hört ihr zu."

Ein paar Minuten wird geschwiegen, dann winkt Tobias der Flugbegleiterin und bestellt sich einen Saft. Der kommt und Herr Zander sieht Jakob ins Gesicht. Er spricht Englisch.

„Erstens danke für die Glückwünsche, zweitens hatten wir noch nicht viel Zeit zum Nachdenken. Drittens, Sie haben von wir gesprochen, wer ist wir? Viertens, was ist Ihr persönlicher Rat?"

Alissar greift nach dem Arm von Tobias und lächelt. Jakob sieht es und lächelt nun auch. Dann hebt er eine Hand.

„Ein Kanzler", der kleine Finger knickt ein. „Ein Präsident", der Ringfinger knickt ein. „Ein Emir", der Mittelfinger knickt ein. „Ein König", der Zeigefinger knickt ein. „Die Familie Wiallas", der Daumen knickt ein. Außer dem Daumen gehen alle Finger wieder hoch.

„Die hiermit Gemeinten wissen nur, dass eine kluge, schöne Muslima die Königin von zweihundertfünfzigtausend Untertanen werden kann. Aus unterschiedlichen Gründen finden diese Männer es gut."

Jakob sieht zur Uhr und grinst schon wieder.

„Sollte der Franzose von euch erfahren, wird er O la la, sagen, sich amüsieren und dir die Städtepartnerschaft mit Paris antragen. Persönlich überreicht, versteht sich. Die Familie Wiallas hat ein großes Herz. Die Familie al Saud senkt den Ölpreis, euer Gastgeber für die nächsten zehn Tage wird seine Daimleraktien nicht an Peking verkaufen und der Kanzler bekommt ein Magengeschwür. Er ist Protestant, kann also nicht beichten, dass er von der Sünde gewusst hat." Jakob Wiallas muss einen Ruf verteidigen und legt nach. „Tobias, ich habe den römischen Stellvertreter vergessen, Muqatil, du kommst sowieso in die Hölle."

Ganz ohne Mimik sagt Jakob nun: „Tobias, Sie waren ein sehr guter Sportler und ein sehr guter Trainer. Wie ich gehört habe, sind Sie ein guter Beamter. Werden Sie ein sehr guter Trainer und bringen Sie dieser Hexe bei, wie man Wasser kocht. Das ist mein Rat." Er kann es nicht lassen. „Ach ja, noch eins. Ihr könnt meine Wohnung dazu haben, aber mit dem zweiten Kinderzimmer solltet ihr warten." Fingerzeig auf Charlotte, „bis sie aufs Gymnasium geht."

Alissar spricht Arabisch. Sehr schnell und so laut, dass Charlotte irritiert die Kopfhörer abnimmt und zu ihnen sieht. Was sie noch mehr irritiert.

Ihr Vater greift nach den Händen von Alissar, die mit ihnen nach Jakob langt. Der sitzt zurückgelehnt und lacht. Dann beruhigt sich Alissar, sieht zu dem Mädchen und sagt: „Komm mal her, Lotte. Wir zanken uns und du musst Schiedsrichter sein."

Tobias steht auf und lässt seine Tochter in die Mitte. Die sieht zu Jakob, der nun ganz ernst ihren Blick erwidert. Sie sieht zu Alissar, die immer noch funkelnde Augen hat. Sie sieht zu ihrem Vater, der ihr zu nickt.

„Frau Simon, meine Klassenlehrerin, hat gesagt, wir sollen um die Sache streiten. Mit Worten, nicht mit Fäusten."

Autsch!

Eine Zehnjährige erklärt den Erwachsenen die Welt. Jakob lacht, Alissar drückt ihr einen Kuss auf die Stirn, ihr Vater umarmt sie.

In Wirklichkeit stritten Alissar und Jakob gar nicht. Sie war nur wütend, dass er ganz emotionsfrei die Sachlage analysierte und daraus die richtigen Schlussfolgerungen zog.

Das kann sie sonst auch, aber nicht am Tag nach dieser Nacht. Sie spürt die Wärme von Lotte und beruhigt sich.

„Jakob, du hast Recht, hättest es aber freundlicher formulieren sollen. Dein Rat ist gut. Wir", sie stupst Lotte an, „werden ihn befolgen."

Sie blickt zu Tobias. Der lächelt, drückt seine Tochter nun mit beiden Armen und blickt dabei zu Jakob.

„Bevor ich meinen Verstand, wissentlich und mit viel Vergnügen, ausgeschaltet habe, ist mir auch so etwas Ähnliches eingefallen. Wir werden die zehn Tage in diesem Sinne nutzen." Er zeigt zum Cockpit. „Sind wir da sicher?"

„Absolut", antwortet Jakob.

Neunzig Prozent der Einwohner des Emirates sind Ausländer, wovon jedoch zweidrittel im Niedriglohnsektor arbeiten. Das andere Drittel sind Europäer und Nordamerikaner, die als hochbezahlte Experten arbeiten und auch so wohnen. Insofern ist es nicht verwunderlich, dass Alissar, Tobias und Charlotte eine Villa mit Meerblick beziehen. Das Personal stammt aus Indonesien und spricht ein gutes Englisch. Damit kommt Tobias klar, aber Charlotte ist verwirrt. Klugerweise hat Alissar dies bedacht und eine Frau engagiert, die als Kindermädchen und Sprachlehrerin eingesetzt wird. Musa ist eigentlich Lehrerin an der Deutschen Schule, aber jetzt sind Ferien und sie kümmert sich lächelnd um das Mädchen. Vor allem in den Stunden, in denen Tobias und Alissar ohne das Kind unterwegs sind.

Das haben sie gleich am ersten Abend mit ihr besprochen und sie hat verstanden, dass ihr Vater und „Frau Alissar" nicht nur Urlaub machen können. Es wird aber gar nicht so schlimm. Im Gegenteil, Lotte ist ganz froh, dass sie mit Musa auf der Terrasse sitzen kann.

Die Lehrerin erklärt ihr den Islam, übt mit ihr Englisch und antwortet auf Lottes Fragen. Sie ist bei dem touristischen Programm immer dabei.

Schon am zweiten Tag ritt Lotte auf einem Kamel, fuhr am dritten Tag mit ihrem Vater und Alissar mit Motorrädern in die Wüste. Sie badete im Meer und zog an der Seite ihres Vaters in einer hypermodernen Schwimmhalle ihre Bahnen.

Dreimal musste sie sich schick anziehen, weil alle drei zum Abendessen eingeladen wurden. Bei dem dritten Essen musste sie ihr Handy abgeben und verstand erst beim Gute-Nacht-Kuss ihres Vaters, dass sie im Palast des Emirs zu Gast waren.

Mit Ausnahme der drei Einladungen saß Charlotte mit ihrem Vater und Alissar jeden Abend auf der Terrasse und redete mit. Soweit sie es konnte. Es ist ihr völlig egal, ob ihr Vater oder Alissar die Wahl zum Oberbürgermeister gewinnt. Sie will nur, dass sie jetzt zusammenbleiben. Und da hat sie ganz praktische Vorstellungen.

„Die vierte Klasse möchte ich in meiner Schule machen. Wenn wir zu dir ziehen, brauchen wir eine Küche. Kochen macht mir Spaß. Papa auch."

Von dem Attentatsversuch auf Alissar weiß sie eben so wenig, wie von der Tatsache, dass ihr Vater auf einer Todesliste steht. Dass soll auch so bleiben, da sind sich ihre neuen Eltern einig. Und doch müssen ein paar Verhaltensregeln vereinbart werden. Schon im Flugzeug hat Tobias darüber mit seiner Tochter gesprochen. Sie darf Fotos machen, aber erst am letzten Tag in die weite Welt schicken. Sie darf ihren Schulfreundinnen nur schreiben, dass sie Ferien am Meer macht. Das stimmt im doppelten Sinne, denn nach Rücksprache mit den ehemaligen Schwiegereltern von Tobias wird Lotte noch eine Woche bei ihrer „Wasseroma" verbringen. Ihr Vater und Alissar wollen sie dann von dort abholen.

Am vorletzten Abend sieht sie Alissar in die Augen.

„Wenn du meine neue Mutti wirst, muss ich dann ein Kopftuch tragen?"

Tobias ist wiedermal über seine Tochter verwundert, Alissar fragt sich im Stillen, warum die Frage erst jetzt kommt und antwortet laut: „Nein! Du bleibst das, was du bist. Und wenn du mit deinem Vater am Sonntag in die Kirche gehst, habe ich frei."

Auf dem Rückflug machen sie in Nikosia eine Zwischenlandung, diesmal steigt jedoch Herr Schneider ein.

Charlotte wundert sich nicht und ist mit einem Computerspiel beschäftigt. Als sie mal den Kopfhörer ablegt, hört sie, dass die Erwachsenen Englisch sprechen. Sie geht auf Toilette kommt zurück und setzt sich den Hörer wieder auf.

Das ihr Vater etwas blass um die Nase ist, fällt ihr nicht auf. Das bemerkt auch nur Alissar, denn Tobias hat ja acht Tage in der Sonne gelegen. Die Veränderung der Gesichtsfarbe resultiert aus den Worten des Herrn Schneider.

„Der Sumpf ist dreckiger und tiefer, als angenommen. Kennen Sie einen Hagen von Mark?"

„Flüchtig, er arbeitet in der Landesgeschäftsstelle der Partei."

„Jetzt nicht mehr, denn er war auch der Landesgeschäftsführer der Wilhelmina. Auf seinem Computer haben wir die Liste mit ihrem Namen gefunden." Herr Schneider wedelt mit der Hand, weil Tobias etwas sagen will.

„Erst ich, vielleicht erübrigen sich dann Ihre Fragen. Der Landesvorsitzende ist sauber, wenn Sie das meinen. Er war völlig von den Socken, als wir ihn informiert haben. Armer Kerl, denn er glaubt, dass er als Innenminister versagt hat. Ich weiß nicht, wie er sich entscheidet. Darum geht es jetzt auch nicht. Also, wir gehen davon aus, dass die Gefahr gebannt ist."

Der BKA-Mann lehnt sich zurück, lächelt erst Alissar und dann Tobias an.

„Ihre persönliche Entscheidung ist für uns irrelevant, es würde mich aber privat interessieren."

Alissar und Tobias sehen sich kurz an, dann sagt er: „Ich ziehe meine Bewerbung zurück und rufe zur Wahl meiner Lebensgefährtin auf. Gewinnt sie, muss ich als Beigeordneter zurücktreten. Gewinnt sie nicht, kann ich unter einem anderen OB auch nicht mehr arbeiten." Er grinst Herrn Schneider an. „Sie werden ja wissen, dass ich die zweite Staatsprüfung für Sport und Englisch abgelegt habe. Ich werde ab Dezember zehn Wochenstunden als Sportlehrer an der Privatschule arbeiten und die andere Zeit als Trainer. Da fehlt ja jetzt einer."

Er fasst nach Alissar, die daraufhin nickt.

„Wir werden am Montag eine Presseerklärung herausgeben."

„Wir auch", sagt Herr Schneider und sieht den beiden ins Gesicht. „Frau Wiallas, Herr Zander, ich habe nicht umsonst um den Transfer gebeten. Der Präsident und die BMI wollen am Montag nicht nur die Namen der Tatverdächtigen nennen, sondern auch deren potentiellen Opfer, also auch ihre. Sind sie einverstanden?"

Herr Schneider weiß, dass Alissar über ihren Vater oder über Marion Wiallas Verbindungen in alle Richtungen hat. Er ahnt, dass sie von der Pressekonferenz weiß, ist also nicht überrascht, als sie den Mund öffnet.

„Für mich sage ich ja, Herr Zander spricht für sich."

Tobias zeigt auf seine Tochter.

„In ihrem Interesse sage ich nein. Können Sie damit leben?"

„Natürlich, sonst hätten wir nicht gefragt. Es wird wohl auf die Formulierung, ‚auch andere Personen aus Politik, Verwaltung und Kultur', hinauslaufen. Danke, Frau Wiallas."

Sein Verdacht bestätigt sich.

„Nach meinen Informationen treten die Bundesinnenministerin und ihr Chef um Zehn vor die Presse." Sie fasst wieder nach Tobias. „Wir werden zu vierzehn Uhr einladen und das Persönliche mit dem Politischen vermischen. Das als Vorwarnung." Jetzt grinst sie.

„Danke, aber ich denke, dass wissen die Genannten. Übrigens, meinen Glückwunsch. Hätte ich glatt vergessen." Dann zeigt er zu Charlotte, die das alles nicht mitbekommt. „Wie geht es ihr damit?"

Alissar lacht, Tobias knurrt leise und lächelt dann doch.

„Sie war der treibende Keil! Während ich noch nicht wusste, was ich will, hat Lotte alles zusammengetragen, was sich über die Familie Wiallas im Netz finden lässt. Die französischen, die hebräischen und arabischen Seiten hat sie sich von einem Programm übersetzen lassen. Dann hat sie den Nachbarjungen gefragt, wie man eine Homepage knackt. Der Bengel sitzt in der Schule neben ihr, ist also auch Zehn und der Sohn eines IT-Menschen. Gott sei Dank kam der Vater zu mir. Mit anderen Worten, es geht ihr glänzend. Und das soll so bleiben. Also lassen Sie uns da raus."

Herr Schneider nickt, steht auf und telefoniert auf der Toilette.

In Erfurt warten drei schwarze Autos auf die Passagiere der Cessna.

Herr Schneider steigt in das erste ein und fährt weg. Aus dem anderen Wagen steigen aus: Bruno Wiallas, der einer älteren Dame behilflich ist. Dann Jakob Wiallas und dann zwei Männer und zwei Frauen, die aber Abstand halten. Alissar, Tobias und Charlotte gehen auf die ältere Dame zu.

Die Zanders wissen, wer vor ihnen steht und wissen auch, wie sie sich zu benehmen haben. Tobias streckt seine Hände vor. Die ältere Dame drückt Bruno ihren Blindenstock in die Hand und tastet Tobias wortlos ab. Das wiederholt sich bei Charlotte. Mit ihr spricht sie.

„Lotte, ich nenn dich so, du weißt, ich bin Beate Wiallas. Alt, blind, aber nicht dumm. Du übrigens auch nicht. Alles Weitere im Auto. Herr Zander, Sie auch."

Der Vorsitzenden des Familienverbandes Wiallas widerspricht man nicht, also setzen sich Tobias und Charlotte brav in das Auto. Naja, es ist ein Kleinbus. Zwischen Fahrerkabine und Mittelteil und zur hinteren Sitzreihe gibt es eine Scheibe. Im Mittelteil stehen sich die Sitze gegenüber. Beate setzt sich entgegen der Fahrtrichtung, Tobias und Charlotte sitzen ihr gegenüber. Der Fahrer ist gar nicht ausgestiegen, jetzt setzt sich der Beifahrer. Einer der Wachmänner schließt die Schiebetür des Mittelteiles und setzt sich dann in den hinteren Teil. Seine Kollegin steigt als Letzte ebenfalls dort ein. Was in den 30 Minuten bis Weimar im Mittelteil gesprochen wurde, erfährt niemand.

Schlechtes war es wohl nicht, denn Beate lächelt beim Aussteigen.

In ihrer Wohnung gibt es dann Kaffee und Kuchen. Charlotte muss von Kamelen, der Wüstenfahrt mit den Motorrädern und überhaupt vom Urlaub erzählen. Alissar und Tobias sitzen nebeneinander, halten Händchen und lächeln.

Dann soll Charlotte mit einer der jungen Frauen mitgehen, die Erwachsenen gehen in die Bibliothek. Die junge Frau stellt sich als Leoni und Enkelin von Beate vor. Sie legt ein nagelneues Smartphone auf den Tisch, Charlotte bekommt große Augen, denn das Gerät ist erst zwei Monate auf dem Markt und kostet 1.500€.

„Ich bin im zweiten Ausbildungsjahr zum IT-System-Elektroniker und werde dich jetzt einweisen. Gib mir mal dein Handy."

Charlotte gehorcht und sieht, wie Leoni die beiden Geräte verbindet.

„Ich überspiele jetzt alles. Die Speicherkarte wechsle ich auch noch." Sie sieht das Kind an. „Alissar hat dir schon erklärt, warum wir das machen?"

„Ja, wegen der Geheimhaltung."

„Stimmt. Warte, noch fünf Minuten. Erzähl mal von Doha."

Charlotte ist Zehn, Leonie gerade Achtzehn geworden, die beiden können miteinander und so vergeht die Zeit schnell. Während Leoni die Speicherkarte wechselt und noch ein paar Apps auf das neue Gerät installiert, erzählt Lotte von den Kamelen. Dann muss sie aufpassen.

„Hier, fertig. Achte auf den Ladestand. Du kannst es nicht ausschalten, nur stumm, zum Beispiel in der Schule. Wir, ich meine die Wiallas-Wachgesellschaft, wissen immer wo du bist, naja, wo dein Gerät ist. Das ist für deine Sicherheit. Dein Vater hatte ja auch schon etwas Ähnliches installiert. Und jetzt das hier." Leonie zeigt auf zwei Icons. „Morgens um Sieben, da bist du wohl unterwegs zur Schule und abends um Sieben bekommst du eine Nachricht von unserem Superhirn. Das fragt: Scheint die Sonne? Du musst nichts eintippen, sondern nur das grüne Icon drücken, wenn bei dir alles in Ordnung ist. Es geht nicht um die Sonne, verstanden?"

Charlotte nickt und Leoni erklärt weiter: „Stimmt etwas nicht, drückst du das rote Bildchen. Antwortest du nicht, wird die Frage nach fünf Minuten wiederholt. Kommt da auch nichts, fahren zwei Wachleute zum Standort des Handys. Hast du es verpennt, gibt es Ärger, bist du in Not, ist es deine Rettung. Fragen?"

„Seid ihr alle so?" Charlotte hat große Augen und dreht das Smartphone vorsichtig in den Händen.

„Was meinst du mit so?"

„Na, klug und cool."

Leoni tippt sich auf die Brust.

„Nicht immer, weil unser Herz manchmal dazwischenfunkt. Du hast es doch erlebt."

„Ja, Papa lacht wieder." Lotte zeigt auf das Gerät. „Bekommt er auch ein Neues?"

„Ja, ich warte nur, bis er da rauskommt."

Bis es soweit ist, schickt Charlotte Fotos und Nachrichten an drei Schulfreundinnen und natürlich an Nobert. Leoni guckt nicht, sie ist sich sicher, dass Lotte alles richtig macht.

Die Beratung ist zu Ende, Tobias setzt sich zu Leoni und wird von ihr in sein neues Smartphone eingewiesen. So richtig begreift er nicht, warum seine Tochter und die junge Frau sich dabei zuzwinkern.

Eine Stunde später sitzen Alissar, Tobias und Charlotte wieder in einem Kleinbus mit komischen Sitzen.

Alissar sitzt mit dem Rücken zur Fahrerkabine, also ihrer Stieftochter und ihrem Partner gegenüber. In der hinteren Kabine sitzen zwei Wachleute, die Scheibe ist hochgefahren. Eine Stunde wird die Fahrt dauern, eine Stunde reden die drei über die Zukunft. Über die, die heute beginnt und nächste Woche vollendet sein wird. Über die, die dann beginnt und wohl drei Monate dauern wird. Und über den 7. September, der Einfluss auf die Zukunft hat.

Konkret geht es darum, dass die Zanders heute wieder in ihrem Haus schlafen. Das morgen der Wasseropa mit dem Zug kommt und seine Enkelin abholt. Charlotte begreift, dass der übernächste Tag, ein Montag, für ihren Papa und Alissar ein wichtiger Tag ist. Sie erfährt, dass sie tatsächlich in der Felsenvilla wohnen wird, aber erst, wenn dort die Umbauten fertig sind. Alissar erklärt es so: „Du willst eine Küche, du bekommst eine Küche, aber das dauert etwa drei Monate." Das Mädchen nimmt die Finger zu Hilfe. „September, Oktober, November, dann können wir die Weihnachtsgans in der neuen Küche braten. Cool!"

Soweit der Plan.

Turbulenzen

Punkt zehn Uhr nehmen die Bundesinnenministerin, der Präsident des Bundeskriminalamtes und der Generalbundesanwalt auf dem Podium des Pressesaales Platz.

Der Raum ist voll, jeder hält die Hand auf, jeder bekommt die gedruckte Presserklärung, jeder steckt sie erstmal weg.

Die Ministerin sagt, dass der Generalbundesanwalt etwas zu sagen hat.

„Die Bundesanwaltschaft hat in den letzten zwei Wochen mutmaßliche Mitglieder einer terroristischen Vereinigung festnehmen lassen."

Dann liest er 80 Namen vor und macht weiter.

„Die Festgenommenen gehören zu einer terroristischen Vereinigung, die es sich zum Ziel gesetzt hat, die bestehende staatliche Ordnung zu überwinden. Dies sei nur durch militärische Mittel und Gewalt gegen staatliche Repräsentanten möglich. Hierzu zählt auch die Planung, Vorbereitung und Durchführung von Tötungsdelikten."

Die Presseerklärung ist sieben Seiten lang, der Generalbundesanwalt liest sie langsam vor.

Schon bei „terroristische Vereinigung" und „Tötungsdelikten" ging ein Raunen durch den Saal. Das wiederholt sich, als die Worte „Todeslisten" und „Festnahmen in letzter Minute", fallen.

Die Journalisten wollen es nun genauer wissen und werden bei jeder Antwort stiller. In der Presseerklärung werden die Beschuldigten mit Vornamen und Anfangsbuchstaben des Nachnamens genannt. Das bleibt auch so bei den mündlichen Antworten, allerdings werden nun die Berufe genannt. Eine aktive Richterin, ein aktiver Staatssekretär, aktive und pensionierte Offiziere und Polizeibeamte. Unternehmer und, für die Journalisten besonders interessant, zwei Kollegen. Ein Fernsehgesicht und eine anerkannte Kollegin der schreibenden Zunft. Ganz still wird es, als der BKA-Präsident drei Namen aus der Todesliste zitiert. Den Bundesminister und den Ministerpräsidenten kennt jeder, aber wer ist Frau Alissar Wiallas?

Noch während einige Journalisten Fragen stellen, aktivieren andere ihre tragbaren Computer oder erinnern sich dunkel an die Titelstory eines Nachrichtenmagazins. Die Berliner Journalisten kennen nur die Hauptstadt, München als die heimliche Hauptstadt, Frankfurt als Flughafen und glauben, dass im Saarland Französisch gesprochen wird. Die genannte Universitätsstadt in der Mitte des Landes liegt für sie auf der Rückseite des Mondes.

Natürlich nicht für alle.

Die Ressortchefin Politik des Nachrichtenmagazins wählt schnell Alissars Nummer, muss sich aber mit der Mailbox zufriedengeben. Die Kollegen von Al Jazeera packen sehr schnell ihre Sachen zusammen. Auch Jan Schuster verlässt vorzeitig die Pressekonferenz. Er ist der Hauptstadtkorrespondent der in der Universitätsstadt erscheinenden Regionalzeitung und kann mit dem Namen Alissar Wiallas etwas anfangen. Ja, er kennt sie sogar persönlich, wenn auch flüchtig, vom Biker-Gottesdienst. Er schaut auf sein Smartphone, der nächste ICE geht in zwei Stunden und braucht dann noch mal anderthalb. Jan telefoniert mit seiner Redaktion und setzt sich den Helm auf. Eine Stunde und fünfzehn Minuten später ist er in der Redaktion und wird gleich wieder losgeschickt. Als Fotografin kommt eine Praktikantin mit. Es ist Urlaubszeit.

Der Fahrer des Übertragungswagens von Al Jazeera streitet sich mit den Polizisten, sein Kollege baut in aller Ruhe die Kamera auf, der dritte Mann richtet den Parabolspiegel. Ihre Kollegin macht sich im Ü-Wagen noch telegen. Als nun auch noch der Wagen des Landesrundfunks auf den Markt fährt, geben die Polizisten auf. Oder, man hat ihnen gesagt, sie sollen die Journalisten gewähren lassen.

Punkt 14.00 Uhr treten Alissar, Tobias und die schon mal erwähnte Anwältin vor das Wahlkampfbüro.

Es ist Montag und Ferienzeit, die Zahl der Marktplatznutzer hält sich in Grenzen, aber die Übertragungswagen, die kopftuchtragende Journalistin, die nun auch noch Englisch spricht, die zwei Polizeiautos und die bekannten Gesichter von Alissar und Tobias, lassen die Leute zum Ort des Geschehens strömen. Es mögen gut hundert sein.

Und kriegen den Mund nicht wieder zu.

Alissar erklärt, dass sie den Mann fürs Leben gefunden hat. Tobias erklärt, dass er glücklich ist, aber seine Bewerbung als Oberbürgermeister zurückzieht. Er fügt hinzu: „Ich habe Frau Alissar gewählt, machen sie es bitte auch."

Dann sagen beide unisono: „Unser Leben, unsere Liebe, sind privat. Bitte respektieren sie dies."

Schwups, sind sie im Büro verschwunden.

Die Anwältin verteilt eine kurze Presseerklärung und lächelt in die Kameras.

Die werden langsam abgebaut, ebenso zögernd verläuft sich das Publikum.

Jan ruft Pfarrer Prokop an, schickt parallel eine Sprachnachricht an die Redaktion und die Praktikantin dorthin. Sie soll die Fotos vorbereiten. Der Pfarrer ist dran und clever.

„Ein Statement erst, nachdem ich mit Frau Wiallas gesprochen habe."

Das wird schwer, denn ihr Handy summt und quäkt pausenlos. Auch Tobias legt sein Gerät erstmal weg. Im Büro müssen sich Dr. Bauer und Karl Krumpholz die Seiten halten, Lachen kann weh tun. Constantin ist noch im Urlaub, weiß aber Bescheid und wird morgen im Büro sein.

Frau Preller hat vorsorglich die Bürotür geschlossen, muss jetzt aber nachsehen, denn da wird heftig geklopft. Alissar sieht, wer es ist und sagt: „Lassen Sie Frau Gutter rein."

Die Fischhändlerin hat einen Plastikbeutel in der Hand, den sie jetzt dem völlig überraschten Tobias in die Hand drückt. Mit einem breiten Grinsen. „Hier. Hecht und Zander, Herr Zander. Ich weiß, dass Sie wissen, wie man damit umgeht. Herzlichen Glückwunsch, übrigens." Dann dreht sie sich zu Alissar um. „Ich weiß, du hast es nicht so mit den öffentlichen Umarmungen. Jetzt halt mal still, Mädchen." Die durchaus gewichtige Frau Gutter muss sich strecken, aber schafft es. Alissar spürt deren Arme auf den Rücken und hört die geflüsterten Glückwünsche.

Mit einem lächelnden Gesicht bringt sie Frau Gutter zu Tür.

Da stehen die kopftuchtragende Journalistin und ein grinsender Jan Schuster.

Alissar dreht sich zu Tobias um.

Der tippt sich auf die Brust und zeigt dann zur Decke. Will heißen: „Ich gehe nach oben. Mach."

Alissar nickt, lässt die beiden Journalisten rein und flüstert dabei: „Hintergrundgespräch. Keine Bilder, keine Zitate, keine Mittschnitte." Jan nickt, seine Kollegin nickt.

Die beiden stören sich auch nicht an der Anwesenheit der Anwältin, der beiden Berater, der Bürokraft und einer finster blickenden Frau mit breiten Schultern.

Alissar bestätigt, dass sie von der Todesliste gewusst hat und dass sie mit der Nennung ihres Namens einverstanden war. Sie bestätigt, dass sie Polizeischutz hatte, die Gefahr aber nun vorüber sei. Jan zeigt mit dem Kugelschreiber auf die Frau mit den breiten Schultern. Alissar reagiert mit einem Lächeln. Die aus London stammende und für einen arabischen Sender arbeitende Frau fragt auf Englisch: „Nach dem Rückzug von Herrn Zander sind Sie, Frau Wiallas, die aussichtsreichste Kandidatin. Oder?"

„Das wird sich am siebten September zeigen. Die Wähler der christlichen Partei werden nun verunsichert sein, Herr Zander wird sich noch heute an sie wenden."

Jan grinst.

„Mit dem Slogan, ich habe Frau Wiallas gewählt, machen sie es bitte auch?"

„Das entscheidet er, aber ja, den Spruch finde ich gut."

Zehn Minuten dürfen die beiden noch fragen. Wobei sie klugerweise das Private nicht berühren.

Als sie das Büro verlassen kommt Tobias die Treppe herunter.

Grinsend schwenkt er den Beutel von Frau Gutter.

„Das reicht für alle. Herr Doktor Bauer, Herr Krumpholz, Frau Preller, sie sind eingeladen. Bei mir, denn die Küche meiner Frau wird noch gebaut."

Frau Preller outet sich als Nichtfischesserin, bedankt sich aber.

Es wird ein lustiges Abendessen, bei dem vor allem die Vorgeschichte des Tages reflektiert wird.

Als am Vortag der Zug nach Rostock mit dem ehemaligen Schwiegervater von Tobias und Charlotte den Bahnhof verlassen hatte, fuhr Tobias zu Alissar.

Körperliche Anstrengungen hatten sie die letzten anderthalb Wochen genug, jetzt waren die Köpfe gefragt. Und die Telefone.

Alissar informierte Walentina Liwak und Dr. Auerbach über die Veränderungen in ihrem Leben, die aber keine Auswirkungen auf die Bewerbung hätten. Der Liberale und die Bündnisvorsitzende sind beide im Urlaub und froh, dass sich nichts ändert. Wobei der Kinderarzt erst Glückwünsche ausspricht und dann Fragen stellt. Bei Walentina dauert es etwas länger und ist mit der Frage verbunden: „Warum ausgerechnet der?"

„Weil er zu mir passt. Näheres, wenn du wieder da bist."

Tobias bekam nach viel Mühe den Innenminister und Parteivorsitzenden ans Telefon. Das Gespräch dauerte 45 Minuten. Dann war die Marschrichtung klar.

Montagvormittag geht Tobias als erstes zum Stadtwahlleiter und übergibt ihm seinen Rücktritt von der Bewerbung. Der Mann bekommt Schweißperlen, denn er muss den Druck der Wahlscheine stoppen und neue in Auftrag geben. „Übermorgen wäre es zu spät, Herr Zander." Dann hakt er nach. „Was sind die persönlichen Gründe?"

„Ich gebe heute um vierzehn Uhr eine Erklärung ab. Gemeinsam mit Frau Wiallas und vor ihrem Wahlkampfbüro. Kommen Sie doch hin."

Der Stadtwahlleiter lässt den Mund offen, fängt an zu denken und sagt ehrlich: „Ach du Scheiße!" Dann korrigiert er sich schnell: „Herzlichen Glückwunsch."

Beide Männer grinsen sich an.

Dann geht Tobias zur Geschäftsstelle seiner Partei.

Auch hier offene Münder und dann hektische Betriebsamkeit. In einer Woche sollte die Plakatierung beginnen. Tobias verhindert den Ausbruch einer Panik. „Die Plakate stampfen wir ein, ich zahle es. Und heute Abend erkläre ich mich. Den Text lasse ich hier, Sperrfrist achtzehn Uhr. Dann soll die Homepage aktualisiert werden."

Im Wohnzimmer von Tobias genießen sie den Fisch, kontrollieren die Homepage des Stadtverbandes der CP und ventilieren die offenen Münder des Marktplatzpublikums. Da standen ja mindestens fünfzig Rathausmitarbeiter. Kurz vor 20.00 Uhr klingelt bei Alissar das Handy. Sie hört zu und bittet Tobias: „Schalt den Fernseher ein, erstes Programm."

Spitzennachricht ist die Pressekonferenz der Bundesinnenministerin, dafür verwendet die Redaktion fünf Minuten. Dann sehen sich Tobias und Alissar im Fernsehen. Mangels eigener Bilder sendet das deutsche Fernsehen die Aufnahmen der arabischen Konkurrenz, legt aber einen Kommentar darunter. Die Frontfrau von Al Jazeera muss für das „internationale Interesse an einer Bürgermeisterwahl" herhalten. Dann folgt ein Foto von Alissar und ein paar biographische Daten. Aleppo ist richtig, Zürich falsch. Laut dem deutschen Fernsehen ist sie vier Jahre älter.

„Die hätten wenigsten Mal auf die Homepage gucken können", schimpft sie. Auch Tobias ist erstaunt, dass er schon vierzig ist und seine erste Goldmedaille im zarten Alter von acht Jahren gewann.

Konrad Bauer murmelt: „Urlaubszeit, Praktikanten und Arroganz. Die Leute haben Recht, wenn sie über die Presse schimpfen. So etwas darf nicht passieren."

Dann kontrollieren alle ihre Handys, Tobias klappt sogar seinen Laptop auf. Das Netz tobt.

Völlig zurecht wird das öffentlich-rechtliche Fernsehen angegriffen, Roland Bauer findet seine Gedanken dort wieder.

Eine feministische Gruppe feiert den Entschluss von Tobias und schlägt ihn als „Hausmann des Jahres" vor. Er zeigt zur Küche und dann zur Decke.

„Woher wussten die? Ich denke die haben alle Kameras abgebaut?"

Das war ein Fehler, denn nun wollen die Bauers und Karl wissen, was er meint. Tobias sieht erschrocken zu Alissar.

„Sag es."

Also erzählt Tobias, dass auch er auf der Todesliste steht. Constantin Bauer macht nur, „Oh". Der ehemalige Polizist Karl Krumpholz, sagt: „Gut, dass Sie jetzt ein Wiallas sind."

Den Satz versteht Tobias inzwischen.

Nun scrollen sich alle durch die digitale Welt.

Die rechten Netztrolle wiederholen ihre Ratschläge.

Alissar solle in ihr „Kamelland zurückgehen", ihr solle das Kopftuch heruntergerissen werden. Tobias wird die sofortige Trennung von der „Islamistin" empfohlen und so weiter. Auffallend ist das Schweigen von Oliver Rausch. Der Kandidat der EWP hat sonst jede Videobotschaft von Alissar kommentiert. Spätestens eine Stunde nach der Veröffentlichung. Jetzt ist Ruhe und auch auf der Homepage der Einzig Wahren Partei gibt es nur alte Nachrichten.

Der pensionierte Kriminalist meint: „Das will nichts heißen, da kommt noch was."

Heute jedenfalls nicht.

Gegen 21.00 Uhr steigt Herr Krumpholz bei Herrn Bauer ins Auto, Alissar hilft ihrem Mann beim Abwasch. Dann lassen sie sich zu ihr fahren.

Es gehört zur stillen Übereinkunft, dass sie nicht im ehemaligen Schlafzimmer von Tobias und seiner verstorbenen Frau schlafen.

So können sie nur nachträglich die Spätausgabe der Nachrichten des Deutschen Fernsehens verfolgen. Beim Bericht über Alissar und Tobias entschuldigt sich der Sprecher für die handwerklichen Fehler in der Abendsendung und korrigiert diese. Es gibt einen Kommentar, in dem die Terroristen der Wilhelmina als Schande bezeichnet wird. Der Rücktritt von Tobias wird als ehrlich und mutig bezeichnet. „Solche Männer braucht das Land!" Auch für Alissar findet der Kommentator, ein grauhaariger Mann, lobende Worte, mit Einschränkung, denn er verlangt: „Führen Sie ihre Stadt ohne religiösen Fanatismus!"

So etwas wirft nicht einmal Herr Rausch seiner Kontrahentin vor.

Tobias kommentiert: „Alte weiße Männer können nicht anders."

Alissar lächelt: „Ein Mann im besten Alter könnte schon anders, oder?"

Nur gut, dass Charlotte bei ihren Großeltern ist.

Oder auch nicht, denn sie hat gemeinsam mit Oma und Opa die Spätnachrichten gesehen und dann vergeblich versucht ihren Vater zu erreichen.

Er scheibt ihr um Mitternacht eine Entschuldigung und ist nicht verwundert, dass sie noch antwortet: „Schon ok, hab dich lieb." Dann folgt: „hab euch lieb."

Dass Charlotte noch bis Mitternacht auf ist, gehört zum Ferienprogramm, welches Oma und Opa ihr bieten.

Übrigens in Absprache mit Tobias.

Er hatte sie von Doha aus angerufen und sogar Fotos geschickt. Natürlich auch eins mit Alissar. Auch sie hat mit Lottes Großeltern telefoniert, war sich aber nicht sicher, ob das gut war. Tobias meinte: „Ja. Du wirst sehen."

Er sollte Recht behalten.

Sechs Tage nach dem turbulenten Montag fahren zwei schwarze Autos in die Strandstraße zu Dierhagen. Eins fährt in die Auffahrt zur Nummer 118, dass andere fährt weiter. Aus dem ersten Auto steigen Tobias und Alissar und ein breitschultriger Mann. Der setzt sich wieder ins Auto, als Charlotte aus der Haustür kommt. Rennend und mit ausgestreckten Armen. Erst umklammert sie Alissar auf Bauchnabelhöhe, dann lässt sich von ihrem Vater hochheben. Inzwischen sind auch ihre Großeltern vor die Tür getreten.

Die beiden wurden eine Woche lang von ihrer neunmalklugen Enkelin über den Islam aufgeklärt, also sagt der Opa nur: „Guten Tag" und streckt die Oma ihre Hand aus. Aus dem Haus weht Kaffeeduft, die Oma interpretiert Alissars Gesichtsausdruck richtig. „Kommen Sie, Frau Wiallas!"

Der Kaffee ist deutsch, aber der Kuchen ist selbstgebacken und hervorragend. Letzteres sagt Alissar auch zweimal, davon einmal mit vollem Mund, was Lotte mit „Erziehung ist Vorbild" kommentiert. Darüber lachen die beiden Alten herzhaft, denn sie waren Lehrer. Katholisch sind sie immer noch, aber Tobias hatte ihnen nicht nur den Link zu seiner Rücktrittserklärung, sondern auch die dort erwähnte Handreichung des Kölner Erzbischofs zu katholisch-islamischen Ehen geschickt. Seine ehemaligen Schwiegereltern haben die fünfzig Seiten gründlich gelesen und sogar mit ihrem Seelsorger darüber gesprochen. Ihm haben sie auch ein Exemplar der Regionalzeitung gegeben, welches Tobias ihnen schickte.

Die war vom Dienstag und enthielt drei wichtige Artikel, nebst zwei Kommentaren. Einmal ging es um die Wilhelmina und deren Todesliste, da wurde Alissar genannt. Dann schrieb Jan Schuster über den „großartigen Beigeordneten Tobias Zander" und daneben druckte die Zeitung seine persönliche Erklärung ab.

In der ist von Liebe, Verantwortung und Gewissen die Rede.

Tobias beschreibt die Liebe als „Gottesgeschenk".

Er schreibt über seine Verantwortung als Vater und Kommunalbeamter, die ihm zum Rücktritt seiner Bewerbung und da konnten es alle lesen, auch als Beigeordneter, veranlassen. Als Vater will er seiner Tochter eine Familie bieten und ist überzeugt, dass „meine Partnerin, Frau Alissar Wiallas" diese Rolle ausfüllen kann. Als Beamter und Bewerber um den Oberbürgermeisterstuhl will er Interessenkonflikte ausschließen. Die Mitglieder der Christlichen Partei bittet er „gehen sie in sich, prüfen sie ihr Gewissen und hören sie auf ihr Herz. Ich habe Frau Wiallas gewählt, machen sie es bitte auch."

Über den letzten Satz haben er und Alissar lange diskutiert.

Ihm war er zu männlich-dominant, ihr gefiel die persönliche Note und natürlich die geschickte Wahlwerbung. Der Satz blieb, wie er war.

Und gefällt auch den ehemaligen Schwiegereltern.

Die wissen, dass es nur ein kurzer Besuch ist, der Rucksack von Lotte steht schon gepackt an der Tür. Vor allem die Oma kann verstehen, dass dieses Haus, sie selber, für Alissar eine Herausforderung sind. Hier ist die Mutter von Charlotte und Ehefrau von Tobias aufgewachsen. Hier haben die drei jeden Sommer verbracht.

Alissar hat sich vorbereitet, gemeinsam mit Tobias und Lotte.

„Ich danke Ihnen und werde wiederkommen. Wir werden wiederkommen und natürlich auch Lotte. Diesmal war es turbulent, aber nächstes Jahr sollte sie zwei Wochen bleiben."

Oma nickt, Lotte nickt, Opa nickt, hat aber doch ein Problem.

„Wieder mit Polizei?"

Seine Frau zischt ihn an, Lottes Gesicht ist ein Fragezeichen, Alissar schüttelt den Kopf und Tobias steht auf. „Knut, kommst du mal kurz." Die beiden Männer gehen in den Garten, Alissar fragt Lotte, „hast du alles gepackt?" und Omas Hände zittern.

Beim Abschied ist Knut sehr lieb zu Lotte und umarmt seinen ehemaligen Schwiegersohn innig. Alissar bemerkt, dass die Oma ungewöhnlich lange ihre Hand hält.

Im Auto schickt Charlotte die neusten Urlaubsfotos an ihre Freundinnen und natürlich auch an Nobert. Tobias und Alissar kommunizieren mit ihren Handys.

„Ein Streifenwagen ist jeden Tag zweimal vorbeigefahren. Er wusste nicht, dass ich auf der Liste stehe. Es tut ihm leid" schreibt Tobias.

„Sie hat es nicht bemerkt, glaube ich. Aber wir müssen mit ihr reden, spätestens mit Schulbeginn. Morgen dein Bruder?"

„Ja, aber pass auf. Er wird sich deinetwegen scheiden lassen und ich mag seine Frau nicht besonders."

„Zwei Männer ist Haram. Steht das nicht auch irgendwo in deiner Bibel?"

„Muss ich nachschlagen. Hast du nicht etwas von einer knackigen zwanzigjährigen Cousine erzählt?"

„Sie ist vierundzwanzig und wird am neunten August heiraten. Und wenn du nicht lieb bist, dann sage ich allen Cousins Bescheid. Das wären dann fünf gewaltbereite Moslems und die nächste Pressekonferenz."

Sie setzen ihre Blödeleien noch eine Weile fort.

Der Bruder von Tobias ist 40, Ingenieur, ein guter Kirchgänger und unglücklich verheiratet. Das sieht Alissar sofort. Sie weiß, dass Scheidungen für Katholiken nicht einfach sind, versteht aber nicht, warum die beiden da nicht eine Lösung finden. Das Gespräch zieht sich und wird langsam unangenehm, weil sie von ihrem beinahe Schwager tatsächlich angestarrt wird. Ob Charlotte tatsächlich Bauchschmerzen hatte oder sie nur vortäuschte, verrät sie auch beim Gute-Nacht-Kuss nicht. Der Besuch wurde abgebrochen.

Dagegen muss sie einen Tag später quasi zum Auto getragen werden. Bis um 23.00 Uhr saßen sie im Restaurant der Familie Khalil und redeten. Tobias am Männertisch, Alissar bei ihrer Mutter und Cousinen. Lotte wirbelte umher und hatte Spaß. Tobias war vorbereitet und doch überrascht. Muslimische Frauen mit und ohne Hijab, schöne, kluge und tatkräftige Frauen. Ab und an schielte er mal auf die Frauenseite, was die Männer an seinem Tisch amüsiert zur Kenntnis nahmen.

Der Kampf

Sechs Wochen vor der Wahl dürfen die Plakate aufgehängt oder aufgestellt werden. Die großen sind 2x3 Meter und stehen an den Einfallstraßen, die kleinen sind im Format A 2 und hängen an jedem Laternenpfahl oder Ampelmast.

Die Wähler sehen Alissar lächelnd vor dem Rathaus, dazu der Spruch: „Die beste für unsere Stadt!" Sie steht vor einer Schule, die sie selbst besucht hat, um sie herum ein paar Schüler in allen Hautfarben und auch mit Hijab. Dazu: „Chancen für Alle!" „Ihre Stimme, ihr Vertrauen, meine Leistung" ist ein Luftbild der Stadt mit ihrem Gesicht, rechts oben.

Die Kandidatin der Partei der sozialen Gerechtigkeit ist Lehrerin, folgerichtig wirbt sie mit „Gute Bildung – Gute Arbeit" und ihrem Gesicht.

Der Kandidat der Partei neuen Typs ist bei der Straßenbahn beschäftigt, ergo verspricht er auf seinen Plakaten: „Kostenlose Schülerfahrkarte!" oder „Kostenlose Kita!" Auf sein Konterfei hat Klaus Wiederholt verzichtet.

Auf den Plakaten der „Wahlinitiative Rolf Walentin" sieht man ein gefülltes Bierglas und eine nackte Frau von hinten, die aufs Meer sieht. Darunter steht: „Freibier, Freizeit, Freiheit". Aus allen vier Ecken der Plakate lächelt der Bewerber.

Auch Oliver Rausch lächelt auf seinen Plakaten. Ein Plakat gehört zu Standardausrüstung der Einzig Wahren Partei und zeigt drei wohlgestaltete Bikiniträgerinnen. Darunter steht: „Bikini statt Burka!" Das zweite Plakat ist ein Luftbild mit dem querlaufenden Spruch, „Islamfreie Stadt!" Das dritte Plakat hat er wohl in letzter Minute anfertigen lassen. Da steht er vor dem Rathaus und sagt: „Ich lass mich nicht verdrängen!"

Eine Anspielung auf Tobias Zander, der ja nun kein Kandidat mehr ist, aber dennoch im Stadtbild präsent.

Bei dem Zwischenhalt in Weimar stellte er seine Idee vor und der der Komplementär der „Stiftung Wiallas KG aA", Hans Wiallas, sagte: „Machen wir."

Gemeint ist das Anmieten fast aller gewerblichen Werbeflächen in der Stadt. Von denen lächelt nun Tobias Zander. Es ist die veränderte Form eines seiner Wahlplakate. Sein Gesicht neben zwei Goldmedaillen und dem Spruch: „Weltspitze für unsere Stadt!" Oben und schön auffällig steht: „Ich habe Frau Wiallas gewählt!"

Diese Plakate sind hinter Glas und werden alle dreißig Sekunden von einer kommerziellen Werbung oder Hinweisen der Bundeszentrale für politische Bildung ersetzt. Leuten, denen diese nicht gefällt, können höchsten ein mit Farbe gefüllten Luftballon gegen die Scheibe werfen. Dass lässt sich abwaschen und wird auch gemacht.

Dagegen haben die Plakate von Alissar und Oliver ein kurzes Leben. Jede Nacht ziehen sportlich und mobile Gruppen los. Sie klettern die Masten hoch und entfernen die kleinen Plakate, sie fahren, mit was auch immer, zu den Großplakaten und machen Kleinholz aus ihnen.

Alissar fordert auf ihrer Homepage und in den Videobotschaften die Unbekannten auf: „Habt Respekt!" Sie ist der Meinung, dass „Vandalismus keine politische Willensbekundung ist" und empfiehlt, „Geht wählen!"

Sie distanziert sich ausdrücklich und versichert, dass diese Trupps nicht von ihr bezahlt oder angeleitet werden.

Die Einzig Wahre Partei erstattet laufend Anzeige, schweigt aber sonst.

Erst nachdem die Polizei drei Teenager auf frischer Tat erwischte, wird es ruhiger. Übrigens gaben sie als Motivation, „Spaß haben", an.

Die Boulevardzeitung beauftragt eine Firma mit einer Umfrage. Die Firma holt sich aus nicht offen gelegten Quellen 800 Namen und ruft diese Personen an. Das sind 0,42 Prozent der Wahlberechtigten. Vier Wochen vor der Wahl werden die Ergebnisse veröffentlicht. Danach wissen 40 Prozent noch nicht, wen sie wählen. Je fünf Prozent wollen Klaus Wiederholt oder Rolf Walentin ihre Stimme geben. Die Kandidatin der PdsG kommt auf zehn Prozent, Alissar auf 25 und Herr Rausch auf 15 Prozent.

Die Regionalzeitung spart sich die Kosten und befragt die Menschen auf dem Markt und in drei Einkaufszentren. Mit dem juristisch wichtigen Hinweis, dies sei keine repräsentative Umfrage, kommt sie auf ähnliche Ergebnisse.

Das Wahlgesetz schreibt vor, dass sich die Bewerber mindestens auf einer öffentlichen Veranstaltung den Wählern vorstellen.

Alissar hatte drei geplant, nach dem Rückzug von Tobias macht sie zwei mehr.

Es ist Sommer, es ist warm und so wurde für draußen geplant. Das Bündnis, in Person von Walentina Liwak, genauer, ihre Firma, stellt einen LKW mit Kübelpflanzen und transportiert auch drei Großplakate. Die Liberalen bezahlen eine Firma, die zu jeder Veranstaltung Bierzeltgarnituren aufbaut. So können, je nach Körpermaß, 40 bis 60 Personen sitzen. Alissar zahlt das Wasser, welches kostenlos zur Verfügung steht.

Das Ambiente ist jedes Mal dasselbe.

Die Gartenbaufirma baut aus den Pflanzkübeln und den Großplakaten eine Insel. Alissar und ihre Begleiter sitzen hinter einem Tisch, den LKW im Rücken. Davor sind die Bänke im Halbkreis aufgebaut. Auf dem Laster steht ein Mitarbeiter der WSG und hat alles im Blick. Sein Kollege oder auch eine Kollegin, steht am Ende der Sitzreihen. Ein Streifenwagen der Polizei parkt in Sichtweite.

Die erste Veranstaltung findet an einem Freitag von 14 bis 15.30 Uhr auf dem Parkplatz eines Einkaufszentrums im Stadtteil Süd statt. Alissar und Constantin sitzen hinter einem Biertisch, haben aber nur Wasserflaschen vor sich. Sie spricht zehn Minuten zu den etwa 30 Zuhörern. Die dürfen dann Fragen stellen und machen es auch. Menschen gehen, Menschen kommen. Um 15.05 Uhr, so steht es später im Polizeiprotokoll, kommen zwei junge Männer in Anzügen und mit Krawatte und zwei junge Frauen in hochgeschlossenen Kostümen. Sie setzen sich nicht, sondern beginnen sich auszuziehen. Als die Herren nur noch eine Badehose anhaben und die Damen ihre Bikinifigur präsentieren, brüllen sie: „Bikini statt Burka! Wählen sie Oliver Rausch!"

„Es ist ja ein schöner Anblick, stört aber", sagt Alissar, aber die Halbnackten werden lauter. Nun kommen die beiden Polizisten und ein Wachmann näher. Wenig später ist noch ein Streifenwagen vor Ort.

Die Beamten sprechen ein Platzverweis aus, die Störer ziehen sich langsam wieder an und haben sogar ihre Ausweise parat.

Alissar erstattet Anzeige.

Der zweite Termin ist auch ein Freitag, aber diesmal von 12 bis 13.30 Uhr, und im Osten der Stadt. Walentina hat ihr Firmengelände zur Verfügung gestellt und keine Angst, dass das zu abgelegen sei. Genau gegenüber sind ein Kindergarten und die Endhaltestelle der Straßenbahn.

Der Aufbau ist derselbe, plus einer kleinen Hüpfburg.

Während die Kleinen toben, reden ihre Mütter mit Alissar und Walentina. Es gibt keine Störungen.

Übrigens sitzen Tobias und Charlotte Zander in der ersten Reihe.

Der dritte Termin ist wieder ein Freitag, nun wieder zwischen 14 und 15.30 Uhr. Im Norden der Stadt gibt es einen Discounter mit Parkplatz und gegenüber steht das „Ärztehaus Nord", in dem auch Dr. Auerbach seine Praxis hat. Er sitzt diesmal neben Alissar und verjagt die Störer.

Fünf Teenager, für die wohl noch das Alkoholverbot gilt, kommen mit einer Flasche Billigbier in die Runde. Der Kinderarzt steht auf und spricht drei der Jugendlichen mit Vornamen an. Die erkennen den Mann, der ihnen bei Halsschmerzen oder sonstigen Wehwehchen geholfen hat und trollen sich.

Beim vierten Termin gibt Alissar ihrem Affen Zucker.

Tag und Zeit sind dieselben, Ort ist der Vorplatz des größten Einkaufszentrums im Stadtteil West. Die Hüpfburg ist dabei und eine Schaumstoffmatte. Dr. Karamba Owambo sitzt ordentlich im Anzug hinter dem Tisch und redet über die „grüne Stadt", welche die Kandidatin Frau Wiallas erreichen will. Alissar sitzt neben ihm und nickt mehrmals. Allerdings sind die Zuhörer irritiert, dass sie Sportkleidung trägt. Das Geheimnis lüftet sich schnell. Alissar redet kurz über „Frauenpower" und demonstriert mit Hilfe von Renate Kluge, was gemeint ist. Die Polizistin und die militärisch ausgebildete Bewerberin für den Oberbürgermeisterposten, zeigen auf der Matte einige Elemente der Selbstverteidigung. Das Publikum applaudiert, einige Männer rufen: „Mehr!" Sie bekommen noch ein Nachschlag.

Beim Abbau kommen die beiden Streifenwagenpolizisten lachend auf Alissar zu und berichten, dass sich kurz vor der sportlichen Einlage einige verdächtige Männer, „arabischen Phänotyps", in der Nähe versammelt hätten. Nach den ersten Würfen, seien sie aber schnell verschwunden.

Der fünfte Termin ist ganz anders.

Es ist der dritte Sonntag vor dem Wahlsonntag. Alissar begleitet Tobias und Charlotte zur Heiligen Messe um 10.30 Uhr. Sie werden freundlich gegrüßt und grüßen zurück. Naja, ein paar alte Damen und einige Männer gehen stur an ihnen vorüber. Die fehlen auch, als sich Alissar und Tobias später den Fragen stellen. Nun im Gemeindehaus und vor gut 80 Menschen. Schnell wird klar, dass sich die Teilnehmer weniger für das Wahlprogramm, als das Menschliche interessieren. Der Pfarrer hatte die Idee, sein Diakon Bauchschmerzen und die Gemeindereferentin jetzt einen roten Kopf. Aber es geht gut.

Ein paar Gläubige haben die Handreichung gelesen und stellen diesbezügliche Fragen:

„Wollen sie heiraten?"

Tobias: „Ja, später."

„Geben Sie ihren Glauben auf, Frau Wiallas?"

Alissar: „Nein, warum sollte ich?"

„Herr Zander, Sie haben eine Tochter. Wollen Sie noch weitere Kinder."

Tobias mit Seitenblick zu Alissar: „Die Wege des Herrn sind unergründlich."

Die nächste Frage provoziert einige Lacher.

„Herr Zander, werden Sie nach dem siebten September den Haushalt der Frau Oberbürgermeisterin führen?"

Tobias: „Ich selbst habe zum ersten November gekündigt, die Amtsübergabe für den OB ist am zehnten November. Insofern ist der siebte September irrelevant. Zurzeit wird in unserer zukünftigen gemeinsamen Wohnung noch gebaut. Und ab dem ersten Dezember arbeite ich als Lehrer und Trainer. Vierzig Stunden in der Woche und wie sie sich denken können, nicht von Neun bis Fünf. Über die Haushaltsführung müssen wir uns noch einigen."

„Frau Wiallas, Sie kamen als Flüchtling in unser Land, haben eine erstaunliche Ausbildung absolviert und wie man lesen kann, auch sehr gut verdient. Wie fühlen Sie sich jetzt?"

Alissar ergreift die Hand von Tobis und zeigt zu Charlotte, die in der ersten Reihe sitzt.

„Gut. Ich habe eine Familie gefunden, die mir Kraft gibt. Die mir Neues zeigt und, wenn nötig, erklärt. Ja, ich fühle mich mit ihnen wohl. Jetzt und hier, bei ihnen, auch."

„Frau Wiallas, es gibt Menschen, die nicht mit Ihnen als Person, die nicht mit ihrer Religion einverstanden sind. Belastet Sie das?"

Alissar zögert einen Moment.

„Ich weiß mich und diejenigen, die ich liebe, zu schützen. Um mich herum sind Menschen, die mich lieben und beschützen. In der siebten Sure, Vers 201 des Korans steht, dass Allah bei Bedrängnis Schutz bietet. Es gibt ein Psalm, die Nummer weiß ich jetzt nicht, der da lautet: Aber der Herr ist mein Schutz, der Hort meiner Zuversicht."

Der Diakon murmelt: „Vierundneunzig, zweiundzwanzig" und fragt dann laut: „Frau Wiallas, Sie kennen die Bibel? Durch Herrn Zander?"

Alissar blickt zu Tobias und dann zu Charlotte. Beide nicken.

„Nun, Mein Mann bringt seine Tochter zu Bett. Er liest ihr einen Bibelvers vor, dann beten sie. Ich bin dabei. Während…"

Aus dem Publikum kommt die Frage: „Wohnen sie schon zusammen? In Sünde?"

Einige nicken, einige schütteln den Kopf und einige rufen: „ausreden lassen!"

„Es mag in ihren Augen Sünde sein. Für uns ist es ein abendliches Ritual, welches die Familie, den Zusammenhalt, stärkt. Aber zurück zur ersten Frage. In der Genfer Schule war das Studium der Bibel, in der lutherischen Ausgabe, des Korans und des Talmuds, Teil des Ethikunterrichts. Daher kenne ich mich etwas aus. Über Miriam im Talmud und Myriam im Koran und Maria in der Bibel habe ich mal eine Semesterarbeit geschrieben." Sie hebt die Hände, „vor zehn Jahren."

Es ist still im Raum.

Dann kommt: „Wer kocht? Deutsch, Arabisch, was essen sie?"

Alissar senkt den Kopf, damit niemand ihre leichte Röte sieht, Tobias denkt noch nach und Charlotte ruft: „Papa, aber Mutti hat eine Köchin, die macht leckeren Reis mit Hühnchen."

Selbst hartgesottene Katholiken schmunzeln.

Familie

Seit Charlotte sprechen konnte, nannte sie ihre leibliche Mutter, „Mama".
Als diese starb, dachte das Kind an „Mama". Zu Beginn ihrer Bekanntschaft sprach sie Alissar mit „Frau Alissar" an. Mit gelegentlichen Ausrut-
schern zum „Du". Während des Urlaubs in der katarischen Wüste rutschte
ihr die Anrede, „Mutti" raus, es blieb dabei. Mit dem Wechsel der Wörter
macht die Zehnjährige deutlich, dass für sie eine neue Zeit angebrochen ist.
Auch nach außen.

Es ist Samstag, der 2. August, alle 15 Mitglieder der Familie Wiallas, die in
der Stadt wohnen, treffen sich zum ersten Kaffeeklatsch nach der Sommerpause. Zuzüglich dreier neuer Gesichter. Alissar bringt Tobias und Charlotte mit und Levon Wiallas eine junge Frau, die er als, „Ruth" vorstellt.
Sie muss, wie auch später Tobias, eine Kurzfassung ihres bisherigen Lebens
vorbringen.

Geboren vor 27 Jahren in dieser Stadt, machte sie nach dem Abitur eine
Weltreise mit dem Rucksack. Ungewöhnlicherweise von West nach Ost.
Auf ihrem Gymnasium gab es Russisch als Leistungskurs, sie brillierte und
fuhr mit der Bahn nach Minsk, nach Moskau, nach Omsk und stieg in Wla-
diwostok aus dem Zug. Dort bestieg sie ein Schiff stromerte zwei Wochen
durch Japan und wollte nach Hause. Der Direktflug nach Berlin fiel aus, in
der Maschine nach Kiew war noch Platz. Im Flugzeug saß sie neben einem
Ukrainischen Arzt, der sich freiwillig zum Kampf gegen Russland gemeldet hatte. Erst war er böse, weil sie von diesem Land schwärmte, dann sah
er ihr in die Augen. Zuhause angekommen, zeigte er ihr seine Stadt und
noch mehr. Ruth blieb drei Monate und lernte Ukrainisch. Nach insgesamt
sechs Monaten in der Fremde war sie wieder zu Hause. Die Zulassung zum
Lehramtsstudium gab sie zurück und begann eine Ausbildung zur medi-
zinisch-technischen Assistentin. Die Uniklinik wollte sie im Drei-Schicht-
dienst und mittelmäßig bezahlt, einstellen. Ruth bewarb sich bei einer in-
ternationalen medizinischen Hilfsorganisation und wurde mit einem Team
in die Ukraine geschickt. Dort arbeitete sie als Übersetzerin und MTA.

Einen der Ärzte fand sie sympathisch, sie hatten einvernehmlichen und geschützten Sex. Sein Name war Levon Wiallas.

Nach vier Monaten war der Einsatz zu Ende. Levon flog ins türkische Erdbebengebiet, Ruth, nach einem Heimaturlaub, nach Angola. Zum dortigen Team gehörte ein portugiesischer Arzt, die beiden hatten einvernehmlichen und geschützten Sex. Die Hilfsorganisation schickte sie danach wieder in die Ukraine, sie verlängerte den Einsatz, weil sie dem einheimischen Arzt wiederbegegnete. Das passte dann doch nicht, sie kehrte nach Hause zurück und bewarb sich auf eine Stelle in einer Allgemeinmedizinischen Praxis. Der Inhaber stellte ihr beim Vorstellungsgespräch gleich seinen potentiellen Nachfolger, Levon Wiallas, vor.

Der übernahm ein Jahr später die Praxis, war aber mit einer Kollegin liiert. Auch Ruth hatte eine feste Beziehung. Ihr Verhältnis zu Levon definiert sie als „Wachstumsliebe" und sagt dann: „Ich bin in der zwölften Woche."

Glückwünsche werden gerufen und Tobias übersetzt seiner Tochter, „Frau Ruth wird bald Mama. Ihr Kind ist jetzt drei Monate in ihrem Bauch. Du weißt doch, wie lange die Kinder da drin sind?"

„Ja, neun Monate. Aber ich sehe nichts."

„Warte ab."

Es wird so kommen, denn „Frau Ruth" wird nun endgültig zu Levon ziehen. Beide wollen in der Felsenvilla bleiben und beraten nun mit der ganzen Familie deren Umbau, der gewissen Prämissen unterliegt. Tobias möchte eine vollwertige Küche und bekommt sie mit dem Durchbruch zu Jakobs ehemaliger Wohnung. Levon und Ruth reicht eine „Kinderbreizubereitungsstelle", hätten aber gern zwei Zimmer mehr. Der Grundriss wird auf dem Tisch ausgebreitet und mit den Fingern verändert.

Die elfjährige Jana-Mira unterbricht die Gedankenspiele.

„Charlotte ist die Tochter von Herrn Zander, der ist kein Wiallas. Aber wenn Lotte ein Geschwisterchen bekommt, wie ist das mit mir verwandt?"

Bruno murmelt, „Oh Gott" und hebt sein Handy hoch.

„Ruf in Weimar an, die Christel ist die Schriftführerin des Familienvereins."

Jana ist nicht zufrieden.

Unter Beteiligung der Anwesenden, Tobias, Charlotte und Ruth bleiben außen vor, entwirft Herbert einen Stammbaum, den er seiner Tochter auch gleich erklärt: „Jana, du bist meine Tochter, mein Vater war Julius Vogel, dessen Vater Kurt war ein Wiallas. Also dein Ur-Großvater. Der Vater von Kurt war Julius Wiallas, dein Ur-Ur- Großvater. Deshalb fängt dein Vorname mit J an. Julius hatte einen Bruder, der hieß Ludwig und lebte hier in der Stadt, übrigens als Delikatessenhändler. Er ist der Ur-Urgroßvater von Alissar, denn einer seiner Söhne hieß Heinrich, der Urgroßvater von Alissar. Der zeugte Bruno den Älteren, ihr Großvater. Also, dein Ur-Urgroßvater und der Ur-Ur-Urgroßvater eines Kindes von Alissar waren Brüder. Weiß jemand wie die Kinder verwandt sind?"

Selbst nach Kontrolle des Internets kommen nur Vermutungen.

„Urgroßkusine?" „Cousin dritten Grades?"

Die Entscheidung wird vertagt, denn der nächste Tagesordnungspunkt muss besprochen werden.

Nächsten Samstag heiraten Bisan und Mustafa Khalil, Kusine und Cousin von Alissar. Die Familie Wiallas ist eingeladen und dass muss vorbereitet werden.

Wie schon erwähnt, betreibt die Familie Khalil einen Supermarkt, ein Restaurant und drei Imbisse. Zur Familie gehören 14 Personen. Sie laden ihre Freunde, ausgewählte Angestellte und Geschäftspartner ein. Summa summarum suchen sich am 9. August um 18.00 Uhr 180 Personen ein Platz im kleinen Saal der Stadthalle. Charlotte Zander gehört zu den 20 Kindern und wird schnell Anschluss finden. Die 45 Teenager werden im Laufe des Abends noch eine Rolle spielen. Von den 180 Anwesenden sind 92 sogenannte „Herkunftsdeutsche", das heißt, sie selbst und ihre Eltern wurden als deutsche Staatsbürger in Deutschland geboren. 55 Personen sind Deutsche mit einem Migrationshintergrund. Dass heiß, sie selbst oder ihre Eltern waren bei ihrer Geburt Ausländer. 33 Gäste haben einen fremden Pass. Bisan und Mustafa sind eingebürgerte Deutsche und waren am Donnerstag auf dem Standesamt. Kurz und schmerzlos und doch gut angezogen. Nun tragen sie Festkleidung.

Er im dunkelblauen Anzug und sie in einem weißen Kleid. Sie sitzen auf einem Doppelthron.

Mustafa ist Halbwaise, seine Mutter Rawa hält eine Rede und wird von Bisans Vater, Hassan dem Älteren abgelöst. Dann legen sich die die Musiker, ein Deutsch-Türkisch-Marokkanisches Trio, ins Zeug.

Erst tanzen die Männer allein und in einem großen Kreis. Dann kommen die Frauen dazu, die aber erstmal einen eigenen Kreis in der Mitte bilden. Dann tanzen alle zusammen, ohne Berührung versteht sich. Die Kinder tanzen auf ihre Weise und queer durch den Saal. Tobias, Alissar und Charlotte machen mit. Die Musiker hören auf, die Tanzenden setzen sich. Außer Alissar, die offenbar auf Toilette muss.

Im Saal wird das Licht gedimmt, Scheinwerfer auf die Tanzfläche gerichtet. Die Musik kommt diesmal aus dem Computer und ist sehr rhythmisch.

Auf der Tanzfläche erscheinen zwei Frauen in schwarzen, langen Kleidern, Hijab und das Gesicht mit einem Niqab verhüllt. Sie haben Schwerter in der Hand. Da seine Frau fehlt, ist sich Tobias sicher, dass eine der Frauen Alissar ist. Er und Charlotte bekommen große Augen, denn nun tanzen die beiden Frauen. Erst langsam, dann immer schneller bewegen sie sich und die Schwerter. Erst jede für sich und dabei die ganze Fläche nutzend. Dann umkreisen sie sich und führen einen Scheinkampf aus. Das metallische Geräusch zeigt, dass es sich bei den Schwertern nicht um Theaterrequisiten handelt. Der Kampf, der Tanz, wird immer schneller, eine der Frauen legt sich besiegt auf den Boden. Es ist nicht die große Schlanke.

Das Publikum applaudiert, die Scheinwerfer erlöschen, das Saallicht geht wieder an, die Frauen sind verschwunden.

Jetzt kommen die Teenager an die Reihe. Jeder trägt mehrere Assietten und verteilt diese auf die Tische. Andere bringen abgepacktes Fladenbrot und Servietten. Dass Essen wird serviert. Übrigens wird den nichtarabischen Gästen eine Gabel gereicht.

Jetzt ist auch Alissar da und trägt wieder ihren blauen Rock, ihre weiße Bluse, ihre blaue Weste und ihren weißen Shayla an. Nur ihr Gesicht verrät, dass sie vor zehn Minuten sehr wild getanzt hat.

Lotte blickt sie bewundert an. Tobias natürlich auch.

Die Jugendlichen räumen ab.

Bruno Wiallas ist hier der Älteste und geht in die Mitte des Saales. Auf Arabisch und Deutsch erklärt die Geschenkeübergabe für eröffnet.

Erst jetzt dürfen Bisan und Mustafa sich von ihrem Thron erheben. Sie stellen sich davor und nehmen die Geschenke entgegen. Die sind handlich, weil es nur Geldscheine sind. Die werden dem Brautvater und der Mutter des Bräutigams übergeben, die sie mit Stecknadeln an das Kleid und den Anzug heften. Familie Zander stellt sich natürlich in die Reihe, Lotte darf die 400 Euro dem Brautvater übergeben. Sie ist fasziniert.

Nachdem das letzte Geldbündel übergeben ist, fangen die Musiker wieder an. Das Brautpaar wird hinter dem Thron von seiner Last befreit und darf nun endlich auch auf die Tanzfläche. Die Gäste bilden einen Kreis, das Paar tanzt in der Mitte, berührungslos, versteht sich. Dann geben sie ein Zeichen und nun tanzen alle. Männer und Frauen gemischt, aber mit Abstand.

Das geht so bis kurz vor Mitternacht. Dann bilden die Gäste ein Spalier, das Brautpaar wird zu einem Auto geleitet und fährt von dannen.

Tobias, seine Tochter und Alissar saßen am Tisch von Bruno. Das war für Herrn Zander gut, denn von seinem zukünftigen Schwiegervater bekam er Antwort auf seine Fragen.

Der Schwerttanz symbolisiert den Kampf, Gut gegen Böse und soll die Ehe vor allem Bösen schützen.

Ja, die Hälfte aller muslimischen Frauen, die heute zu Gast sind, bedeckt ihre Haare. Und das altersunabhängig. Bisan ist vierundzwanzig und trägt Hijab, ihre Mutter ist dreiundvierzig und trägt Hijab. Fatima ist achtzehn und trägt ihre Haare offen. An einem der Tische für die Geschäftspartner sitzt ein Paar mit drei Töchtern. Die jüngste ist Zwölf und trägt Hijab.

Bruno grinst, als Tobias mit dem Kopf auf die Tanzfläche zeigt. Dort bewegen sich gerade zwei junge Muslima. Brav mit Hijab, aber in sehr engen Kleidern, vorne wie hinten. „Es ist bei den Menschen, wie bei den Leuten", kommentiert Bruno dies.

Zur Beantwortung der nächsten Frage geht Bruno mit Tobias zum Tisch der Bräutigammutter. Rawa lächelt den zukünftigen Mann ihrer Nichte an und gibt Antwort: „Sie machen zwei Wochen Urlaub und ziehen dann in die Landeshauptstadt. Die Wohnung ist bis dahin bezugsfertig. Bisan wird am ersten September als Gruppenleiterin in der Kreditabteilung der Spar-

kasse anfangen, mein Sohn sich mit Handwerkern und Lieferanten herum-
ärgern."

Sie lacht kurz.

„Naja, ich werde ihm helfen. Am ersten Oktober eröffnen wir einen orientalischen Supermarkt und Mustafa wird ihn leiten. Ich komme dann nur
zur Kontrolle."

Tobias ist erstaunt.

„Er ist vierundzwanzig, habe ich gehört."

„Richtig. Und ein guter Junge und ein guter Kaufmann. In zehn Jahren soll
Aleppo frei sein und wir werden dort einen Markt eröffnen. Musti soll
dann Chef der Deutschlandkette sein. Acht Märkte in sechs Städten."

Bruno sagt: „Inschallah" und lässt Tobias allein mit Rawa.

Sie fragt, er muss antworten und wird erst nach einer Viertelstunde von
Alissar erlöst. Ähnliches passiert ihm im Laufe des Abends öfter. Er stellt
Fragen und seine Frau oder Bruno oder dessen Frau, schleppen ihn zu einem Tisch. Egal, ob Deutsch mit deutschem Hintergrund oder Deutsch mit
Migrationshintergrund oder Ausländer. Ihm wird Antwort zuteil und er
muss antworten. Sehr oft geht es dabei um die Bewerbung von Alissar und
seine Reaktion.

Auf der Rückfahrt, Lotte schläft in seinen Armen, sagt er zu Alissar: „Ich
habe heute begriffen, welche Stellung du in deiner Community hast. Gibt
es weibliche Imame?"

Lächelnd antwortet Alissar: „Noch nicht, aber fangen wir erstmal mit dem
Bürgermeister an. Ich habe wir gesagt."

Über das Kind hinweg gibt er Alissar einen Kuss.

Den Sonntag brauchen sie zum Ausschlafen und für die letzte Kontrolle.
Der Ranzen ist neu und gepackt. Alle Schulbücher, Ordner und Hefte sind
da. Auch die Federmappe ist neu. Da mussten sie lange suchen und haben
sie letztendlich im Internet bestellt. Charlotte wollte kein „Kleinkindrosa",
sie wollte eine rote mit einer durchsichtigen Tasche auf der Vorderseite. Da
passt ein Foto im Postkartenformat rein und dass macht sie jetzt.

Ihr Vater auf einem Kamel, sie auf einem Kamel und natürlich Alissar auch
auf einem Kamel. Die Wüste und ein Streifen blaues Meer im Hintergrund.

Herr Zander und Frau Wiallas sehen sich an und zucken mit den Schultern.

Morgen beginnt das Schuljahr.

Sie haben mit ihr gesprochen und Lotte hat mehrmals „verstanden" gesagt. Ob das so ist, wird sich zeigen.

Da ist erstens der Schulweg. Papa wird sie Montag, Mittwoch und Freitag dorthin fahren. Direkt, ohne dass ihr Banknachbar Nobert abgeholt wird. Dienstag und Donnerstag fährt Alissar sie zur Schule. Charlotte wird auch weiterhin in den Hort gehen von dort aber von Frau Maya abgeholt werden. Entsprechende Vollmachten wird Tobias morgen abgeben. Die Angestellte in der Felsenvilla wird die Aufgaben von Frau Dreier übernehmen. Ihr hat Tobias fristgerecht und mit einer üblichen Abfindung gekündigt. Das hängt nicht nur mit den neuen Umständen zusammen. Das BKA ist sich nicht sicher, ob die langjährige Haushälterin der Familie Zander bei deren Ausspionierung eine Rolle gespielt hat.

Nun also Maya. Die Dreißigjährige Syrerin kam mit Zehn nach Deutschland, hat den Realschulabschluss, eine Ausbildung als Fachkraft für Werkschutz und danach eine Haushaltschule besucht. Seit fünf Jahren arbeitet sie für die Familie Wiallas. Mann und Kind gibt es nicht. Alissar weiß, warum und hat es Tobias gesagt. Er hat schulterzuckend reagiert: „Lesbisch oder nicht, Hauptsache, sie macht ihren Job."

Deshalb sitzt sie am Sonntagabend mit am Tisch. Denn da ist noch etwas.

Als Charlotte bei Oma und Opa in Dierhagen vor dem Fernseher saß, sah und hörte sie, dass ihre neue Mutti von bösen Menschen bedroht wurde. Ihre Großeltern erklärten es ihr, ihr Vater erklärte es ihr und nun macht es Maya noch einmal.

„Du brauchst keine Angst haben, aber du verstehst, dass wir alle ein bisschen vorsichtig sein müssen. Du hast dein iPhone und weißt, wie man es bedient. Die abendliche Kontrolle lassen wir weg, dafür wirst du um vierzehn Uhr dreißig angerufen. Da ist die Schule zu Ende und du bis im Hort. In den Ferien und am Wochenende schalten wir wieder auf neunzehn Uhr. Das ist einfach, denn dein Papa und Frau Alissar müssen dann auch auf den Knopf drücken."

Unterschätze niemals eine Zehnjährige!

„Fährt dann wieder ein schwarzes Auto hinter uns her?"

Die Erwachsenen gucken sich an und müssen dann lächeln. Alissar streicht ihr sogar über den Kopf.

„Zur Schule, nein. Wenn wir wieder mit Motorrädern fahren, ja."

Charlotte schließt die Augen, öffnet aber den Mund.

„Ich darf sagen, dass ich eine neue Mutti habe und wir umgezogen sind. Ich darf von der Wüste erzählen, aber nicht, dass wir privat geflogen sind. Naja, Nobert, Vivien, Doro und Elli vielleicht. Ich darf sagen, dass wir in einem schönen Haus wohnen, aber nicht wo. Darf ich meine Freundinnen mal einladen? Und Nobert? Ich darf sagen, dass Frau Maya meine Kinderfrau ist, aber nicht, dass sie eine Pistole hat. Hab' ich gesehen, hinten, unter der Jacke. Bei unserem Ausflug auf die Burg. Ich darf Detlef blöd finden, ihm aber nicht die Zunge rausstrecken. Maya, können Sie ihn mal verhauen? Ich möchte Arabisch und Englisch lernen."

Bei ihrer Rede blinzelte Lotte mal mit den linken, mal mit dem rechten Auge um die Wirkung ihrer Worte zu kontrollieren.

Die ist umwerfend.

Tobias lehnt sich mit einem Seufzer zurück, Alissar und Maya sehen sich an, letztere wird knallrot.

Charlotte greift nach ihrem Vater und nach Alissar, Maya zwinkert sie zu.

„Bitte!"

Maya hat keine persönlichen Erfahrungen mit Kindern, Tobias schwankt zwischen Strafe und Bewunderung, Alissar erinnert sich an ihren Bruder, an ihre Kusinen und Cousins und an die Flucht aus Syrien.

„Lotte, komm mal her, setzt dich neben mich."

Dafür muss Maya aufstehen, Tobias sieht sehr verwundert aus. Als Lotte sitzt, wird sie von Alissar umarmt. „Arabisch lernst du von mir, Englisch bringt dir dein Papa bei. Abends, dass wird anstrengend. Wenn du älter bist, lernst du, wie man mit einer Pistole umgeht. Bis dahin hältst du den Mund. Du wirst lernen, wie du dich verteidigen kannst. Dann kannst du den Detlef selbst verhauen, aber nur, wenn er dich angreift. Über Norbert, Vivien, Doro und Elli denken dein Papa und ich nach. Einverstanden?"

„Ja Mutti, ja Papa, ja Frau Maya."

Bei der Einschlafzeremonie sagt Tobias: „Du bist ein kluges Mädchen, vielleicht etwas zu klug." Er gibt ihr einen langen Kuss.

Amok

Grundschullehrer, insbesondere die guten, wissen Bescheid.
Am ersten Schultag nach den großen Ferien vergessen sie die Fachdidaktik.
Die erste Stunde ist KL, also Klassenleiterstunde und dient zur Bekanntgabe des Stundenplanes. Frau Simon, die Klassenlehrerin der 4b, in der auch Charlotte sitzt, stellt auch zwei neue Schüler vor.
Viktor hat rote Haare und Sommersprossen. Er ist schon Elf und kommt aus der Ukraine. Grinsend sieht er den anderen ins Gesicht und antwortet nur auf Englisch. Schon in der großen Pause, hat er seinen Spitznamen, „Tomate", weg. Dala ist größer als aller anderen, weil sie schon zwölf Jahre alt ist. Sie stammt aus Syrien, hat aber die letzten sechs Jahre in der Türkei gelebt. Dort ist sie auch zur Schule gegangen. Sie trägt Hijab, hält den Kopf gesenkt und sagt nichts.
Die Klassenlehrerin wusste von den beiden Neuen und hat einen Plan. Zur Umsetzung braucht sie Charlotte, die sie jetzt nach vorne ruft. Mit einem breiten Lächeln, denn Frau Simon freut sich über die Veränderungen bei dem Mädchen.
Lotte war in der ersten und bis zur Hälfte der zweiten Klasse ein fröhliches neugieriges, manchmal vorlautes Kind. Dann wurde ihre Mutter krank und starb innerhalb weniger Monate. Charlotte blieb dem Unterricht fern oder war abwesend, wenn sie anwesend war. Jetzt steht ein braungebranntes, mindestens um vier Zentimeter gewachsenes, lächelndes Mädchen vor ihr. Natürlich kennt die Klassenlehrerin die neuen Verhältnisse bei Familie Zander und stellt fest, dass diese gut für das Kind sind.
„Charlotte, wir bauen euren Tisch um, damit Viktor und Dala dort sitzen können. Einverstanden?"
„Ja, Frau Simon. Das wollte ich Ihnen auch vorschlagen."
„Gut, sag Bescheid und Nobert soll herkommen."
Es ist eine staatliche Grundschule, aber Teil eines Forschungsvorhabens der hiesigen Universität. Das betrifft den Lehrplan, den Unterricht und auch die Ausstattung.

Es gibt dreieckige Tische, die in unterschiedlichen Varianten kombiniert werden können. Jetzt wird aus dem Vierertisch vorne links, ein runder Sechsertisch.

Dala sitzt nun zwischen Dorothea und Charlotte, die Nobert an ihrer Seite hat. Neben ihm sitzt Viktor, der sich an Elisabeth als Nachbarin gewöhnen muss. Die sitzt neben Vivian, die wiederum die Nachbarin von Dala ist.

So schließt sich der Kreis und wird sich bewähren.

Frau Simon schaltet den Beamer ein, der neue Stundenplan erscheint und soll in die Hausaufgabenhefte übertragen werden. Dala hat solch ein Heft, weiß aber nicht, wo sie den Stundenplan eintragen soll. Charlotte hilft ihr. Da entdeckt Dala die Fotografie auf Lottes Federmappe und zeigt mit dem Finger auf Alissar. Lotte sagt: „Mutti", Dala hebt die Brauen und sagt: „Mama." Lotte schüttelt den Kopf und holt ihr iPhone aus dem Ranzen. Das ist verboten, aber Frau Simon ist weiter hinten beschäftigt. Charlotte öffnet das Übersetzungsprogramm und tippt ein: „Mutti ist die zweite Frau meines Papas. Mama war die erste Frau und ist gestorben." Dala liest und bekommt große Augen. Dann holt sie ihr älteres Smartphone hervor, öffnet ein Übersetzungsprogramm Türkisch-Deutsch. Sie tippt: „Bitte noch mal auf Türkisch, ich kann Arabisch nicht lesen." Lotte versteht und stellt ihr Programm um. Leider hat Dala ihr Gerät nicht auf stumm geschaltet, es piept, Frau Simon ist blitzschnell an ihrem Tisch. Sie sieht, was die Mädchen da machen, aber es gibt Regeln.

„Jetzt nicht, macht dass in der Pause. Das gilt auch für dich Nobert!"

Natürlich hatte der Bengel sich an Lotte orientiert und sein Smartphone benutzt.

Das neue Sextett unterhält sich dann auch auf diese Weise.

Vor allem in der Hofpause. Wobei hier die Geschlechter- und Klassentrennung gilt. Die Schulanfänger stehen in gemischten Haufen beieinander. Das gilt auch noch für die Hälfte der Zweitklässler. Ab der dritten Klasse wird die Trennung deutlicher.

Also stehen jetzt Charlotte, Vivien, Doro, Elli und Dala zusammen und reden, beziehungsweise tippen und regen sich auf. Anlass ist der Stundenplan. Bisher, also in der 3. Klasse, gab es nur einen Tag mit sechs Stunden, jetzt sind es zwei und ausgerechnet Montag und Donnerstag.

Das heißt, sie müssen jetzt ihren Eltern Bescheid sagen, dass heute erst um 13.15 Uhr Schulschluss ist. Auch im Pulk der Jungen wird heftig getippt. Um 12.05 Uhr beginnt die Mittagspause, die am ersten Schultag nur darin besteht, dass der Lieferant die Verträge verteilt, dass einige ihre Brotbüchse öffnen und der Rest in die Luft guckt. Vorzugsweise auf dem Schulhof. Es ist ja noch Sommer.

Aber nicht mehr lange.

Plötzlich sind alle Lehrer da und treiben die Kinder in das Gebäude. Lotte, Nobert und andere Viertklässler gucken erschrocken auf ihre Handys.

Ein Nachrichtenportal titelt: „Polizeieinsatz im West-Gymnasium! Schüler sticht Lehrerin nieder!"

Alissar sitzt in ihrem Wahlkampfbüro und bespricht mit Constantin und Karl Krumpholz die nächsten Maßnahmen. Kurz vor Zwölf klingelt ihr Handy, Tobias ist dran und sagt, was er weiß.

„Ruf Maja an, sie soll Lotte abholen. Ich fahre zum Gym, vielleicht kann ich helfen." Tobias antwortet, „ja mache ich, pass auf dich auf."

Constantin hat inzwischen das Nachrichtenportal geöffnet und nickt seiner Chefin zu. Sie schickt ihn zur Garage, geht auf Toilette und telefoniert dort. Zehn Minuten später sind sie unterwegs.

Ein Drittel der Schüler des West-Gymnasiums spricht zu Hause kein Deutsch, ein Fünftel der Lehrer hat einen Migrationshintergrund. Ansonsten ist es ein normales Gymnasium.

Heute nicht.

Sechs Streifenwagen, zwei Polizeitransporter, drei Rettungswagen und ein Wasserwerfer stehen davor. Ebenso hunderte von Menschen, die sehr laut sind. Ein Dutzend Polizisten steht zwischen der Menge und den Rettungswagen.

Alissar und die Wachfrau steigen aus, Constantin sucht einen Parkplatz. Der pensionierte Kriminaloberrat Karl Krumpholz geht auf die Absperrung zu. Er wird von einigen ehemaligen Kollegen erkannt, er spricht mit ihnen und darf sogar hinter das Flatterband.

Constantin ist da und geht gemeinsam mit Alissar und der Wachfrau zur Menschenmenge, die aus Eltern oder Großeltern der Schüler besteht.

Und doch ist die Stimmung eigenartig, denn die Menschen beschimpfen sich gegenseitig.

Auf Deutsch ist „Haut ab", „Ohne euch wäre das nicht passiert", „Kebabfresser" zu hören.

Auf Arabisch oder Türkisch heißt es: „Lassen sie uns in Ruhe", „Wo sind unserer Kinder", „Gibt es Verletzte?"

Alissar bleibt bei der ausländischen Gruppe stehen, Constantin geht zur deutschen Fraktion. Die Menge wächst und schreit plötzlich auf. Aus dem Schulgebäude kommen Sanität mit Tragen, die sie sehr schnell in die RTW laden. Mit Blaulicht und Sirene wollen sie losfahren, aber die Menge blockiert die Straße. Diesmal vereint.

Fassungslos sieht Alissar, wie der Wasserwerfer zum Einsatz kommt. Ihre Beschützerin zieht sie ein paar Meter weiter. Constantin hat etwas abbekommen und schimpft. Damit nicht genug. Der pensionierte Kriminaloberrat, Karl Krumpholz wird von einem maskierten Polizisten aus der Schule geführt. Glücklicherweise in Richtung von Alissar. Als Karl bei ihr ist, geht die ganze Gruppe noch weiter und beruhigt sich.

Karl zeigt zur Schule.

„Ein Schüler der elften Klasse hat mitten im Unterricht ein Messer gezückt und auf seine Lehrerin eingestochen. Dann ist er in einen anderen Klassenraum und hat zwei Schülerinnen verletzt, dasselbe noch mal im nächsten Raum. Auf dem Flur wurde er von einem Lehrer überwältigt und den Kollegen übergeben." Er wird laut, senkt die Stimme aber wieder, als Alissar ihm am Arm berührt. „Die PD hat mich rausgeworfen. Die ist völlig von Sinnen. Das sind achthundert Schüler drin und sollen ihre Handys abgeben. Was die natürlich nicht verstehen. Es gab wohl Rangeleien. Scheiße. Arrogante Inkompetenz, verdammte."

„Beruhigen Sie sich, Karl. Kompetenz ist im Anflug." Alissar zeigt auf den Hubschrauber, der soeben auf dem Sportplatz landet. Ihm entsteigen zwei Männer im Anzug und eine Frau in Polizeiuniform. Man sieht, wie einer der Männer telefoniert. Im selben Augenblick klingelt das Handy von Alissar. Sie nimmt das Gespräch an, geht aber zwei Schritte nach rechts. Sie steckt ihr Telefon ein und sagt: „Der Innenminister ist da, wir sollen hierwarten."

Die Angehörigen der Schüler haben sich aus der Reichweite des Wasser-
werfers zurückgezogen, sind aber mehr geworden.
Karl blickt in diese Richtung.
„Knapp Tausend, langsam wird es eng."
Aus der Schule kommen zwei Polizisten und ein Mann in Zivil. Sie sehen
sich um und gehen dann auf Alissar zu.
„Frau Wiallas, Herr Krumpholz? Der Minister erwartet sie. Nur sie, bitte."
Der Mittdreißiger hat sich nicht vorgestellt, aber befehlsgewohnt gespro-
chen. Einer der Uniformierten hebt das Flatterband an, Alissar und Karl
folgen dem Mann.
Constantin will zum Auto, da liegt ein Handtuch und sich dann wieder
unter die Menge mischen. Die Wachfrau telefoniert.
Im Foyer der Schule steht der Minister, die Polizistin, die er mitgebracht
hat und die Polizeidirektorin. Letztere hat einen roten Kopf.
„Als guten Tag kann man das nicht bezeichnen. Ich freue mich aber, Sie
hier zu sehen, Alissar. Das gilt auch für Sie, Herr Krumpholz. Bitte kommen
sie."
Der Minister, sein Referent, die Polizistin aus der Landeshauptstadt mit
zwei goldenen Sternen auf den Schulterklappen, Alissar, Karl und noch ein
Polizist mit fünf silbernen Sternen, gehen in den ersten Raum links. Es ist
die Schulbibliothek. Die Direktorin der Polizeidirektion Süd bleibt vor der
Tür.
In fünf Minuten sind die Weichen gestellt.
Die Polizeioberrätin wird die Einsatzleitung übernehmen, der örtliche
Hauptkommissar ihr zur Seite stehen. Als erstes wird der Wasserwerfer
abgezogen, zweitens werden der Minister und die Bürgermeisterkandida-
tin zu den Eltern sprechen. Gleichzeitig sollen die im Haus befindlichen
Schüler und Lehrer der Klassen fünf bis zehn, sowie der Abiturjahrgang,
geordnet und ruhig, entlassen werden. Karl soll seine ehemaligen Kollegen
bei der Befragung der elften Klassen unterstützen.
„Ich bitte mir Respekt aus", insistiert der Minister. Alissar fragt: „Sind die
Namen der Geschädigten bekannt? Wo ist der Direktor?"
Der Minister grinst, Karl grinst, der PHK geht vor die Tür. Auch die PORä
geht. Man hört, wie sie auf dem Flur Anweisungen gibt.

Wenig später ist der Schuldirektor da.

Der scheint nicht umsonst Leiter eines Gymnasiums zu sein. Ruhig und ohne zitternde Hände übergibt er Alissar einen Zettel mit sechs Namen. Sie liest und fragt: „Der Täter?" Der Direktor tippt auf einen Namen, sie fragt: „Kurdisch?" „Deutscher mit türkischer Herkunft." Er tippt auf die nächsten Namen. „Deutsche aus Syrien, Deutsche aus Syrien, Türkisch oder Kurdisch mit Aufenthaltsgenehmigung, sie kommt aus Afghanistan und das ist die Lehrerin, Deutsche ohne Hintergrund."

„Danke. Ich kann weder Paschto noch Dari, haben Sie im Kollegium jemand?"

„Mathe Zwei kommt aus dem Iran. Soll ich?"

„Ja, schnell, wenn es geht."

Wenig später verkneift sich Alissar ein Grinsen.

Der Schuldirektor erreicht fast ihre Länge, der zweite Mathematiklehrer reicht ihr nur bis zur Brust.

„Ali Bagheri, wie kann ich helfen?"

Alissar reicht ihm den Zettel und tippt dabei auf einen Namen. „Sie kommt aus Afghanistan. Wenn dort ihre Eltern stehen, brauche ich jemand für Dari. Auch Paschto?"

„Letzteres etwas, wollen wir?"

„Ja."

Mit ihren 1,83 Metern überragt Alissar deutlich die wütende, verzweifelte und laute Menge. Der Minister ist etwas kleiner, aber breitschultrig. Er hält ein Megaphon vor den Mund und spricht langsam.

„Bitte bewahren sie Ruhe. Ihre Kinder werden jeden Augenblick die Schule verlassen. Dort gab es einen Vorfall, vier Schüler und eine Lehrerin wurden verletzt. Sie sind unterwegs zur Unfallklinik." Er gibt Alissar das Megaphon, die seine Worte auf Arabisch, Kurmandschi und Türkisch wiederholt. Dann spricht der Mathelehrer auf Dari und Paschto. Er übergibt das Gerät an den Minister, der jetzt langsam die vier Namen der verletzten Schüler vorliest. Kaum hat er den letzten genannt, öffnen sich die Türen der Schule und die ersten Kinder kommen heraus. Gestaffelt nach Klassenstufen rennen sie ihren Eltern entgegen.

Inzwischen sind die professionellen Reporter der Regional-, der Boulevardzeitung und des Nachrichtenportals da. Auch die Möchtegernreporter aus der Internetgemeinde halten ihre Handys hoch.

Die Bilder machen die Runde und schaffen es teilweise sogar in die Abendnachrichten des deutschen Fernsehens.

Der breitschultrige Innenminister erklärt im Beisein der Bürgermeisterkandidatin, dass es am Westgymnasium einen Amoklauf gegeben hat. Es hat Verletzte gegeben, die sich alle in ärztlicher Behandlung befinden. In den Abendnachrichten wird es dann heißen, dass es zwei Schwer- und drei Leichtverletzte gegeben hat. Alle seien außer Lebensgefahr.

Der Innenminister erklärt, dass der Täter ein Schüler dieser Schule ist und sich jetzt im Polizeigewahrsam befindet. Über die Hintergründe der Tat könne beim derzeitigen Stand der Ermittlungen nichts gesagt werden. Er sagt, dass alle, noch in der Schule befindlichen Schüler und Lehrer, diese jetzt verlassen können. Seine Worte werden durch die Herausströmenden unterstrichen. Dann spricht er, auch im Namen der Bürgermeisterkandidatin, Frau Alissar Wiallas, den Opfern und ihren Angehörigen sein Mitgefühl aus und hofft, dass es den Verletzten bald besser geht. Der sonst übliche Dank an die Einsatzkräfte fehlt. Dafür dankt er Frau Alissar Wiallas und den Sanitätern.

Dann gibt er Alissar ein Zeichen, sie drehen sich um und gehen in die Schule zurück. Die Bibliothek ist jetzt die Einsatzzentrale, die Polizeioberrätin berichtet ihrem Chef. Der ist zufrieden und wendet sich an Alissar.

„Was hast du jetzt vor?"

„Erstmal nach Hause, Lotte ist hoffentlich dort. Dann abwarten, was die Klinik sagt. Beruhigen."

Der Minister zeigt auf die PORä. „Stimme dich mit ihr ab, vielleicht doch erst noch zur Klinik. Und grüße Tobias von mir. Ich muss zurück."

Es sind fünf Personen im Raum.

Der Minister, sein Referent, die Polizeioberrätin, eine Polizeiobermeisterin und Alissar. Der Referent und die beiden Polizistinnen heben die Köpfe, als der Minister zum Sportplatz zeigt und leise sagt: „Willst du nicht gleich einsteigen?"

„Danke nein, Stefan. Ich habe dir doch gesagt, erst mache ich die Stadt, grüner, sauberer und sicherer, also schöner."

Die Oberrätin hat etwas im Auge, sie wischt heftig darin herum. Die Jüngere Frau hat ein gewisses Lächeln im Gesicht. Der Referent sieht blöd aus.

Als das Geräusch des abfliegenden Hubschraubers zu hören ist, tauschen die Einsatzleiterin und Alissar ihre Telefonnummern.

Sie findet ihren Büroleiter, ihre Wachfrau und Karl. Constantin erzählt, was er gehört hat. Da nur ein Handvoll Menschen wissen, dass er Arabisch beherrscht, konnte er einiges Aufschnappen.

„Dieser Yilmaz ist nicht zum ersten Mal aufgefallen. Er soll in psychiatrischer Behandlung sein. Mehrere Eltern hätten an die Schulleitung und den Bildungsdezernenten geschrieben."

„Heilige Scheiße, wenn das rauskommt, ist Kacke am Dampfen."

Karl Krumpholz erlaubt sich die Bemerkungen: „Dürfen Moslems fluchen, Frau Wiallas?"

„Dürfen Christen das?"

Eine weitere Erörterung entfällt, Alissars Handy klingelt.

Sie hört zu und befiehlt dann: „Zur Klinik."

Unterwegs telefoniert sie und befiehlt: „Nicht Besucher-, zum Mitarbeiterparkplatz, wir werden erwartet."

Karl macht ein dummes Gesicht, Alissar hält ihr Handy hoch. „Ist doch gut, dass ich eine große Familie habe. Ah, da ist er ja."

Die Wach- und Schließgesellschaft Mitte bewacht auch die Unfallklinik und einer ihrer Mitarbeiter öffnet nun den Schlagbaum. Beim Aussteigen gibt Alissar klare Befehle.: „Constantin, Sie gehen zum Haupteingang und sehen sich nach einem kleingewachsenen Mann um. Iraner und Mathelehrer. Er heißt Ali Bagheri und soll für die Afghanischen Eltern übersetzen. Karl, Sie begleiten ihn bitte und sehen sich die Menge an. Wer ist Angehöriger, wer Paparazzi? Es sollten ihre Kollegen vor Ort sein. Ich treffe mich erst mit einem Arzt, dann komme ich nach."

Es geht schneller als gedacht, denn der Arzt, nimmt sie gleich mit zum Haupteingang. Dort steht der Ärztliche Direktor mit einer der Ärztinnen. Ruhig, langsam, deutlich und mit Pausen für die Übersetzung, die Herr Bagheri für Dari und zwei Klinikmitarbeiter für Türkisch und Arabisch vornehmen, erklärt er, dass die Lehrerin und eine Schülerin sich noch im OP befinden. Die Prognosen seien gut. Eine Schülerin sei leicht verletzt, müsse aber zur Sicherheit noch eine Nacht hierbleiben. Sie und die beiden frisch Operierten dürften von ihren Angehörigen besucht werden.

Aber bitte nur von einer Person. Dann liest er die Namen vor.

Die afghanischen Eltern fallen vor dem Arzt auf die Knie und werden von dem Mathelehrer ihrer Tochter und Constantin wiederaufgerichtet. Dem folgenden Ehekrach, wer nun die Tochter besuchen darf, verfolgen alle mit großen Augen, vor allem, als die Mutter hocherhobenen Kopfes losgeht. Dann bleibt sie stehen, dreht sich um und winkt Herrn Bagheri. Jemand muss ihr ja sagen, wo es lang geht.

Der Ärztliche Direktor sieht den Kollegen, der Alissar quasi von hinten in die Klinik geschmuggelt hat. Er winkt die beiden zu sich, schickt aber den Jüngeren auf seine Station.

Der große Chef zückt sein Handy und steckt es wieder weg.

„Frau Wiallas, ich nehme an, Sie werden sich das alles noch ansehen." Er blickt ihr in die Augen, sie hält stand. „Ich bin Mitglied der CP und hätte natürlich unseren Kandidaten gewählt. Der, wie jetzt sehe, eine gute Wahl getroffen hat. Das wollte ich als Mann mal loswerden. Als Direktor und Großvater einer Fünftklässlerin, danke ich Ihnen. Und habe eine Bitte. Die schwerverletzte Schülerin hat ihren Namen genannt. Sobald sie auf der Intensiv liegt und ansprechbar ist, werden Sie informiert und sollten hierherkommen. Kennen Sie die junge Frau?" Er nennt den Namen, Alissar schüttelt den Kopf und sagt: „Hier leben knapp achttausend Menschen die aus Syrien stammen und ich bin erst seit fünf Jahren wieder in der Stadt. Mit vielen Pausen."

„Ja, ich habe es gelesen. Dennoch scheint es für die junge Frau wichtig zu sein. Hinterlassen Sie bitte Ihre Nummer." Er winkt, eine Frau im grünen Kittel kommt und er verabschiedet sich von Alissar. Die Sozialarbeiterin tippt sich Alissars Nummer ein, sagt lächelnd: „Danke" und geht.

Constantin kommt.

„Was jetzt, Frau Wiallas?"

„Schriftliches Gedächtnisprotokoll, auch von Karl, ausgedruckt auf meinen Tisch, ich bin um Vier wieder im Büro. Ihr Vater möchte bitte ein Exposé schreiben. Was lehrt uns das, was kann, muss, soll, ich tun. Bis morgen. Jetzt muss ich zu Lotte."

Die erwartet ihre Stiefmutter zu Hause.
Quietscht vergnügt und grinsend.
Alissar hat Mühe, Lottes Wortschwall mit den sachlichen Erklärungen von Maya in Einklang zu bringen und grinst dann auch.
Als in ihrer Grundschule der Terroralarmplan in Gang gesetzt wurde, hat Charlotte selbst bei Maya angerufen. Die kam und durfte gemäß der Vollmacht das Kind auch mitnehmen. Es gab aber bei Nobert und Dala Probleme.
Noberts Vater nahm den Hilferuf seines Sohnes zwar an, war aber dienstlich in München. Seine Mutter bräuchte noch eine Stunde, auf der Autobahn staut es sich. Nobert gab seiner Klassenlehrerin das Telefon, die beiden Frauen einigten sich. Der Bengel durfte bei Maya einsteigen. Auch Dala saß letztendlich im Auto. Sie hatte ihre Eltern erreicht, die gerade im Deutschkurs saßen. Und dann vor Aufregung in die falsche Straßenbahn stiegen. Es gab eine Telefonkonferenz. Dala redete mit ihren Eltern und tippte gleichzeitig bei Lotte die arabischen Worte in das Übersetzungsprogramm. Die Lehrerin las mit. Nobert hatte den Stadtplan hochgeladen und mit Mayas Hilfe gelang es den Standort der Eltern zu ermitteln. Sie waren an der östlichen Endhaltestelle gestrandet. Frau Simon tippte bei Lotte ein: „Bleiben sie dort, wir kommen zu ihnen."
Maya steuert, Frau Simon sitzt auf dem Beifahrersitz, hinten sitzt Nobert, zwischen Dala und Lotte. Er ist ganz betrübt, dass er als erster aussteigen muss, fällt aber seiner Mutter um den Hals. Die bedankt sich bei den Frauen und Lotte. Nun geht es fünf Kilometer quer durch die Stadt. Dala redet solange mit ihren Eltern, bis der Akku leer ist. Aber da sind sie fast am Ziel. Im Haltestellenhäuschen sitzen zwei völlig verschreckte Eltern, die nun ihre Tochter bestaunen, das Auto bestaunen, Frau Simon bestaunen, Maya bestaunen und überhaupt nicht verstehen, warum Lotte lacht.
Der SUV amerikanischer Provenienz ist für sieben Personen zugelassen, Dalas Eltern passen also auch noch rein. Lotte hilft beim Anschnallen, Dalas Vater zuckt zusammen.

Es geht retour in den westlichen Stadtteil, Dala wohnt in einem der Blöcke. Das Fahrrad von Frau Simon steht noch an der Schule, sie steigt aus und bedankt sich bei Maya und Lotte. Nach gut zwei Stunden waren sie dann endlich in der Felsenstraße.

Der Amoklauf im West-Gymnasium ist Stadtgespräch, im Netz kursieren Bilder vom Wasserwerfer, von aufgebrachten Menschen und zeigen den Innenminister in Begleitung der Bürgermeisterkandidatin. Naja, der zweite Mathelehrer, Herr Bagheri, ist auch zu sehen. Dazu die Meldung, dass der Unterricht an allen Schulen frühzeitig beendet wurde.

Tobias und Alissar sehen sich einiges gemeinsam an, dann sagt sie: „Ich fahre noch mal ins Büro. Wartet nicht mit dem Essen." Sie zeigt zum Kinderzimmer. „Zum Einschlafen bin ich wieder da und rede noch mal mit ihr."

„Mach. Und übrigens", er fasst nach ihren Händen, „das halbe Rathaus war bei mir. Du bist die Richtige."

„Noch haben wir nicht gewonnen, Tobi."

Alissar geht noch mal ins Schlafzimmer, den Shayla anlegen.

Fahrer und Beifahrerin gehören zur Spätschicht und sagen auch erstmal, „Danke, Frau Wiallas."

Sie nickt nur, steigt hinten ein und holt ihr Handy aus der Handtasche. Dann lässt sie innere Scheibe runter. „Erst zur Unfallklinik."

Hamida ist Achtzehn, blinzelt, weil ihre Brille auf dem Nachtschrank liegt und ist sehr blass. Neben ihr sitzt ihre Mutter, die unaufhörlich ein Gebet murmelt. Sie sieht kurz auf, als Alissar sich nun auf die andere Seite des Bettes setzt. Die ergreift Hamidas rechte Hand und fragt leise auf Deutsch: „Du wolltest mich sprechen?"

Die Schülerin bewegt den Kopf, Alissar versteht, angelt die Brille vom Tischchen und setzt sie Hamida auf. Die lächelt ein wenig und flüstert auf Deutsch: „Ich will nicht sterben, weil ich dich liebe und wählen will. Mama weiß es nicht. Aber Yilmaz wusste es. Ich habe es ihm gesagt, damit er Ruhe gibt." Tränen kullern über ihr Gesicht, ihre Mutter murmelt nun lauter und schneller.

Alissar holt ein Stofftaschentuch aus ihrer Tasche und trocknet Hamida das Gesicht. Dabei fragt sie leise: „Hast du das der Polizei gesagt?"

„Nein, es ist doch Haram."

Mit ihren Daumen streichelt sie Hamidas Hand, ihre linke Hand zeigt auf den Monitor, der schräg über dem Bett hängt.

„Du wirst nicht sterben."

Nach zwanzig Minuten drückt Alissar der ruhig vor sich hin atmenden Hamida ihr Taschentuch in die Hand. Auch deren Mutter ist, wohl vor Erschöpfung, eingeschlafen. Alissar steht leise auf und geht zur Tür. Am Eingang der Intensivstation sitzen eine Polizistin und Alissars Personenschützer im flüsternden Gespräch. Als sie Alissar sehen, stehen beide auf und verharren kurz, dann gehen sie schnell auf sie zu.

„Danke, aber es geht schon. Ach, Sie. Das ist gut, Frau Kluge. Warten Sie bitte." Sie braucht jetzt einen Schwall Wasser im Gesicht und sieht sich um. Eine der Pflegerinnen geht vorüber, sieht sie an und sagt: „Kommen Sie."

Es ist die Personaltoilette, Alissar erfrischt sich und sieht solange in den Spiegel, bis ihr Begleitschutz verbotener Weise auf die Damentoilette kommt. Das hilft. Sie strafft sich und lächelnd den, wirklich besorgten, Mann an.

„Danke. Ich muss telefonieren und Sie sagen Bescheid, dass ich gleich nach Hause möchte."

Alissar ruft Miray, die Schwester ihrer Adoptivmutter Nana, an und fragt nach der Bedeutung von „Hysterektomie". Alissar hat diesen Begriff vor dem Eintritt in Hamidas Zimmer von dem Arzt gehört, der sie empfangen hat. Es war nicht für sie bestimmt. Nun weiß sie, dass Hamida nie Mutter werden kann. Noch ein Stein, der Alissar an diesem Tag in den Rucksack gelegt wird.

Dann telefoniert sie mit Constantin.

„Wir sehen uns morgen um Neun, ich brauche Zeit zum Nachdenken, danke."

Die Nummer der Leiterin der Ermittlungsgruppe ist besetzt, sie schreibt ihr eine Nachricht: „TV vermutl. homophob. Gespräch mit Hamida S., i. Moment nicht gerichtsverwertbar. POM Kluge ist sehr gut."

Auf dem Flur winkt sie Polizeiobermeisterin Kluge zu sich. Leise und mit einem Fingerzeig auf das Patientenzimmer sagt sie: „Lassen Sie sich nur für diese Aufgabe einteilen. Ich denke, dass wird gehen. Da drin liegt eine schwerverletzte junge Frau. Damit meine ich nicht nur physisch. Wenn Sie können und dürfen, dann reden Sie mit ihr. Bitte."

„Ja, Frau Wiallas."

„Danke."

Tobias sieht ihr ins Gesicht.

„Willst du erstmal allein sein?"

„Auf keinen Fall! Wir essen im Speisezimmer. Sind Levon und Ruth da?"

„Ja. Lukas auch, er hat nach dir gefragt."

„Gut, hol Lotte."

Mit Rücksicht auf Charlotte erzählt Alissar nur eine kindgerechte Zusammenfassung ihres Klinikbesuches, bittet aber die drei anderen: „Kommt nachher bitte mal rüber. Levon, ich weiß, du hast einen guten Cabernet im Schrank. Ich brauche jetzt sowas."

Charlotte ist begeistert, dass auch „Tante Ruth" bei der Einschlafzeremonie dabei ist. Levons Zukünftige wird später sagen: „Ich muss ja üben."

Das ist aber die einzige lustige Bemerkung an diesem Abend.

Alissar erzählt nun die Langversion des Tages und jeder hört, sieht, dass es für sie ein anstrengender Tag war. Sie trinkt zwei Schluck.

Kurz vor Mitternacht kuschelt sie sich bei ihrem Mann ein.

„Es ist ein steiler Berg, den ich erklimmen will, Hilf mir bitte."

„Du schaffst das, Kämpferin."

Dr. Roland Bauer, Regierungspräsident a.D., Constantin Bauer, Dr. Karamba Owamba, Kriminaloberrat a.D. Karl Krumpholz und Alissar sitzen im Beratungsraum des Wahlbüros. Je ein Exemplar der Regional- und der Boulevardzeitung liegen auf dem Tisch. Ein Laptop zeigt die gestrigen Abendnachrichten des deutschen Fernsehens, einer die aktuelle Seite des örtlichen Nachrichtenportals und bei einem ist die Mailbox des Wahlkampfteams geöffnet. Da blinkt es ununterbrochen.

„Danke, Karamba, dass Sie gekommen sind."

„Es ist mein Wahlkreis, Sie sind unsere Kandidatin und die Opfer sind Ausländer oder Deutsche mit Migrationshintergrund. Wissen Sie, wie es denen geht?"

„Constantin, rufen Sie bitte die Seite der Klinik auf. Der Direktor versprach mir, dass sie dort ein Statement veröffentlichen."

Ihr Büroleiter tippt und dreht dann den Laptop so, dass es alle lesen können. Constantin murmelt: „Ärzte. Können die nicht verständlich formulieren?"

Sein Vater knurrt zurück: „Erstens Rechtssicherheit, zweitens fachliche Sicherheit. Sie können und dürfen nicht anders. Ich lese, dass alle Verletzten leben."

Der studierte Biologe und der ehemalige Kriminalist kennen einige der lateinischen Begriffe und wackeln mit den Köpfen. Karamba spricht es dann aus: „Bei der Lehrerin und bei Hamida wird es wohl länger dauern."

„Ich war gestern bei der Schülerin. Sie hatte vor der OP meinen Namen genannt, ihre Mutter hatte nichts dagegen und war dabei. Das Messer hat ihre Gebärmutter zerfetzt. Es war knapp."

Betroffen wird geschwiegen. Dann blättert Alissar die Boulevardzeitung auf. Roland Bauer nimmt sich das Regionalblatt, Karl sieht sich das Nachrichtenportal an und Constantin scrollt sich durch die Mails. Fast zu selben Zeit sagt jeder: „Scheiße!"

Die Zeitung mit den großen Buchstaben titelt: „Moslem sticht Lehrerin nieder!" Woher die Redaktion ein Foto der Lehrerin hat, schreiben sie nicht. Dafür, dass sie Deutsche ist und „Yilmaz G." einen „islamischen Hintergrund" hat. Sie erwähnen, dass es vier weitere Leichtverletzte gäbe. Sie verschweigen, dass Yilmaz ein Schüler des Gymnasiums ist, dass alle Verletzten Frauen sind. Angewidert legt Alissar die Zeitung beiseite.

Roland Bauer schiebt die Regionalzeitung in die Mitte.

„Hier heißt es nur, Schüler mit Migrationshintergrund. Mitgefühl für die Opfer, deren Eltern, sowie für alle Schüler und Lehrer. Heftige Kritik an der Polizei, der Name der PD wird genannt. Dann Lob für den Minister und für Sie, Alissar. Ausgewogen, würde ich sagen."

„Das wohl weniger."

Karl dreht den Laptop um.

„Der Tonfall wie bei dem Schmierblatt, dazu die Mitteilung, dass Yilmaz in psychiatrischer Behandlung war."

Ein kollektives „Oh" ist zu hören, Karl winkt ab und scrollt.

„Hier der Wasserwerfer. Hier weinende Frauen mit Hijab. Hier ein lachender Weißer, ist das echt? Auf dem Foto von der Ansprache fehlt der Mathelehrer. Unseriös hoch drei. Aber auch das hier." Er zeigt auf einen Absatz, in dem von Elternbriefen an die Schulleitung und den Bildungsbeigeordneten geschrieben wird. „Wenn da was dran ist, rappelt es im Rathaus. Kennen Sie den Beigeordneten, Frau Wiallas."

„Nein, aber jemanden, den ich fragen kann."

„Kümmeltürke, Kameltreiber, Ziegenficker", Constantin liest vom Monitor ab. „Damit ist nicht nur der Täter gemeint, Frau Alissar. Aber", er scrollt und liest vor: „Danke, Frau Wiallas, ich werde Sie wählen und es allen sagen."

Es kommt eine neue Mail, Constantin sagt, „endlich" und klickt auf den Link. Es ist der offizielle Polizeibericht.

Rechtssicher und sachlich im ersten Abschnitt, der ohne Namen auskommt aber mitteilt, dass der Täter ein siebzehnjähriger deutscher Staatsbürger mit türkischem Migrationshintergrund ist. Im zweiten Abschnitt wird der Name der Polizeidirektorin genannt. Mit dem Zusatz, dass sie bis zum Abschluss der internen Ermittlungen vom Dienst suspendiert ist. Im letzten Absatz entschuldigt sich die amtierende Direktorin und spricht den Opfern und deren Angehörigen ihr Mitgefühl aus.

Karamba ist ein erfahrener Bundespolitiker.

„Frau Wiallas, woher kennen Sie eigentlich den Innenminister? Er war ja sehr schnell vor Ort."

„Durch die Beratungsgesellschaft. Da ging es auch schon mal um diffizile Themen. Ich habe die persönliche Dienstnummer."

Nur der erfahrene ex-Kriminalist Karl Krumpholz hebt unmerklich die Brauen.

Dann kontrolliert jeder für sich die sozialen Medien. Das Urteil ist einhellig. Ein Drittel pro, zwei Drittel contra. Da geht es um die Ausländer an sich, um „islamistische Jungmänner mit altertümlichen Vorstellungen" und natürlich um die „Kopftuchfrau."

Constantin findet einen Beitrag, knurrt und schiebt sein Handy Alissar zu.
„Das ist neu, nicht abwegig, aber gefährlich."
Ein „Knuddelbär45" schreibt, dass „die Kopftuchfrau ihr hübsches Gesicht
in jede Kamera hält und an keinem Mikrofon vorbei gehen kann."
Dazu werden Fotos von Alissar präsentiert. Das Titelblatt des Magazins,
im Südbad, das Interview in der Regionalzeitung, ihr gemeinsamer Auftritt
mit Tobias.
„Na zumindest bin ich hübsch und keine Kameltreiberin. Aber Sie haben
Recht Constantin, ich werde mich zurückhalten. Den Rat hat mir übrigens
gestern auch mein Mann gegeben."
Sie zeigt auf die Zeitungen.
„Dazu gibt es eine schriftliche Erklärung von mir. Tenor: Zusammenarbeit
zwischen Polizei und Bevölkerung muss besser werden. Mobbing, psychi-
sche Auffälligkeiten müssen rechtzeitig erkannt werden. Wir brauchen Zu-
wanderung. Absurderweise ist der Täter ein gutes Beispiel. Er geht auf ein
Gymnasium. Mitgefühl für die Opfer und deren Angehörigen."
Alissar blickt in die Runde.
Alle nicken, Karamba grinst.
„Sie haben eben völlig selbstverständlich Mann gesagt. Gefällt mir."
„Partner klingt geschäftsmäßig, Lebensgefährte nach begrenzter Haltbar-
keit. Tobias und ich benehmen uns wie Mann und Frau, da können wir das
auch so sagen. Lotte sagt ja auch Papa und Mutti."
Roland Bauer ist der Älteste, Vater von drei Kindern und, wie er vor kur-
zem bekanntgab, bald Großvater. Er hat also Erfahrung.
„Wie geht es Charlotte eigentlich?"
Statt einer Antwort zückt Alissar ihr Handy, tippt, scrollt und zeigt es Ro-
land, der es laut vorliest: „Hab dich lieb, Mutti. Pass auf dich und uns auf."
Er gibt das Gerät zurück, Alissar lächelt.
„Das war fünf Minuten nachdem wir sie abgesetzt haben. Also, ihr geht es
gut."
Sie zuckt zusammen und sieht zu Constantin.
„Heute ist doch die erste Sitzung des Stadtrates nach der Sommerpause.
Die Stelle von Tobias muss ausgeschrieben werden und ich muss mich ver-
abschieden. Haben Sie dran gedacht?"

Ihr Büroleiter hebt die Hände.

„Ja, denn wir haben vorige Woche darüber gesprochen. Sie sagten, dass ich die schriftliche Erklärung machen soll, die kann ich sofort ausdrucken. Über eine Rede wollten sie nachdenken und das mit Frau Liwak abstimmen."

„Ehefrau, Stiefmutter, Weltenretterin, da kann schon mal was vom Tisch fallen. Die Erklärung drucken Sie aus, ich rufe Walentina an und werde heute Abend die Klappe halten oder schwänzen. Noch was?"

Außer dem Text für eine Erklärung zum Amoklauf gibt es nichts weiter, aber an dem sitzen sie anderthalb Stunden.

Mittags kommt Tobias ins Wahlkampfbüro.

Mit zwei Plastiktüten.

„Salat á la Chefin und Halumidöner für mich. In der Kantine gibt es Currywurst und zu viele Fragen. Und bei dir?"

„Constantin meint auch, ich solle mich zurückhalten. Lies nachher mal meine Erklärung und sag was zu deinem Bildungskollegen."

Beim Kauen halten sie den Mund, aber zwischen den Bissen reden sie. Tobias fängt an.

„Es ist seine zweite Amtszeit und seine zweite Scheidung. Vielleicht haben die Auswirkungen. Er war Lehrer in Fulda, dann zehn Jahre Leiter des Fachbereichs Bildung in Kassel. Nach der ersten Scheidung kam er hierher und baute den Laden um. Meiner Meinung nach zu groß. Das Sozialamt, das Schulamt, das Gesundheitsamt, die Kindergärten und das Jobcenter. Warum fragst du?"

Alissar tippt auf ihrem Laptop herum und zeigt ihm die Meldung des Nachrichtenportals.

„Hm, Wenn es solche Briefe gab, dann bekommt sie der Leiter des FB Bildung auf den Tisch. Soll ich mit ihm reden?"

„Nein, da mischen wir uns nicht ein. Ich habe mit Walentina telefoniert. Formal muss ich heute Abend nicht dabei sein, aber sie glaubt, dass es gut wäre. Wegen gestern."

„Ich habe mit dem Amtierenden gesprochen. Tagesordnungspunkt Eins ist die Ausschreibung meiner Stelle, da muss ich nicht anwesend sein. Sport und Kultur sind erst wieder in vierzehn Tagen dran. Also hole ich Lotte vom Training ab und beim Essen üben wir Englisch. Levon und Ruth machen mit. Auch Maya will mit ihr Englisch reden. Da sie, aus den uns bekannten Gründen, nicht für meine Gelüste zur Verfügung steht, muss ich warten, bis du kommst. Oder im Netz surfen."

Tobias bekommt einen Schlag mit der Gabel ab.

„Lustmolch! Deutsch ist schon lustig. Wieso muss ein blindes Krabbeltier als Metapher für übersteigertes sexuelles Verlangen herhalten?"

„Das sind Amphibien und nicht alle sind blind. Kannst du ein Büro abschließen?"

„Raus, Herr Beischlaf-, geordneter Zander!"

Naja, ein Küsschen bekommt er noch, dann geht Tobias wieder zum Rathaus. Luftlinie sind das 100, als Slalom durch die Marktstände etwa 250 Meter. Kurz vor der Rathaustreppe ist ein freier Platz, den, wie jedes Jahr Mitte August, der Pflastermaler Klaas nutzt. Wie er richtig heißt, interessiert nur das Ordnungsamt, das die Sondernutzung von zehn Quadratmeter städtischen Bodens genehmigt. Er darf sogar sein Wohnmobil daneben stellen. „Danke, Ihr Klaas" steht auf dem Schild vor dem Eimer in den die Passanten großzügig, weil amüsiert, ihr Geld werfen.

Klaas malt vormittags schöne Frauen. Mona Lisa nach der berühmten Vorlage, Aphrodite nach seinen Träumen, Uta von Naumburg nach Vorlage, Brigitte Bardot nach einem Foto aus deren Glanzzeit und wohl in Unkenntnis, dass die Hundertfünfjährige noch lebt. Zum Gaudium des Publikums spricht er auch mal eine Einwohnerin an und bezirzt sie in dem lustigen Deutsch der Holländer so lange, dass sie für zehn Minuten stehen bleibt und sich dann selbst auf den Gehwegplatten sieht.

Mittags spült er sein Werk weg, macht Pause und wenn sein Platz wieder trocken ist, zeichnet er Märchenfiguren. Hänsel- und Gretel, Dornrösschen und natürlich Schneewittchen. Wie schon am Vormittag alles mit bunter Kreide und wie schon am Vormittag sind die weiblichen Figuren sehr schön und sexy.

Auf dem Weg zum Wahlkampfbüro hatte Tobias gesehen, dass der Künstler zu Gange war, aber nicht weiter darauf geachtet. Jetzt bleibt er erstaunt stehen, denn er sieht Alissar!

Viele Passanten bleiben stehen. Tobias hört: „Oh!", „Ah" und sieht, dass der Eimer gefüllt wird. Er macht ein Foto und sieht drei junge Männer, die bei 32 Grad in der Sonne mit Anzug und Krawatte am Rand der Zeichnung stehen. Sie spucken auf das Pflaster und verwischen mit den Schuhen die Kreide. Tobias geht auf sie zu, andere Passanten gehen auf die Männer zu. Die spucken und wischen weiter.

„Wenn sie schon keinen Sinn für Schönheit haben, dann sollten sie Respekt vor der Leistung zeigen!" Tobias zeigt auf Klaas, der gerade mit dem Geldeimer zu seinem Wohnmobil geht.

„Ach, der Herr Zander! Wie reitet es sich denn auf einer Kamelstute?"
Der mittlere Anzugträger sieht Tobias grinsend ins Gesicht.

Es gibt zwei Möglichkeiten. Erstens: Gemäß Matthäus 5, Vers 39 hält Tobias still. Zweitens: Er schlägt zu. Körperverletzung im Amt wäre es nicht, er hat Mittagspause, Notwehr vielleicht, aber auf jeden Fall ein Impulsdurchbruch. Männlich, ehrlich, spontan. Aber dann wäre seine Vorbildfunktion als Vater und Kommunalbeamter futsch.

Es gibt eine dritte Möglichkeit.

Klaas hat den Motor seines Wohnmobils angeworfen und kommt mit einem Schlauch wieder. Er öffnet das Ventil und spritzt mit einem Lächeln das Wasser auf die Schuhe der Anzugträger.

„Oh, Entschuldigung, aber sie stehen im Weg."

Einige Passanten lachen, andere filmen oder fotografieren. Der mittlere Anzugträger zeigt wütend auf Klaas, sein rechter Kompagnon ruft: „Das ist…"

„Wehrhafte Demokratie! Und jetzt verschwinden sie!"

Tobias hat laut und deutlich gesprochen, die Männer sehen zu ihm. Ihre Gesichter deuten darauf hin, dass sie überlegen, ob der gut trainierte Beigeordnete nicht doch zur zweiten Möglichkeit greift. Unter dem Applaus einiger Passanten gehen sie. Klaas zwinkert Tobias zu und reinigt weiter das Pflaster.

Walentina eröffnet die Sitzung des Stadtrates mit den Worten: „Schön, dass sie alle wieder da sind. Wie ich sehe, sind wir Beschlussfähig." Dann will sie die Tagesordnung verlesen, wird aber vom Vorsitzenden der EWP-Fraktion unterbrochen.

„Gemäß Paragraph Drei unserer Geschäftsordnung beantragt meine Fraktion eine Änderung der Tagesordnung. Aus Anlass der gestrigen Ereignisse im Westgymnasium reichen wir einen Dringlichkeitsantrag ein."

Die Änderung der Tagesordnung muss von zwei Drittel der Stadträte beschlossen werden. Das wären 39 und die heben auch die Hand.

Ein Stadtrat der Einzig Wahren Partei verteilt flugs ein Blatt an alle Räte und die Vertreter der Verwaltung. Sein Fraktionsvorsitzender steht auf und verliest den Antrag. Der hat zwei Teile.

Die Stadtverwaltung solle sicherstellen, dass alle ausländischen Schüler vor Betreten des Schulgebäudes kontrolliert werden.

Zweitens solle die Sachkundige Einwohnerin, Alissar Wiallas, erklären, warum sie gestern die Arbeit der Polizei behindert habe.

Thomas Krause setzt sich und genießt sichtlich die Unruhe bei den Räten, am Verwaltungstisch und im Publikum.

Walentina unterbricht die Sitzung, damit die Fraktionen sich beraten können. Das darf sie, aber nicht länger als 30 Minuten.

Außer der EWP und den fünf Fraktionslosen, stehen alle Fraktionen zusammen. Sie flüstern, sie telefonieren und haben ernste Gesichter. Am Verwaltungstisch flüstern der amtierende OB und der Beigeordnete für Bildung und Soziales. Sicherheitshalber hinter einem Aktenordner.

Die Vorsitzende sieht auf die Uhr und schwingt die Glocke.

Es geht los.

Der Vorsitzende des Bildungsausschusses, Berufsschullehrer und Mitglieder Christlichen Partei, spricht für seine Fraktion, die den Antrag ablehnen wird. „Der Antragsteller hat nicht bedacht, dass die Kontrolle von Personen Aufgabe der Polizei ist."

Dörte Schmoll ist Lehrerin, Mitglied der Partei der sozialen Gerechtigkeit und Kandidatin für die Oberbürgermeisterwahl. Auch sie empfiehlt die Ablehnung des Antrages, weil der Einreicher nicht ausgeführt hat, ab welcher Schulstufe die Kontrollen stattfinden soll.

Auch Klaus Wiederholt von der Partei neuen Typs möchte Oberbürgermeister werden, spricht für seine Fraktion und empfiehlt den Antrag in den Bildungsausschuss zu verweisen.

Die Fraktion der Freien Menschen verzichten auf eine Stellungnahme, auch die fünf fraktionslosen Stadträte wollen sich nicht öffentlich äußern.

Alfons Auerbach schaltet sein Mikrofon ein.

„Im Namen der Liberalen Fraktion teile ich mit, dass wir den Antrag ablehnen. Nach unserer Rechtsauffassung erfüllt diese im ersten Teil den Tatbestand der Diskriminierung, denn der Antragsteller hat explizit ausländische Schüler erwähnt. Übrigens, hätten Sie, werter Kollege Krause, den Polizeibericht gelesen, wüssten Sie, dass der Tatverdächtige deutsche Staatsbürger ist. Ich bedaure, dass meine Vorredner und die Kollegin Schmoll diesen Umstand nicht beachtet haben. Der zweite Teil des Antrags ist Nonsens."

Der Kinderarzt wartet, bis sich die Unruhe in den Reihen der EWP gelegt hat.

„Ja, murmeln sie nur. Seit zwei Jahren sitzen sie in diesem Raum und haben immer nicht begriffen, was die Aufgabe eines Stadtrates ist. Schauen sie doch bitte in die Geschäftsordnung, Paragraph Acht. Wir Stadträte können den Oberbürgermeister befragen und dieser muss antworten. Frau Wiallas ist noch keine, ich betone, noch, keine Oberbürgermeisterin. Sie…"

Weiter kommt Dr. Auerbach nicht.

Thomas Krause ist aufgestanden, sein Banknachbar, will ihn noch zurückhalten, umsonst. Mit: „Deutschland gehört uns!" „Nimm dein Kopftuch ab, du dreckige Hure!", stürmt er auf Alissar zu. Auch sie ist aufgestanden und lässt den wütenden, sabbernden Mann auf sich zu kommen. Sekunden später liegt er auf dem Parkett des Sitzungssaales.

Das Wort „Tumult" bezeichnet ein lärmendes Durcheinander und ist hier angebracht. Alissars Personenschützerin kommt aus den Publikumsreihen und zieht sie von dem jammernden Herrn Krause weg. Der wird nun von drei Fraktionskollegen auf die Beine gestellt und schreit auf.

„Luxation", sagt Dr. Auerbach trocken und fragt: „Soll ich?" Thomas Krause ist im Moment nicht bei Sinnen, nickt aber. Es knirscht, er schreit, der Kinderarzt meint: „Passt. Eine Nachkontrolle wäre angebracht."

Mindestens zehn Abgeordnete haben den Polizei- und den medizinischen Notruf gewählt. Es ist zu hören, dass sie erhört wurden.

Der Notarzt schließt sich der Meinung seines politisierenden Kollegen an und überweist Herrn Krause an die Unfallklinik. Sofort und mit dem RTW. Dort wird man ihn röntgen, Blut abnehmen und danach mitteilen, dass das aus- und wieder eingerenkte Schultergelenk noch ein paar Tage schmerzen wird. Sie geben ihm ein Medikament mit. Gleich nach Hause kann er noch nicht, denn die beiden Polizisten haben da einige Fragen. Die beantwortet er unwirsch oder das Medikament wirkt schon. Am nächsten Vormittag geht er zu seinem Anwalt. Dieser formuliert zwar die Anzeige seines Mandanten gegen Frau Alissar Wiallas, macht aber ein betrübtes Gesicht.

Zwar hat er sich nicht den offiziellen Livestream der Stadtverordnetenversammlung angesehen, aber dessen Verarbeitung in den sozialen Medien.

Zurück in den Sitzungssaal.

Alissar diktiert einem Hauptwachtmeister ihre Sicht der Dinge, verweist auf die vier Kameras und erstattet Anzeige gegen Herrn Krause wegen Beleidigung und versuchter Körperverletzung. Sie bekommt eine Tagebuchnummer und darf nach Hause fahren.

Frau Liwak berät sich mit dem amtierenden Oberbürgermeister und mit Ausnahme der EWP, mit allen Fraktionsvorsitzenden. Ist die Sitzung nun unter- oder abgebrochen? In der Geschäftsordnung und der Kommunalverfassung steht nichts von prügelnden Stadträten, respektive Sachkundigen Einwohnern. Der OB und Walentina einigen sich, dass sie morgen das Regierungspräsidium anrufen. Soll doch die Kommunalaufsicht sich den Kopf zerbrechen.

Auf jeden Fall ist für Heute Schluss.

Einzeln oder in Gruppen verlassen die Stadträte und das Publikum den Saal. Fast alle halten ihr Smartphone in der Hand. Sie tippen, sie telefonieren oder sie lesen.

Die Sitzung begann um 17.00 Uhr, da holte Tobias gerade seine Tochter vom Schwimmtraining ab. In der Felsenvilla wird um 18.00 Uhr zu Abend gegessen, er hatte keine Zeit in den Livestream zu sehen.

Im Esszimmer wartet schon Lukas, der die Zanders daraufhin weist, dass Levon und Ruth später kommen, denn Dienstags ist deren Praxis bis 18.00 Uhr geöffnet.

Bei Tisch beginnen die Männer mit dem Englischunterricht. Charlotte soll für die hochgehaltenen oder benannten Gegenstände das englische Wort sagen. Didaktisch ist das nicht, aber lustig. Levon und Ruth beteiligen sich später an den Blödeleien. Alle zusammen sind erstaunt, als kurz vor Sieben Alissar in das Esszimmer kommt.

Lothar will noch ein Gedeck auflegen, wird aber ausgebremst.

„Mir ist der Appetit vergangen. Später vielleicht, sagen Sie in der Küche Bescheid, danke."

Natürlich will jeder wissen, warum sie so früh da ist und warum sie keinen Hunger hat. Sie sieht jeden einzeln an, bei Charlotte verharrt ihr Blick länger.

„Lust auf einen Gruselfilm? Dann kommt."

Die Sitzungen des Stadtrates werden live ins Netz gestellt. Ältere Sitzungen sind auf der Homepage des Stadtrates abrufbar. Das sind dann schon mal drei bis vier Stunden langweilige, aber gelebte, kommunalpolitische Demokratie. Heute ist nach einer Stunde und vierzehn Minuten Schluss.

Alissar klappt den Laptop zu und sieht in fassungslose Gesichter. Charlotte sitzt neben ihr und kuschelt sich nun bei ihr ein.

„Woher kommt dieser Hass?" Unbewusst schützt Ruth ihren Bauch mit beiden Händen. Levon sieht es und legt einen Arm um ihre Schultern. Lukas lächelt seine zukünftige Schwägerin an, wird wieder ernst und wendet sich an Alissar.

„Wie hältst du das aus?"

„Die Gene unseres Vaters und meiner Mutter. Beides Kämpfer. Die Jahre in Genf und die Zusammenarbeit mit Jakob." Sie zögert, dann greift sie nach Tobias und zieht Lotte noch näher zu sich. „Und die Gedanken an diese beiden wunderbaren Menschen."

Einen Moment ist es still, dann sieht Alissar zu Ruth.

„Ich habe diese Augen schon oft gesehen. Bei Kriminellen, die sich Freiheitskämpfer nennen und denen wir Geiseln abkauften. Bei Fanatikern, die sich auf Gott, Allah oder den großen Führer beriefen und die nun mit einer

Frau verhandeln musste. Ich denke, die sind alle verbittert, weil sie irgendeinen Knackpunkt in ihrem Leben nicht verarbeitet haben, konnten oder durften. Ich weiß nicht, welche Demütigung Herrn Krause widerfahren ist, glaube aber, er ist krank."

„PTED", sagt Levon und übersetzt gleich selbst. „Posttraumatische Verbitterungsstörung. Das wäre tatsächlich behandlungswürdig. Aber vielleicht hat dieser Krause, haben seine Spießgesellen, einfach nur Angst vor der Zukunft, vor Veränderungen, vor schönen, klugen, selbstbewussten und wehrhaften Frauen."

Charlotte hatte sich etwas von ihrer Stiefmutter gelöst, den Laptop aufgeklappt und das Video gestartet. Ihr Vater bekommt es nun mit und will einschreiten. Zu spät.

„Papa, Mutti, ich möchte auch so was lernen. Ist das Judo?"

Tobias nimmt den Laptop an sich, sieht, dass Alissar, Levon und Lukas lächeln. Seufzend lehnt er sich zurück.

Zehnjährige können wunderbare Kulleraugen machen.

„Bitte!"

Nach ausgiebiger Diskussion über Schule, Hausaufgaben und Schwimmsport wird entschieden, dass Charlotte mal zu einem Schnuppertraining gehen darf.

Bis zum Gute-Nacht-Ritual für Lotte hatte Alissar alle Anrufe und Nachrichten, bis auf die Ausnahmen, Bruno, ihre leibliche Mutter und Constantin, weggedrückt. Nun antwortet sie Walentina, Dr. Bauer, Dr. Owamba, Karl Krumpholz und schreibt Dr. Roland Bauer eine längere Nachricht. Mit Renate Kluge telefoniert sie sogar. Leise, weil die POM im Flur der Intensivstation Wache hält. Dagegen stellt sie beim Telefonat mit dem Innenminister auf Lautsprecher, damit Tobias mithören kann, was der Minister für richtig hält.

Aus Alldem basteln Tobias und Alissar einen Text, den sie morgenfrüh als Videobotschaft aufnehmen will. Dann braucht Alissar eine ordentliche Ablenkung, die ihr Tobias bietet. Kurz vor dem Einschlafen hat er eine Idee. Alissar beugt sich zum Nachttisch um diese aufzuschreiben, kuschelt sich bei ihm ein und sagt: „Du bist der Beste."

Es ist Mittwoch, also bringt Tobias seine Tochter zur Schule und läuft Alissar ihre Morgenrunde. Nun in Begleitung eines sportlichen Angestellten der WSG und mit einem schwarzen Auto im Rücken. Gleich nach dem Aufwachen hat sie Constantin eine Nachricht geschickt: „Aufkleber für die Plakate drucken. Müssen heute noch geklebt werden. Text: Jetzt erst recht! Die Idee stammt von Tobias."

Als sie um Neun das Büro betritt, zeigt Constantin grinsend auf den Monitor. „Sieht so aus und wird um Dreizehn Uhr geliefert. Zweihundert kleinen und fünfundzwanzig große. Es haben sich mehr Klebewillige gemeldet, als wir Eimer haben."

„Gut. Lesen Sie sich bitte das durch. Ich möchte das heute noch online stellen. Auch ihr Vater soll mal drüber gucken. Wo ist er?"

„Bei der Anwältin, kommt danach gleich her."

„Was zuerst?"

„Interviewanfragen. Soll ich alphabetisch sortieren?"

„Nein, an alle den Verweis auf Video, ab Vierzehn Uhr. Besonderheiten?"

„Ein Redakteur der Neuen Züricher Zeitung war da. Ich habe ihn zu Frau Gutter geschickt."

Alissar lacht.

„Die NZZ ist das Zentralorgan der Konservativen in der Schweiz und angrenzenden Kantone, also wir. Wenn er wiederkommt, dann gern. Aber erst nach ihrem Vater. Sonst?"

„Der Wahlleiter erwartet einen Rückruf. Sollten Sie machen, es klang bittend."

Der Stadtwahlleiter hat tatsächlich eine Bitte an Alissar, die sie gar nicht erfüllen kann. Darüber müssen sie dann beide lachen.

Die Wahl eines Oberbürgermeisters interessiert die Einwohner der Stadt und maximal die Landespolitik, also die regionalen Medien. Es sei denn der Gewählte sieht aus wie Adolf Hitler, kommt aus dem All oder ist eben eine Muslima mit Shayla, die schon mal Schlagzeilen machte. Nun wollen alle nationalen Rundfunk-, Fernsehstationen, alle überregionalen Zeitungsredaktionen und drei ausländische TV-Sender über den Ausgang der Wahl berichten. Dass am selben Tag ein neuer Bundestag gewählt wird, scheint nicht zu interessieren.

Mit ihren Wünschen nach live-Übertragungen aus Wahllokalen, von der Auszählung, die dann bitte bis 19.55 Uhr beendet sein solle, gehen sie dem Stadtwahlleiter auf die Nerven.

„Können Sie da nicht anrufen, Frau Wiallas?"

„Bin ich Papst? Kommt wirklich Radio-Vatikan?"

„Ja. Dann dieser arabische Sender, den ich nicht aussprechen kann und einer aus den USA."

„Es tut mir leid, aber so funktioniert nun mal die moderne Welt. Aber folgender Vorschlag. Sie machen das wie immer. In aller Ruhe und Gelassenheit. Das Ergebnis verkünden Sie, wenn Sie fertig sind. Egal, ob es fünf vor Acht, fünf nach Acht oder um null Uhr neunundfünfzig ist. Ob Sie dafür als gewissenhafter, ordentlicher Beamter oder als Provinzonkel bezeichnet werden, soll Ihnen egal sein. Lassen Sie vor dem Rathaus ein Zelt aufbauen, Wasser und Bier, aber nur gegen Bezahlung. Ich zähle auf Sie."

„Das kann ich gut und ich werde das Richtige tun, Frau Wiallas."

Es folgt auf beiden Seiten ein verständnisvoller Lacher und Alissar kann sich der nächsten Baustelle widmen.

Roland Bauer bringt die Anwältin mit, lässt die beiden Frauen allein und beschäftigt sich mit dem Text der Videobotschaft.

Alissar unterschreibt, was die Anwältin vorbereitet hat und hört deren Standardsatz. „Es wird alles gut."

„Inschallah", murmelt Alissar und begleitet die Anwältin zur Tür.

Dort stoßen sie fast mit Karl zusammen, der in Begleitung eines Mannes ist. Die Anwältin geht, die beiden Herren nehmen Platz.

„Frau Wiallas, ich habe eine gute und eine schlechte Nachricht, welche zuerst?"

„Die dritte."

Mit einem breiten Grinsen sagt Karl: „Wusste ich doch. Also, die erste, ich kündige. Mit sofortiger Wirkung, also jetzt. Die amtierende PD hat mich als externer Berater der internen Ermittlungsgruppe geködert. Deren Leiter, KHK Huber stelle ich Ihnen hiermit vor. Er überbringt die zweite Nachricht."

Kriminalhauptkommissar Huber holt ein Blatt aus seiner Aktentasche und schiebt es Alissar zu.

„Hierzu gibt es eine Vorgeschichte. Eine Woche vor dem Ereignis im West-
gymnasium, hatte ich Spätdienst und der Wachhabende brachte mir einen
aufgeregten Mann. Der stellte sich als Psychologe vor und berichtete über
einen seiner Patienten. Aufgeregt und voller Zweifel, ob es das dürfe, solle
und so weiter. Er behandelt Yilmaz G. und hatte bei ihm eine Veränderung
festgestellt, die er für mitteilenswert hielt. Wörtlich: ‚Ich bringe die alle um‘.
Der Psychologe hat dann ein Protokoll unterschrieben, welches ich in die
Vorlagemappe für die Direktorin gelegt habe.
Zwei Tage später habe ich nachgefragt und keine Antwort erhalten.“
Herr Huber zeigt auf Karl.
„Im Zuge unserer Ermittlungen haben wir dann heute das gefunden. Lesen
Sie. Ich übersetze zur Not.“
Es dauert fünf Minuten.
„Diese Fachkürzel habe ich weggelassen, entnehme aber, dass die Direkto-
rin schriftlich angewiesen hat, nichts zu unternehmen. Mit der Marginalie,
‚Soll sich das Pack gegenseitig umbringen‘. Ist das richtig?“
„Ja.“
Schweigen.
Dann fragt Alissar: „Darf ich das verwenden?“
„Wenn Sie bis Fünfzehn Uhr warten, dann ja. Deshalb sind wir hier. Wir
gehen um diese Zeit selbst an die Öffentlichkeit. Karl, hat mir von ihrer
Videobotschaft erzählt. Die amtierende Direktorin hat uns geschickt. Sie
verstehen?“
„Durchaus und Danke. Karl, wann kommen Sie wieder?“
„Wenn ich mit dem Ausmisten fertig bin, aber dann brauchen Sie mich
nicht wirklich, Frau Wiallas. Ich danke für das Privileg, einer wunderbaren
Frau begegnet zu sein.“
„Dito, Herr Krumpholz.“
Alissar steht auf, die Polizisten stehen auf. Sie geht an ihnen vorbei, öffnet
die Tür und tritt zur Seite. Mit einem Lächeln gehen die Männer und be-
gegnen auf dem Flur den beiden Bauers. Alissar winkt sie in ihr Büro.
Dort schiebt sie ihnen das Blatt zu.

„Das muss noch in die Botschaft. Ein Satz oder ein Halber. Aufzeichnung um Drei, Freistellung erst um sechzehn Uhr dreißig. Wir sehen uns die Pressekonferenz der amtierenden PD an."

Roland Bauer nimmt das Blatt, liest, wird blass und reicht es seinem Sohn. Auch der veränderte seine Gesichtsfarbe. „Wie tief kann man sinken?", fragt er seine Chefin.

„Offenbar sehr tief. Ist der Eidgenosse da? Haben Sie ihn gecheckt?"

„Ja und ja, er wartet unten."

„Dann los. Constantin Sie bleiben dabei und der Wachmann, der Blonde."

Der mit seiner Haarfarbe beschriebene Angestellte der WSG hatte ihre Aufmerksamkeit schon am Morgen erregt. Erstens ist er ein Bilderbuchdeutscher, zweitens könnte er ihr direkt in die Augen blicken, was er aber nicht macht, drittens fragte er auf Französisch nach dem Streckenverlauf und viertens blieb er tapfer an ihrer Seite, als sie letzten 800 Meter zum Spurt ansetzte. Obwohl er fünfzehn Jahre älter ist.

Die Neue Züricher Zeitung unterhält in Berlin ein Büro, für Reto Zürgi ist es der erste Auslandseinsatz, den er auch erst vor zwei Monaten angetreten hat. Normal groß, mittlerer BMI, Mitte Dreißig und noch nicht richtig eingearbeitet.

„Grüezi, Herr Zürgi. Mehr kann ich leider nicht, kann Ihnen aber Hochdeutsch, Französisch oder Englisch anbieten. Wasser, Kaffee, Tee?"

„Kaffee, bitte und wenn es geht auf Ihre Art. In dieser Sprache könnten wir uns auch unterhalten, so unter vier Ohren."

Constantin bekommt einen Hustenanfall, Herr Zürgi ist irritiert und reißt die Augen auf, als Constantin auf Arabisch erklärt, dass hier im Büro nur eine italienische Kaffeemaschine steht. Dann zeigt er mit dem Kopf auf den Wachmann.

„Diesen Herrn wollen Sie bitte nur als Herrn A bezeichnen, erwähnen dürfen Sie das er in der Légion étrangère gedient hat. Espresso, americano?"

Herr Zürgi wird leicht rot, sieht zum Wachmann, der freundlich lächelt, zu Alissar, die mehr grinst als lächelt und dann wieder zu Constantin.

„Espresso, doppelt, wenn es Ihnen keine Mühe bereitet."

Constantin bedient die Maschine, Alissar wendet sich an den Reporter.

„So, den Anfang haben wir verpatzt, fangen wir noch mal von vorne an. Wir finden Sie unseren Marktplatz? Insbesondere die Händler und ihr Angebot?"

Reto sieht ein, dass er es verbockt hat und schaltet schnell um.

„Jetzt verstehe ich diese Fischfrau. Pardonne, Frau Wiallas."

Alissar hakt nach: „Was hat denn Frau Gutter gesagt?"

„Ich soll in sieben Jahren wiederkommen, aber schon in der Landeshauptstadt aussteigen."

Alissar lacht laut, Constantin dröhnend, Herr A. erlaubt sich eine Veränderung im Mundbereich und Reto lacht über sich selbst.

Es werden dann doch noch konstruktive vierzig Minuten, denn Herr Zürgi hat ein Grundthema. Die Verbindung zwischen den Familien Zürgi und Wiallas, Deutschland als Land der Dichter, Denker und Nazis.

Zum ersten Thema gibt ihm Alissar die Nummer von Beate Wiallas in Weimar, zum zweiten Thema gibt sie ihm den Entwurf ihrer Videobotschaft.

„So oder ähnlich ab sechzehn Uhr dreißig auf meiner Seite und gehen Sie vorher zur Pressekonferenz der Polizei. Constantin wird Ihnen die Adresse geben."

Drei Tage später reiben sich die Leser der NZZ verwundert die Augen, weil sie glauben, ein Virus hätte das Schreibprogramm der Redaktion befallen. Unter der Überschrift, „Preußin mit Hijab", lesen sie: *„Alle Religionen Seindt gleich und guht wan nuhr die leüte so sie profesieren Ehrliche leüte seindt, und wen Türken und Heiden kähmen und wollten das Land Pöbliren, so wollen wier sie Mosqueen und Kirchen bauen."*

Reto Zürgi, der diesen Artikel geschrieben hat, ist im zweiten Absatz so freundlich, den Ausspruch des preußischen Königs Friedrich II. zu übersetzen und zu erklären. „Pöbliren" meint Peuplierung. Mit dem französisch-lateinischen Wort wird die Ansiedlung von Menschen zur wirtschaftlichen Entwicklung bezeichnet. Der Alte Fritz besaß schon vor 300 Jahren den Weitblick, den Herr Zürgi jetzt bei Alissar Wiallas sieht. Er verkneift sich, mit Ausnahme des Kopftuches, jede Bemerkung zu ihrem Äußeren und stellt sie als Nachfolgerin des Preußenkönigs vor.

Pflichtbewusst, redlich, fleißig, ehrgeizig und die eigenen Kräfte nicht schonend, wird sie die Stadt in die Zukunft führen.

Dass sie außerdem eine schöne Frau ist, können die Leser auf dem beigefügten Foto erkennen.

Ob und wie dieser Artikel Einfluss auf das Wahlergebnis hat, beschäftigt die Meinungsforscher noch Monate.

Zurück zum Mittwoch. Um 15.00 Uhr ist alles bereit, Alissar setzt sich an ihren Schreibtisch, sieht in die Kamera und fängt an.

„An die Mitglieder, Wähler und Sympathisanten der Einzig Wahren Partei sowie der Wilhelmina!

Sie hassen die Freiheitlich-Demokratische Grundordnung. Sie hassen Menschen mit anderer Hautfarbe, sie hassen Menschen, die sich aus religiösen Gründen den Kopf bedecken. Sei es ein Hijab oder eine Kippa. Sie hassen ihren Nachbarn, weil der mit den Kindern aus seiner ersten Ehe, mit den Kindern seiner neuen Frau und den gemeinsamen Kindern, manchmal laut, aber glücklich, zusammenlebt. Sie hassen Frauen, die mit Frauen zusammenwohnen, sie hassen Männer, die Männer lieben.

Sie hassen mich und wollten mich umbringen.

Sie tragen die Verantwortung für die Verletzten im Westgymnasium, weil sie eine eindringliche Warnung aus rassistischen Gründen nicht ernst genommen und die Schüler intern als Pack bezeichnet haben.

Seien sie versichert, dass ich mein Shayla nicht ablege, dass ich meine Bewerbung als Oberbürgermeisterin nicht zurückziehe und dieses Amt zum Wohle aller Einwohner, also auch für sie, ausüben werde. Ich werde mich zu schützen wissen und werde meinem Mann und seiner Tochter eine gute Ehefrau, Mutter und Beschützerin sein. Inschallah.

Öffnen sie ihre Augen, Ohren und Münder, gebrauchen sie ihren Kopf. Sehen sie, wie die Welt sich ändert, hören sie, was ihr Nachbar dazu sagt, reden sie mit ihm darüber, machen sie Vorschläge. Lassen sie nicht zu, dass der Hass ihr Herz versteinert.

Allah ist Allverzeihend und Allvergebend."

Abendspaziergänger können auf den Plakaten von Alissar lesen: „Jetzt erst recht!"

Das Ergebnis

Es ist egal, ob in Deutschland der Bundestag oder in Hinterposemuckels-
dorf der Gemeinderat gewählt wird.
Regnet es, stürmt es, schneit es, ist es kalt, bleiben die meisten Wähler zu
Hause. Scheint die Sonne und braucht man keinen Mantel, machen die
Leute einen Wahlspaziergang.
Insofern ist der 7. September ein Mittelding, aber goldrichtig.
Um 8.00 Uhr zeigt das Thermometer 25 Grad Celsius und bedeckt sich die
Sonne ab und an mit einem grau-weißen Laken. Endlich, denn nach sieben
Wochen ununterbrochenen Sonnenschein und Mittagstemperaturen von
35 Grad sehnen sich die Menschen nach einem reinigenden Gewitter.

Die Familie Zander/Wiallas lässt es ruhig angehen.
Tobias hatte „ausschlafen" befohlen, Alissar ihm zugestimmt und Charlotte freudig genickt. Allerdings ist sie um Sieben putzmunter, geht in das
„Küchlein", wie sie die Teeküche nennt, trinkt einen Saft und öffnet dann
die Schlafzimmertür. Ihr Papa und ihre Stiefmutter liegen engumschlun-
gen, aber in Nachtwäsche, im Bett. Lotte drängelt sich dazwischen, natürlich werden die Erwachsenen wach. Tobias nutzt die Gelegenheit für den
Toilettengang, Alissar muss auch, es gibt ja zwei Möglichkeiten in der
Wohnung. Als sie wiederkommen, hat sich Lotte aus den Bezügen eine
Höhle gebaut und kann nur mittels Kitzelattacken zur Herausgabe wenigs-
tens einer Hälfte gezwungen werden. Zehn Minuten liegen die drei friedlich auf dem Rücken, dann sticht Lotte der Hafer und sie fängt an zu zwi-
cken und zwacken. Mal rechts, mal links. Tobias droht ihr eine kalte Du-
sche an, Alissar den ewigen Entzug von Schokoladeneis. Die tatsächliche
Strafe erfreut das Kind.
Alle drei ziehen sich Trainingssachen an, fahren ins Erdgeschoss, holen die
Laufschuhe aus der Garderobe und los geht's.
Die Mitarbeiter der Wach- und Schließgesellschaft werden gut bezahlt und
begrüßen die Familie mit einem Lächeln.

Mit Rücksicht auf das Kind wird es nur die kleine Runde. Zum Fluss und wieder zurück. Trotzdem zwei Kilometer, auf denen sie Hunden mit Anhang, Joggern und Partyheimkehrern begegnen. Es gibt bekannte Gesichter, die zurück grüßen und es gibt erstaunte Blicke. Die gelten weniger dem offensichtlich sportlichen Ehepaar mit Kind, sondern der Tatsache, dass die Frau ein Kopftuch trägt und da zwei Männer hinterlaufen. Zwar in Laufschuhen und Trainingsanzug, aber mit auffälligen Brust- und Beintaschen. Aufmerksame Beobachter sehen auch den schwarzen Van, der an der Brücke steht.

Zurück in der Villa duschen sie und gehen ins Esszimmer. Dort sitzen schon Levon, Ruth und Lukas, die lobende Worte für die morgendlichen Aktivitäten finden, sich aber auf das Frühstück konzentrieren.

Das für sie zuständige Wahllokal ist im Gymnasium Nord II. Entweder eine halbe Stunde zu Fuß, zehn Autominuten oder zwei Stationen mit der Tram. Levon macht den Vorschlag, diese zu nehmen, er wird angenommen. In der Straßenbahn fallen sie natürlich auf. Alissar wird erkannt und mal freundlich gegrüßt, mal drehen die Leute sich weg.

Vor der Schule treffen sie auf Karamba samt Familie, begrüßen sich und gehen gemeinsam in den Klassenraum. Naja, sie müssen sich anstellen und darüber freuen sich alle, zeugt es doch von regem Interesse an der Wahl. Natürlich werden Alissar und Karamba erkannt. Es gibt aufmunternde Worte und das schon gewohnte Wegsehen. Die Wartezeit nutzt Tobias, um seiner Tochter die Sache mit den zwei Wahlscheinen zu erklären, sie darf dann auch mit in die Kabine.

Alissar versichert Karamba, dass sie unschuldig ist, er sagt dasselbe. Seine Frau, Tobias und Lukas kommen der Wahrheit am nächsten, in dem sie feststellen: „Haltet doch die Leute nicht für dumm, nur weil es Journalisten sind."

Stimmt.

Irgendwie werden sie das zuständige Wahllokal herausgefunden haben und stehen nun mit Mikrofonen und Kameras auf dem Schulhof.

Manche sind jedoch wirklich dumm.

„Frau Wiallas, was haben Sie gewählt?"

„Kaffee, schwarz. Danke."

Karamba referiert zwei Minuten über hitzestressresistente Weizensorten, über das Abstimmungsverhalten der christlichen Abgeordneten beim Gesetz zur Förderung der biologischen Landwirtschaft, blickt zum Himmel und sagt: „Wird Zeit, dass der Blitz einschlägt."
Das wird natürlich nicht gesendet.

Es gab hitzige Diskussionen, die in einem vertretbaren Kompromiss endeten.
Die Liberalen und das Bündnis Mensch und Natur werden die Bundestagswahlen in zwei verschiedenen Lokalen verfolgen. Alissar hat ihre beiden Familien, ihr Team, ihre Unterstützer und ein paar Freunde in die Felsenvilla eingeladen. Sollte das Ergebnis der Oberbürgermeisterwahl vor 23.00 Uhr feststehen, will sie mit Tobias und Charlotte zum Rathaus fahren und sich dort mit Dr. Auerbach und Walentina treffen.
Im großen Saal der Villa gibt es ein deutsch-arabisches Büfett und Tische für 250 Gäste. Auf Großmonitore wurde verzichtet, jeder hat ein Smartphone, es stehen auch ein paar Laptops auf den Tischen. Jeder redet mit jedem, Alissar und Tobias gehen zu jedem. Es gibt Anekdoten aus dem Wahlkampf, „da fiel die Leiter um und ich umklammerte den Laternenpfahl", es gibt Elterngespräche, „sie ist in den Ferien um vier Zentimeter gewachsen" und immer wieder Blicke zu Alissar und Tobias. Die Meinung ist einhellig, so sehen glückliche Menschen aus.
Dazu gehört natürlich auch Charlotte.
Sie hatte durchgesetzt, dass ihre Schulfreunde, einschließlich Dala, und deren Eltern, eingeladen werden. Die Eltern von Dala und Elli waren anfangs sehr zurückhaltend, weil sie eine andere Welt betraten. Constantin, an seiner Seite war übrigens den ganzen Abend Aischa, redete mit Dalas Eltern Arabisch und Frau Preller stellte fest, dass sie mit Ellis Mutter in die Schule gegangen ist. Es wurde also.
Die Kinder stromern durchs Haus, begegnen dabei Lothar, der mit gespielter Miene den grimmigen Haushofmeister gibt und ihnen dann eine Portion Eis mit Namensfähnchen serviert. Nach 20.00 Uhr guckten einige auf ihre Handys, aber die Bundestagswahl ist weit weg.

Um 21.45 Uhr bekommen Alissar und Constantin eine Nachricht vom Stadtwahlleiter.

„Ergebnis steht. Freischaltung Homepage 21.55"

Innerhalb von fünf Minuten gucken alle auf ihre Handys, warten und lesen dann: „Vorläufiges amtliches Endergebnis:

Wahlberechtigte	189.000	
abgegebene Stimmen	145.555	
Wahlbeteiligung	77,01 %	
gültige Stimmen	141.666	
davon Alissar Wiallas	88.057	62,16 %
davon Oliver Rausch	20.817	14,69 %
davon Dörte Schmoll	17.800	12,56 %
davon Klaus Wiederholt	8.116	5,73 %
davon Rolf Walentin	6.870	4,85 %

Tobias Zander vergisst die Etikette und umarmt Alissar vor allen Leuten, sie lässt es geschehen. Dann hebt sie Lotte hoch und bekommt viele Küsse ab. Natürlich applaudieren alle. Jeder muss jedem die frohe Botschaft mitteilen, ein Wunder, dass das Handynetz nicht zusammenbricht. Alissar erreicht Walentina und Dr. Auerbach, sie verabreden sich für 22.30 Uhr.

Natürlich kommen Tobias und Charlotte mit und stehen die nächsten 45 Minuten tapfer an der Seite der neuen Oberbürgermeisterin Alissar Wiallas.

Um 1.15 Uhr erlischt in der Felsenstraße 14 das Licht. Alissar, Tobias und vor allem Charlotte, bekommen nicht mit, wie eine Stunde später Donner, Blitz und Regen über die Stadt nieder gehen.

Abkürzungen und Übersetzungen:

a.D.	Bezeichnet Beamte "außer Dienst", also pensioniert. Hier also die Herren, Karl Krumpholz und Dr. Roland Bauer.
Abaya	Langes, lose fallendes Kleid. Durchaus mit reichhaltiger Verzierung. Wird mit einem Hijab oder Shayla komplettiert. Meist schwarz oder dunkelblau.
Al Jazeera	TV-Sender im Besitz des Emirs von Katar. Mit einem Studio in London.
BBC	Britisch Broadcasting Corporation. Rundfunk- und Fernsehsender.
BKA	Bundeskriminalamt.
BMI	Bundesinnenministerin oder Body Mass Index.
BüMuN	Bündnis Mensch und Natur. Eine politische Partei.
CP	Christliche Partei.
E-Auto	Auto mit Elektroantrieb.
EM-Titel	Europameisterschaftstitel
EU	Europäische Union.
EWP	Einzig Wahre Partei.
FB	Fachbereich in der Stadtverwaltung.
fi albayt	Umgangssprachlich für "Zuhause sein".
FM	Freie Menschen. Eine politische Partei.
Halab sakhir	Umgangssprachlich für: "Aleppo im Herzen".
Hijab	kapuzenartiges Kopftuch, welches Haare, Hals, Schulter- und Brustbereich bedeckt.
HIV	Human Immunodeficiency Virus.
HJ	Hitler-Jugend.
ICE	Intercityexpress.
IT	Informationstechnologie. Hier als Synonym für Computerspezialist.
Jilbab	Langes, lose fallendes Kleid mit eingearbeiteter Kapuze.
KG	Kommanditgesellschaft.

KHK	Kriminalhauptkommissar.
KK	Kriminalkommissar.
KOK	Kriminaloberkommissar.
KWO	Kommunalwahlordnung.
Légion étrangère	Französische Fremdenlegion.
LKA	Landeskriminalamt.
LKW	Lastkraftwagen.
LP	Liberale Partei.
MI six	Military Intelligence Section 6. Britischer Auslandsgeheimdienst.
NATO	North Atlantik Treaty Organization.
Nikab	Tuch, welches Mund und Nase bedeckt.
NSDAP	Nationalsozialistische Deutsche Arbeiterpartei.
OB	Oberbürgermeister.
OP	Operation im medizinischen Sinne.
PD	Polizeidirektion als Institution oder als Abkürzung für Polizeidirektorin.
PdsG	Partei der sozialen Gerechtigkeit.
PHM	Polizeihauptmeister. Auch in der weiblichen Form.
PKW	Personenkraftwagen.
PnT	Partei neuen Typs.
POK	Polizeioberkommissar.
POM	Polizeiobermeister. Auch in der weiblichen Form.
PORä	Polizeioberrätin.
PufF	„Patriarchat unterwandernden freien Frauen e.V." Eine Wählervereinigung.
RTW	Rettungstransportwagen. Hexe.
Sahira	
Sharwarma	Lammfleisch mit mediterranen Gewürzen und frischem Gemüse in einem Fladenbrot. In der billigen Variante leider mit Hühnchen.

Shayla	Schaltuch, mit dem Haare und Hals bedeckt werden. Ein oder beide Enden reichen bis zur Brust.
SUV	sport utility vehicle. Komfortabel ausgestatteter Geländewagen, der in der Stadt unsinnig ist.
TV	Tatverdächtiger. Television als Synonym für Fernsehsender.
WM-Titel	Weltmeisterschaftstitel.
WRW	Wahlinitiative Rolf Walentin.
WSG	Wach- und Schließgesellschaft Mitte mbH.
WSGM	siehe WSG.

Personen:

Achard, Franz.
Historische Person.
Agab, Rawa.
45 Jahre. Geschäftsführerin diverser Unternehmen in der Lebensmittel-
branche und Gastronomie. Mutter von Mustafa Khalil.
Al Maktum, Familie.
Herrscher in Katar.
Allhusein, Abdullah.
55 Jahre. Imam der Moschee.
Aoua, Amina.
Witwe. Mutter von Aischa und Fatima Khalil. Arbeitet bei einer Migran-
tenorganisation.
Aphrodite.
Göttin der Liebe, der Schönheit und sinnlichen Begierde.
Auerbach, Alfons.
Dr. med. und Kinderarzt. Vorsitzender der Liberalen Fraktion im Stadtrat.

Bachmann, Jörg.
25 Jahre. Angestellter der Griese-Bau AG mit besonderen Aufgaben.
Bagheri, Ali.
Gymnasiallehrer aus dem Iran.
Bardot, Brigitte.
Schauspielerin.
Bauer, Constantin.   29 Jahre.
Büroleiter von Alissar Wiallas. Sohn von Dr. Roland Bauer und Dr.
Heidrun Bauer.
Bauer, Heidrun.
Dr. jur. und Ehefrau von Dr. Roland Bauer. Mutter von drei Kindern.
Bauer, Roland.
71 Jahre. Dr. jur. und Regierungspräsident a.D. Berater von Alissar Wial-
las. Vater von Constantin Bauer.
Bebel, August.
Historische Person.
Brownig, Charlie.
45 Jahre. Nazi aus London.

Dornröschen.
Märchenfigur.
Dreier, Frau.
Haushälterin bei der Familie Zander.
Drescher, Heidrun.
Siehe Bauer, Heidrun.
Drillich, Nobert.
Trainer der Wasserspringer, der mit Hilfe von Alissar Wiallas Trainer der
Nationalmannschaft des Emirates Katar wird.
Dünner, Familie.
Nachbarn von Tobias Zander mit unlauteren Absichten.

Fuchs, Hans.
23 Jahre. Angestellter der Griese-Bau AG mit besonderen Aufgaben.

G., Yilmaz.
17 Jahre. Schüler eines Gymnasiums, der seine Lehrerin und vier Schüle-
rinnen mit einem Messer verletzt.
Ghanem, Nour.
20 Jahre. Student. Sohn von Bayan aus deren erste Ehe.
Gretel.
Märchenfigur.
Griese, Paul.
81 Jahre. Vorstandsvorsitzender der "Griese-Bau AG". Vater von Petra
Griese-Papp.
Griese-Papp, Petra.
Tochter von Paul Griese, Ehefrau von Dieter Papp. Vorstand für Personal-
fragen der "Griese-Baus AG".
Gutter, Frau.
Fischhändlerin mit klugem Kopf und großem Herzen.

Hänsel.
Märchenfigur.
Heimbach, Luci.
35 Jahre. Lehrerin, Mitglied des "Patriarchat unterwanderden freien
Frauen", (PufF) und Bewerberin um den Oberbürgermeisterstuhl.
Hermann, Claudia.
Schulfreundin von Jana-Mira Morawski.

Hitler, Adolf.
Historische Person.

Ibrahim, Allaa.
45 Jahre. Mutter von Alissar Wiallas und Hassan Khalil d.J. Ehefrau von Abdul Khalil. Arbeitet als Buchhalterin.
Ibrahim, Nahed.
43 Jahre. Ehefrau von Hassan Khalil d.Ä. Mutter von Bisan, Jasan, Anas und Omran Khalil. Arbeitet im orientalischen Restaurant.

Kawli, Arin.
11 Jahre. Tochter von Frau Zana, Schwester von Osman Kawli.
Kawli, Osman
13 Jahre. Sohn von Frau Zana, Bruder von Arin Kawli.
Kawli, Rawand.
Mitte Vierzig. Schwager von Frau Zana.
Khalil, Abdul.
57 Jahre. Geschäftsführer eines orientalischen Supermarkts. Ehemann von Allaa Ibrahim, aber nicht der Vater ihrer Kinder. Wurde während des syrischen Krieges schwer verwundet und trägt eine Handprothese.
Khalil, Aischa.
20 Jahre. In der Ausbildung zur Krankenpflegerin. Tochter von Amina Aoua. Wohnt in einer eigenen Wohnung.
Khalil, Anas.
18 Jahre. Schüler. Sohn von Nahed Ibrahim und Hassan Khalil d.Ä. Freiwilliger Helfer im Wahlkampfteam.
Khalil, Bisan.
24 Jahre. Bankkauffrau. Tochter von Nahed Ibrahim und Hassan Khalil d.Ä. Heiratet Mustafa Khalil.
Khalil, Fatima.
18 Jahre. Schülerin. Tochter von Amina Aoua. Freiwillige Helferin im Wahlkampfteam.
Khalil, Hassan der Ältere.
55 Jahre. LKW-Fahrer. Ehemann von Nahed Ibrahim und Vater von Hassan d. J., Bisan, Anas, Jasan und Omar Khalil.
Khalil, Hassan der Jüngere.
24 Jahre. LKW-Fahrer. Sohn von Hassan Khalil d.Ä. und Allaa Ibrahim.

Khalil, Jasan.
20 Jahre. Schüler eines Fachgymnasiums. Sohn von Nahed Ibrahim und Hassan Khalil d.Ä.
Khalil, Mustafa.
24 Jahre. Sohn von Rawa Agab. Gelernter Einzelhandelskaufmann. Heiratet seine Kusine Bisan Khalil.
Khalil, Omar.
27 Jahre. Arbeit im orientalischen Restaurant. Sohn von Nahed Ibrahim und Hassan Khalil d.Ä.
Kluge, Renate.
Polizeiobermeisterin und verliebt in Alissar Wiallas.
Knoll, Ludger.
Kaufhausmanager der alten Schule.
Krause, Herr.
Mitarbeiter des Bundeskriminalamtes, der Name ist vermutlich falsch.
Krause, Thomas.
49 Jahre, Versicherungsvertreter und Stadtrat für die Einzig Wahre Partei (EWP).
Krumpholz, Karl.
Kriminaloberrat der im Laufe der Geschichte in Pension geht.
Kusnezow, Wadim.
Angestellter der Wach- und Schließgesellschaft Mitte.

Liwak, Walentina.
Inhaberin einer Gartenbaufirma und Vorsitzende des Stadtrates.

Mark von, Hagen.
Sohn von Isolde von Mark. Mitarbeiter in der Landesgeschäftssteller der CP und Landesgeschäftsführer der "Wilhelmina".
Mark von, Isolde.
65 Jahre. Inhaberin der Gaststätte zur Fähre. Gastgeberin eines geheimen Treffens und Mutter von Hagen von Mark.
Maus, Luise.
34 Jahre. Unglückliche Leiterin des Stadtmuseums.
Mona Lisa.
Berühmte Frau der Kunstgeschichte.
Morawski, Bayan.
Ehefrau von Herbert Morawski. Mutter von Nour Ghanem und Jana-Mira Morawski. Leiterin eines Kinderheims.

Morawski, Herbert. 45 Jahre. Direktor einer Privatschule. Ehemann von Bayan Morawski. Vater von Jana-Mira Morawski.
Morawski, Jana-Mira.
11 Jahre. Tochter von Herbert und Bayan Morawski.
Müller, Konrad.
23 Jahre. Ehemaliger Bundeswehrsoldat mit Auszeichnungen und gefährlichen Spezialkenntnissen.

O'Connor, Hugh.
Attraktiver Mann, der Motorrad fährt und einen seltsamen Beruf hat.

ohne Nachname, Ahmed.
Mitte Dreißig. Religiöser Fanatiker, der Alissar Wiallas töten will und scheitert.
ohne Nachname, Aischa.
Eine Schülerin in der Straßenbahn.
ohne Nachname, Angelika.
Mitarbeiterin der WSG, die im entscheidenden Moment beide Hände voll hat.
ohne Nachname, Ayah.
Schülerin des Fachgymnasiums und Freundin von Henrí Vitton.
ohne Nachname, Christel.
Schriftführerin des "Familienverbandes Wiallas e.V."
ohne Nachname, Dala.
12 Jahre. Flüchtling aus der Türkei, stammt aber aus Syrien. Schulfreundin von Charlotte Zander.
ohne Nachname, Detlef.
Schüler der 3. Klasse. Charlotte Zander findet ihn "doof".
ohne Nachname, Doro, auch Dorothea.
Schülerin der 3. Klasse, sitzt neben Charlotte Zander.
ohne Nachname, Elli, auch Elisabeth.
Schülerin der 3. Klasse, sitzt neben Charlotte Zander.
ohne Nachname, Giovanni.
Inhaber eines italienischen Restaurants mit Außenbereich und besonderer Eiskarte.
ohne Nachname, Hubert.
Inhaber eines Getränkehandels. Mitglied der EWP.
ohne Nachname, Leoni.
18 Jahre und Enkelin von Beate Wiallas.

ohne Nachname, Lothar.
Mitte Dreißig. Hausdiener in der Felsenvilla.
ohne Nachname, Manuela.
12 Jahre. Wohnt in einem Kinderheim.
ohne Nachname, Maya.
Hausangestellte in der Felsenvilla mit besonderen Fähigkeiten und Aus-
rüstung.
ohne Nachname, Musa.
Lehrerin an der deutschen Schule in Doha.
ohne Nachname, Nobert.
Schüler der 3. Klasse, sitzt neben Charlotte Zander.
ohne Nachname, Roberto.
Sohn von Giovanni.
ohne Nachname, Ruth.
Medizinisch-technische Assistentin in der Praxis von Levon Wiallas und
seine zukünftige Ehefrau. Sie ist schwanger.
ohne Nachname, Sonja.
Kellnerin in der Gaststätte "Zur Fähre".
ohne Nachname, Stefan.
Landesinnenminister.
ohne Nachname, Viktor.
11 Jahre. Flüchtling aus der Ukraine und Schüler der 4. Klasse
ohne Nachname, Vivien.
Schülerin der 3. Klasse, sitzt neben Charlotte Zander.
ohne Nachname, Wolfgang.
Taxiunternehmer und Mitglied der EWP.
Owamba, Karamba.
45 Jahre. Dr. nat. und Mitglied des Bundestages für das BüMuN. Mitglied
des Bundesvorstandes.

Papp, Dieter.
Ehemann von Petra Griese-Papp. Vorstand für Produktion der "Griese-
Baus AG".
Petrosyan, Gayane.
32. Jahre. Lehrerin. Tochter von Miray Petrosyan aus deren ersten Ehe.
Petrosyan, Lucine.
24 Jahre. Studentin. Tochter von Bruno Wiallas und Miray Petrosyan.
Petrosyan, Miray.
Dr. med., Fachärztin für Frauenheilkunde. Geliebte von Bruno Wiallas.

Preller, Frau.
Mitarbeiterin im Wahlkampfbüro.
Prokop, Eva-Maria.
Ehefrau von Olaf Prokop mit Trike. Kinderpsychologin.
Prokop, Martin.
12 Jahre. Sohn von Olaf und Eva-Maria Prokop.
Prokop, Olaf.
"Rasender Pope". Evangelisch-lutherischer Pfarrer, der gerne Motorrad fährt.

Rausch, Oliver.
36 Jahre. Leiter des Fachbereichs Städtebau in der Stadtverwaltung. Mitglied des Kreisvorstandes der Einzig Wahren Partei. Bewerber um den Oberbürgermeisterstuhl.
Richter, Ilona.
40 Jahre, Fachanwältin für Strafrecht. Stadträtin und Kreisvorsitzende der Liberalen Partei.

S, Hamida.
Schülerin eines Gymnasiums, die bei dem Amoklauf schwer verletzt wurde.
Saad, Nasredin.
36 Jahre. Dr. nat., stammt aus Ägypten und Klimaforscher. Der Versuch mit Alissar geht schief.
Saba von, Bilkis.
Königin.
Sacher, männlich.
Polizeihauptwachtmeister.
Schneewittchen.
Märchenfigur.
Schmoll, Dörte.
42 Jahre. Stadträtin der Partei der sozialen Gerechtigkeit (PdsG). Bewerberin um den Oberbürgermeisterstuhl.
Schneider, Hubert.
Mitarbeiter des Bundeskriminalamtes, der Name ist vermutlich falsch.
Schreiber, Madleen.
Schulfreundin von Jana-Mira Morawski.
Schuster, Jan.
Hauptstadtkorrespondent einer Regionalzeitung.

Simon, Frau.
Klassenlehrerin von Charlotte Zander.
Stock, Karola.
Vorsitzende der Christlichen Frauenschaft.

Tikka, Frau.
Gruppenleiterin im Jugendamt.

Uta von Naumburg
Berühmte Frau der Kunstgeschichte.

Vitton, Henrí.
Enkel von Luis Vitton mit einer hübschen Freundin.
Vitton, Luis.
Inhaber eines Tabakgeschäftes und Großvater mit Sorgen.
Vogel, Julius.
Ein geborener Wiallas, Vater von Herbert Morawski.

Walentin, Rolf.
36 Jahre. Freier Schauspieler. Bewerber um den Oberbürgermeisterstuhl.
Wasseroma, Frau.
Charlotte Zander nennt die Mutter ihrer verstorbenen Mutter, die an der
Ostsee wohnt, "Wasseroma".
Wasseropa, Knut.
Charlotte nennt den Vater ihrer verstorbenen Mutter, der an der Ostsee
wohnt, "Wasseropa".
Wendler, Herr.
Polizeioberkommissar. Hat den klugen Einfall Alissar Wiallas um Hilfe
zu bitten.
Wiallas, Alissar.
28 Jahre. Tochter von Bruno Wiallas und Allaa Ibrahim. Will Oberbürger-
meisterin werden. Ihre Bewerbung wird von der Liberalen und dem
Bündnis Mensch und Natur (BüMuN) unterstützt.
Wiallas, Beate.
75 Jahre. Grand Dame, d.h. Vorsitzende des Familienverbandes Wiallas
e.V.
Wiallas, Bruno der Ältere.
Sohn von Heinrich und Vater von Bruno Wiallas dem Jüngeren.

Wiallas, Bruno der Jüngere.
67 Jahre. Geschäftsführer der "Beratungsgesellschaft B. Wiallas. Vater von Alissar, Lukas und Levon Wiallas. Vater von Lucine Petrosyan. Ehemann von Nana Wiallas und Geliebter von Miray Petrosyan.
Wiallas, Hans.
Komplementär der "Stiftung Wiallas KG aA".
Wiallas, Heinrich.
Sohn von Ludwig Wiallas.
Wiallas, Juliane-Luise.
 3 Jahre. Assistentin ihrer Mutter Marion Wiallas.
Wiallas, Julius.
Vater von Kurt Wiallas.
Wiallas, Kurt.
Vater von Julius Vogel.
Wiallas, Levon.
31 Jahre. Zwillingsbruder von Lukas Wiallas. Niedergelassener Allgemeinmediziner.
Wiallas, Ludwig.
Bruder von Julius Wiallas.
Wiallas, Lukas.
31 Jahre. Zwillingsbruder von Levon Wiallas, Sohn von Bruno und Nana Wiallas. Lehrer.
Wiallas, Marion.
53 Jahre. Geschäftsführerin der "Wach- und Schließgesellschaft Mitte mbH." Mutter von Juliane-Luise Wiallas.
Wiallas, Martin.
Verstorbener Ehemann von Marion Wiallas.
Wiallas, Nana.
Dr. med., Fachärztin für Orthopädie. Ehefrau von Bruno Wiallas und Mutter der Zwillinge Lukas und Levon Wiallas.
Wiederholt, Klaus.
35 Jahre. Disponent im Straßenbahnbetrieb. Landes- und Kreisvorsitzender der Partei neuen Typs (PnT) und Bewerber um den Oberbürgermeisterstuhl.

Zana, Frau.
Mutter von Osman und Arin Kawli.
Zander, Charlotte.
10 Jahre. Tochter von Tobias Zander.

Zander, Tobias.
38 Jahre. Beigeordneter für Sport und Kultur. Witwer und Vater von
Charlotte Zander. Bewerber der Christlichen Partei (CP) um den Oberbür-
germeisterstuhl.
Zürgi, Reto.
Leiter des Deutschlandbüros der Neuen Züricher Zeitung. Er interviewt
Alissar drei Tage vor der Wahl. In seinem Artikel zitiert er den Preußen-
könig Friedrich II.

"Alissar im Kartoffelland – Eine sagenhafte Geschichte"
ISBN 978-3-347-96053-4
Die Geschichte beginnt mit der Flucht der Familie Khalil, zwei Männer mit ihren Frauen und zwei Schwägerinnen mit ihren Kindern, aus Syrien in das fiktive Land Schland. Die Einheimischen essen gern Kartoffeln, daher der Titel.
Vier Jahre später ist die nun neunzehnjährige Alissar eine junge, wunderschöne Frau mit sagenhaften Fähigkeiten geworden.

„Familie Wiallas Band I 1879 – 1938"
ISBN 978-3-347-70924-9
Die Zwillinge Julius und Martin Wiallas sorgen 1917 dafür, dass Lenin Revolution machen kann. Elise Wiallas schreibt Bücher, die 1933 verbrannt werden. Die Zwillinge Kurt und Edeltraut Wiallas machen mit 16 das Abitur, ihre Eltern Friedrich und Hedwig Wiallas, werden 1930 ermordet.

Es ist die Geschichte einer außergewöhnlichen Familie, deren Wiege im ostpreußischen Marggrabowa stand. Von dort siedelte sich ein Teil in Königsberg, ein anderer in Halle/Saale an. Nach 1933 mussten einige Familienmitglieder in die Schweiz emigrieren.
Die Deutsch-Osteuropäische Geschichte mit ihren historischen Personen bildet den Hintergrund für die Geschichte einer fiktiven Familie, in der freizügig geliebt, modern gelebt und tragisch gestorben wird. Das wird sich in den folgenden Bänden bis zum Jahr 2000 fortsetzen.

"Familie Wiallas Band II 1938-1945", ISBN 978-3-347-82328-0
Lothar Wiallas ist Berufsoffizier, Dr. phil. Kurt Wiallas und Dr. nat. Bruno Wiallas werden 1938 eingezogen und sehr schnell zum Leutnant befördert. Lothar wird leicht verwundet, ist am Putsch vom 20. Juli 1944 beteiligt und kann sich der Verfolgung entziehen. Bruno gerät am 1. August 1941 in sowjetische Gefangenschaft und wird für zukünftige Aufgaben vorbereitet. Kurt tötet und wird als Schwerstverwundeter aus der Wehrmacht entlassen. Mit Stock, ziviler Haar- und Barttracht pendelt er zwischen den Fronten.

"Familie Wiallas Band III 1945 – 1959" ISBN 978-3-384-06663-3
Kurt Wiallas heiratet und wird mehrfacher Vater. Er schließt mit dem Teu-
fel, in Gestalt des sowjetischen Militärgeheimdienstes, einen Pakt. Bruno
Wiallas hat keine Kraft mehr gegen die SED zu kämpfen und begeht Suizid.
In Tegernsee und Weimar wächst eine neue Generation der Familie Wiallas
heran.

.

Zeitfracht Medien GmbH
Ferdinand-Jühlke-Straße 7
99095 Erfurt, Deutschland
produktsicherheit@kolibri360.de